ACCESO GRATIS ***a la Lectura en la Nube***

Para visualizar el libro electrónico en la nube de lectura envíe junto a su nombre y apellidos una fotografía del código de barras situado en la contraportada del libro y otra del ticket de compra a la dirección:

ebooktirant@tirant.com

En un máximo de 72 horas laborales le enviaremos el código de acceso con sus instrucciones.

La visualización del libro en **NUBE DE LECTURA** excluye los usos bibliotecarios y públicos que puedan poner el archivo electrónico a disposición de una comunidad de lectores. Se permite tan solo un uso individual y privado

DEL DESARROLLO HUMANO SOSTENIBLE A LA JUSTICIA CLIMÁTICA

Procedimiento de selección de originales, ver página web:
www.tirant.net/index.php/editorial/procedimiento-de-seleccion-de-originales

DEL DESARROLLO HUMANO SOSTENIBLE A LA JUSTICIA CLIMÁTICA

LUCÍA APARICIO CHOFRÉ
Coordinadora

tirant lo blanch
Valencia, 2024

EDITA: TIRANT LO BLANCH
C/ Artes Gráficas, 14 - 46010 - Valencia
TELFS.: 96/361 00 48 - 50
FAX: 96/369 41 51
Email:tlb@tirant.com
www.tirant.com
Librería virtual: www.tirant.es
DEPÓSITO LEGAL: V-3213-2024
ISBN: 978-84-1071-277-5
MAQUETA: Disset Ediciones

Si tiene alguna queja o sugerencia, envíenos un mail a: *atencioncliente@tirant.com*. En caso de no ser atendida su sugerencia, por favor, lea en *www.tirant.net/index.php/empresa/politicas-de-empresa* nuestro procedimiento de quejas.

Responsabilidad Social Corporativa: http://www.tirant.net/Docs/RSCTirant.pdf

Autores

Luca Valera

Jordi López Ortega

Rodolfo Marcone-Lo Presti

Vicente Bellver Capella

Susana Borràs-Pentinat

Karla Zambrano González

Attilio Pisanò

Lucía Aparicio Chofré

Ana Strineka Bande

Nacho Hernández Moreno

Julio Llop Tordera

Índice

Introducción

En la presente obra colectiva se recogen las distintas contribuciones y reflexiones fruto del Seminario Internacional titulado "Del Desarrollo Humano Sostenible a la Justicia Climática," que tuvo lugar el pasado 19 de diciembre de 2022, en el Departamento de Filosofía del Derecho y Política de la Facultad de Derecho en la Universitat de Valencia, gracias a una ayuda de la Conselleria de Innovación, Universidades, Ciencia y Sociedad Digital de la Generalitat Valenciana AORG/2022 (CIAORG/2021/083), otra de la Facultad de Derecho de la Universidad de Valencia y del Departamento de Filosofía del Derecho y Política.

Así, coincidiendo con la conmemoración del 30 aniversario de la celebración de la Cumbre de Río de Janeiro en 1992, que marcó un hito en materia medioambiental. El citado Seminario propició una excelente oportunidad para reunir a destacados exponentes académicos, tanto nacionales como internacionales, convirtiéndose en un importante foro de reflexión *iusfilosófica* sobre los importantes retos a los que nos enfrentamos en la actualidad en materia de Justicia Climática y Derechos Humanos, en un momento de imperiosa urgencia climática.

Unas reflexiones que se reúnen ahora en la presente publicación a fin de ofrecer una enriquecedora perspectiva de la Justicia Climática, más allá del ámbito estrictamente universitario y académico, con el propósito de aportar nuevas reflexiones, alternativas y soluciones que contribuyan al avance de la ciencia y el conocimiento en relación con una cuestión que, sin lugar a duda, marcará el debate político, jurídico, científico y económico en materia ambiental en las próximas décadas.

De esta forma, recientemente, la Gran Sala del Tribunal Europeo de Derechos Humanos, en el asunto Verein KlimaSeniorinnen Schweiz y otros v. Suiza, del 9 de abril de 2024, reconocía por vez primera que el artículo 8 del Convenio Europeo de Derechos Humanos engloba el derecho a una protección eficaz por parte de las autoridades del Estado frente a los graves efectos adversos del cambio climático sobre la vida, la salud, el bienestar y la calidad de vida. Y sentenciaba que, la Confederación Suiza había incumplido sus deberes en relación con el cambio climático al no haber actuado a tiempo y de forma adecuada para elaborar, desarrollar y aplicar la legislación y las medidas pertinentes.

Un tratamiento holístico, original y pertinente, de la cuestión de la Justicia Climática, que abarca desde el ámbito científico, al económico, al filosófico, al jurídico, al sociológico o al político y en el que a lo largo de más de una decena de capítulos se abordan cuestiones como: en el capítulo 1. Las nuevas formas de la responsabilidad: hacia la Earth Stewardship; en el capítulo 2. La justicia climática como agente de la metamorfosis de la teoría social; en el capítulo 3. Una ética del don, gratitud y benevolencia para la sobrevivencia ante la crisis climática, en el capítulo 4. Los movimientos de justicia Climática de las propuestas a las protestas; en el capítulo 5. Retos y oportunidades de la participación ciudadana en la Justicia Climática. Experiencias desde el Pacto Europeo por el Clima; en el capítulo 6. Del Derecho climático a el Derecho al Clima. El camino hacia el Derecho al Clima en el sistema Jurídico Europeo; en el capítulo 7. La Justicia Climática como elemento necesario para el tránsito del Desarrollo Humano Sostenible al desarrollo regenerativo. ¿Son la Agenda 2030 y los Objetivos de Desarrollo Sostenible una hoja de ruta válida?; en el capítulo 8. la Acción pública ambiental y justicia climática: Algunos aspectos problemáticos, en el capítulo 9. Los Refugiados climáticos y su protección jurídica, en el capítulo 10. La problemática de la causalidad, responsabilidad transfronteriza y ejecución en un derecho humano al medio ambiente sano ¿oportunidad u obstáculos insuperables? y en el capítulo 11. Derecho y ¿finanzas sostenibles? Algunas consideraciones a propósito del pensamiento de Jesús Ballesteros.

Un importante elenco de temáticas que están llamadas a adquirir una creciente relevancia en los próximos años con el fin de proporcionar al lector nuevas y diferentes perspectivas en esta interesante y compleja materia de la Justicia Climática que supone un desafío para nuestra supervivencia de una forma cada vez más apremiante. Todo ello con la finalidad y esperanza de tratar de convertir la metamorfosis climática en una importante palanca de cambio y regeneración en esta nueva era, a fin de alcanzar un verdadero desarrollo humano sostenible que tenga como eje central el bienestar humano y del planeta.

Nuevas formas de la responsabilidad: hacia la Earth Stewardship

New Forms of Responsibility: Towards the Earth Stewardship

LUCA VALERA

Departamento de Filosofía, Universidad de Valladolid, Centro de Bioética, Pontificia Universidad Católica de Chile, Centro Internacional Cabo de Hornos –CHIC (Chile)

ORCID: 0000-0002-1693-396X

Resumen:

En este capítulo se destaca el rol central del Earth Stewardship en el planteamiento de las cuestiones medioambientales y la crisis ecológica actual. Para ello, se describe brevemente el estado actual de la crisis ecológica, así como las posibles soluciones a la misma, haciendo hincapié en los paradigmas alternativos del techno-fix y de la crítica a la tecnocracia. Después, se describe el paradigma del Earth Stewardship, profundizando a nivel epistemológico y ontológicos en sus dos pilares fundamentales: la oikofilía y la filantropía; por último, se esboza el papel de la responsabilidad hacia la vulnerabilidad de la naturaleza en el paradigma del Earth Stewardship.

Palabras clave:

Antropoceno; Ética ambiental; Earth Stewardship; Antropocentrismo; Techno-fix.

Abstract:

This chapter highlights the central role of Earth Stewardship in addressing the environmental issues and the current ecological crisis. To do so, it briefly describes the current state of the ecological crisis, as well as the possible solutions to it, emphasizing the alternative paradigms of techno-fix and the critique of technocracy. Then, it describes the Earth Stewardship paradigm, particularly focusing –both at the epistemological and ontological levels– on its two fundamental pillars: oikophilia and philanthropy; finally, the role of responsibility towards the vulnerability of nature in the Earth Stewardship paradigm is outlined.

Keywords:

Anthropocene; Environmental ethics; Earth Stewardship; Anthropocentrism; Techno-fix.

Sumario:

1. INTRODUCCIÓN. ANTROPOCENO, IMPACTO HUMANO Y *EARTH STEWARDSHIP*[1]

Este capítulo tiene el objetivo de destacar el rol central del *Earth Stewardship* en el planteamiento de las cuestiones medioambientales y la crisis ecológica actual. En este sentido, me parece que merece la pena: a) describir qué es el *Earth Stewardship* e investigar la importancia de la oikofilía y la filantropía para este concepto (apartado 2.); y b) esbozar el papel de la responsabilidad hacia la vulnerabilidad de la naturaleza en el paradigma del *Earth Stewardship* (apartado 3.). Para ello, describiré brevemente el estado actual de la crisis ecológica, así como las posibles soluciones a la misma.

Es notorio que vivimos en el Antropoceno, es decir, en la época del cambio climático antropogénico (McNeill y Engelke, 2014). De acuerdo con los padres del concepto de "Antropoceno" (Crutzen & Stoermer, 2000), los recientes cambios medioambientales globales se deben en gran medida al impacto que el ser humano ha tenido sobre el medio ambiente. Este impacto ha provocado el inicio de una nueva era geológica, la época del "Hombre", ya que los humanos se han convertido en el mayor agente de cambio geológico del planeta. Con el Antropoceno, así, vuelve la idea por la que la Tierra tiene límites bien definidos que, una vez sobrepasados, podrían llevar a su colapso o catástrofe. El concepto general es que la explotación humana de la Tierra está alcanzando rápidamente

---

1 Durante todo este texto, no traduciré intencionalmente la palabra *stewardship*, ya que me parece que tenga un matiz un poco distinto tanto de "custodio" como de "administración" (estas son las traducciones castellanas habituales): de hecho, el *stewardship* incluye simultáneamente los dos aspectos del cuidar (o proteger) y cultivar (o desarrollar), como mostraré en los próximos apartados, mientras que las traducciones mencionadas destacan solo una de las dos vertientes.

sus límites y nos enfrentamos a las consecuencias no lineales y potencialmente caóticas de ello, que pueden conducir al fin de la civilización humana misma. En este sentido, "los recientes desarrollos tecnológicos y las nuevas herramientas científicas relativas a los sistemas socio-ecológicos han creado nuevos escenarios globales, que conllevan nuevos problemas, enfoques, retos y conflictos medioambientales. [...] Estos cambios están conduciendo a cambios de estado y puntos de inflexión en la biosfera de la Tierra" (Valera & Castilla, 2020, pp. 1-2).

Una vez reconocido el hecho de que estamos llegando a un punto de inflexión en cuanto a la explotación de nuestro planeta –el cambio climático, junto con otros cambios globales (Valera & Castilla, 2020), es un buen indicador de este "punto crítico"– podemos analizar las posibles soluciones a este problema. En este sentido, podemos identificar tres enfoques principales para resolver este problema: 1) el optimismo tecnológico; 2) la crítica extrema a la tecnocracia; y 3) el enfoque prudente con referencia al medio ambiente, que incorpora otros aspectos, además de la tecnología. Se puede entender fácilmente cómo el primero y el segundo enfoque representan posiciones extremas en este ámbito, y se han rebautizado comúnmente como antropocentrismo fuerte y biocentrismo, respectivamente.

El primer enfoque (el optimismo tecnológico) intenta ofrecer una solución positiva a los problemas creados por las tecnologías, utilizando a la misma tecnología como herramienta (o solución). A menudo se le ha llamado "tecno-optimismo" o "*techno fix*", y "está omnipresente en nuestra sociedad, pero difícilmente justificado. De una forma u otra, se nos asegura repetidamente que 'una tecnología más eficiente resolverá el problema'" (Huesemann & Huesemann, 2011, p. xxiii). En resumen, el *techno-fix* consiste en la idea de que las soluciones a todos los problemas pueden encontrarse en mejores y nuevas tecnologías. Un ejemplo controvertido de este enfoque es la afirmación de que el efecto invernadero antropogénico o el cambio climático pueden resolverse mediante la geoingeniería (Sandler 2019, p. 383). Dadas las consecuencias del impacto tecnológico sobre el medio ambiente en los últimos cincuenta años, una respuesta prudente a este problema puede ser la sugerida por Commoner (2020, p. 41) en la "tercera ley de la ecología": "Los resultados, a menudo catastróficos, confieren una fuerza considerable a la opinión de que 'la naturaleza sabe mejor'". De hecho, el aumento del número de tecnologías para solucionar la crisis ecológica ha provocado un empeoramiento de la situación medioambiental: "A medida que los seres humanos han desarrollado tecnologías cada vez más potentes, al mismo tiempo, la Tierra, entonces, se ha vuelto cada vez más vulnerable a experimentar efectos negativos e irreversibles" (Mizzoni, 2014, pp. 409-410). En este sentido, se presenta el problema ético[2], ya que la vulnerabilidad de la naturaleza ha sido causada precisamente por nuestras intervenciones tecnológicas. En consecuencia, como sostiene Jonas (Valera, 2020), "los seres humanos tienen una obligación especial para con la Tierra en su vulnerabilidad causada por el poder humano" (Joldersma, 2009, p. 481).

En cambio, el segundo enfoque critica duramente un amplio uso de las tecnologías para solucionar los problemas medioambientales, destacando la cuestión de la "tecnocracia": "La tecnocracia es el culto y la dominación por parte de la tecnología. La tecnocracia implica la apropiación y transformación de grandes porciones de tierra por y para la tecnología, y el reinado del único método mejor, más eficiente y racional sobre todo el variado abanico cultural [...] Tecnocracia significa, sobre todo, considerar únicamente las soluciones técnicas a los problemas, y ceñirse a la tecnocracia en lugar de a las preocupaciones medioambientales" (McDonald, 2014, pp. 346-349). En este sentido, la principal crítica a este enfoque, que

2 Sandler (2019) lo llama "el riesgo moral".

podemos considerar muy afín a la de la Ecología Profunda, es que la tecnocracia reduce la crisis ambiental a un problema que puede resolverse técnicamente (su lema sería "¡más tecnologías para mejores soluciones!") sin comprender el meollo profundo de la crisis. Arne Næss (1973), padre del Movimiento de Ecología Profunda, hizo una crítica similar a los ecologistas superficiales (en contraste con los ecologistas profundos): "Lo que un conservacionista ve y experimenta como realidad, el desarrollista normalmente no lo ve –y viceversa. Un conservacionista ve y experimenta un bosque como una unidad, una *gestalt*, y cuando habla del corazón del bosque, no se refiere al centro geométrico. Un desarrollista ve cantidades de árboles y argumenta que una carretera que atraviesa al bosque cubre muy pocos kilómetros cuadrados, así que… ¿para qué tanto escándalo? Si los conservacionistas insisten, propondrá que la carretera no toque el centro del bosque. Así se salvará el corazón, pensará. La diferencia entre los antagonistas es más ontológica que ética. Puede que tengan en común prescripciones éticas fundamentales, pero las aplican de forma diferente porque ven y experimentan de forma diferente. Ambos utilizan el término bosque, pero se refieren a realidades diferentes" (Næss, 2005, p. 456). Un enfoque medioambiental más profundo –en cuanto a metodología y ontología– considera la crisis ecológica como una posibilidad de profundizar en nuestras experiencias y acciones, mientras que un enfoque tecnocrático puede limitarse a buscar soluciones adecuadas para generar mejores consecuencias y beneficios. Mientras que el primero es un enfoque más sistémico, complejo y a largo plazo, el segundo es una actitud más limitada, superficial y a corto plazo.

Por último, partiendo de la idea de que la tecnología es un medio insuficiente para resolver la crisis ecológica, el tercer enfoque (el enfoque prudente con referencia al medio ambiente) intenta ilustrar que nuestro comportamiento ecológico debe ser equilibrado. En lugar de centrarse en las tecnologías, destaca la "integridad personal" y los valores fundamentales que pueden guiar mejor a nuestras acciones: "Sabiduría [...], valentía [...], templanza [...], justicia [...], amor o fidelidad [...], comunidad, sencillez, humildad y, sobre todo, responsabilidad, rendición de cuentas, disposición para llevar a cabo con eficacia la *stewardship* de aquello que se ha puesto a nuestro cuidado" (Tucker, 2015, p. 396). Este enfoque sostiene que "'arreglar' el medio ambiente o el clima mediante la tecnología o las finanzas o la legislación es necesario, pero no suficiente. También se necesitan enfoques éticos" (Tucker, 2015, p. 396). En este sentido, el punto de vista de este enfoque es el siguiente: no podemos ocuparnos de la crisis ecológica sin ocuparnos también de nuestra humanidad.

Este último punto, que podemos definir como *Earth Stewardship*, señala el fuerte vínculo existente entre el medio ambiente y el ser humano que habita en él. Esta conexión es la base ontológica de este enfoque ético de la *Earth Stewardship*, como intentaré ilustrar en la siguiente sección.

2. OIKOFILÍA Y FILANTROPÍA: LOS FUNDAMENTOS DE LA *EARTH STEWARDSHIP*

Al examinar la actitud occidental tradicional hacia nuestra relación con el medio ambiente, es imposible pasar por alto la famosa crítica de Lynn White (1967) al fuerte antropocentrismo judío-cristiano. Remontándose al Génesis (1, 26-30), White (1967) afirma que esa tradición ha reducido esencialmente el medio ambiente (y todos los demás seres vivos) a meros recursos que solo han de utilizarse para fines humanos. En palabras de Palmer (2006, p. 75), "la administración del mundo natural, ya sea cristiana o de otro tipo... sigue siendo profundamente antropocéntrica y antiecológica, legitimando y fomentando un mayor uso humano del mundo natural". La principal crítica, pues, se refiere a la actitud de dominio sobre las demás especies, que encuentra su justificación en una "desacralización y posterior explotación" (Deane-Drummond, 2008, p. 82) del mundo natural. La desacralización sería la consecuencia del poder (o dominio) humano sobre el medio ambiente, que se justifica por el extremo "antropocentrismo"[3] y "excentrismo" del mismo ser humano (Valera, 2022). Tal como sostiene Deane-Drummond (2008, p. 82), este tipo de planteamiento remite más al punto de vista de Bacon que al cristiano y, por lo tanto, la crítica del pensamiento cristiano sobre el medio ambiente sería inapropiada (Deane-Drummond, 2004, p. ix).

Exactamente al contrario, la tradición mayoritariamente occidental (judío-cristiana) puede definirse como "*Earth Stewardship*". A continuación, intentaré ilustrar cómo la *Earth Stewardship* se basa en dos supuestos principales: la oikofilía y la filantropía. Existe un fuerte vínculo entre estos dos supuestos, ya que ambos demuestran la relación esencial e inseparable entre los seres humanos y su entorno (o medio ambiente). En este sentido, podemos decir que la ecología humana (Valera, 2019) es la clave para entender al "puesto del ser humano en el cosmos": a través de este enfoque podemos vincular la "desertificación ambiental" con la "desertificación humana". Si, por una parte, la desertificación ambiental es el resultado de una arrogancia antropocéntrica (una falta de oikofilía), por la otra, la desertificación humana es la consecuencia de la "arrogancia del antihumanismo" (una falta de filantropía) (Næss, 1984).

---

3 A este respecto, conviene señalar que el enfoque cristiano del medio ambiente no puede ser en ningún caso antropocéntrico, ya que el ser humano no es el centro del mundo. Por el contrario, es teocéntrico, ya que Dios debe ser el centro de la consideración de todo ser vivo– para más información sobre esta cuestión, véase Hoffman & Sandelands (2005). De ahí que el ejemplo de San Francisco resulta especialmente esclarecedor: "San Francisco subrayó que la naturaleza, como creación de Dios, es un lugar donde los seres humanos pueden acercarse a Dios" (Binde, 2001, p. 19).

¿Qué es, pues, la oikofilía?[4] Para el filósofo Roger Scruton (2012, p. 227), es "el amor al *oikos,* que significa no sólo el hogar, sino las personas que contiene, y los establecimientos circundantes que dotan a ese hogar de contornos duraderos y una sonrisa perdurable. El *oikos* es el lugar que no es sólo mío y tuyo, sino nuestro". Una reflexión sobre el amor a nuestro hogar o casa (*oikos*) nos remite, pues, a una definición de la idea misma de hogar. He intentado definir esta cuestión en otro lugar: "'El hogar [no es] un edificio', ya que el habitar no consiste en un simple 'estar en la Tierra'. La consecuencia de esta idea es que 'nuestro actual *unheimlich'* está causado por 'nuestra incapacidad de habitar', es decir, sufrimos 'un proceso corrosivo del lugar'. La crisis actual, por lo tanto, no sería principalmente una falta de hogares o de recursos –aunque, en cierto modo, tiene algo que ver con estos dos aspectos" (Valera, 2018, p. 664). Así, la definición de hogar (*oikos*) depende estrictamente de la relación que los seres humanos tienen con el espacio. Se trata, en cierto sentido, de una cuestión antropológica (Valera, 2019), pues recuerda la constitución ontológica misma del ser humano.

Dado que se trata de una cuestión compleja, y tan antigua como la propia filosofía, me limitaré a ofrecer una interpretación de este problema, sin criticar puntos de vista alternativos. Mi argumento es que los seres humanos están estrictamente conectados con su entorno, porque "todo está conectado con todo lo demás", como sugiere la primera ley de la ecología de Commoner (2020, p. 29). Jeff Malpas (1999, p. 6) expresa la misma idea de esta manera: "La materia de nuestra vida interior se encuentra, por tanto, en los espacios o lugares exteriores en los que habitamos, mientras que esos mismos espacios y lugares se incorporan 'dentro' de nosotros". Nuestras experiencias, pues, se encarnan realmente en nuestro hogar: sin

---

4 Intenté analizar esta cuestión en Valera et al. (2021).

este entorno, de hecho, serían imposibles. El concepto de "hogar", por lo tanto, recuerda las relaciones que el ser humano es capaz de generar con el espacio que ocupa y, al mismo tiempo, con aquellas relaciones que le son dadas independientemente de su voluntad. En este sentido, "el lugar (y el 'hogar' en particular) es vital para cómo construimos y entendemos el mundo" (Harvey, 2009, p. 50) ya que "el hogar [no es] un edificio. [...] El hogar [es] el lugar al que uno pertenece. Siendo 'parte de mí mismo', la idea de hogar delimita[ba] un yo ecológico, rico en relaciones internas con lo que ahora se llama entorno" (Næss, 2009, p. 45).

De hecho, si olvidásemos esta conexión esencial (o estructural) entre el ser humano y su entorno, seríamos incapaces de entender por qué nosotros, como seres humanos, tenemos que cuidar del medio ambiente. Sería un esfuerzo sin sentido, si el mundo natural (o el medio ambiente) fuera algo totalmente externo al ser humano. Sin embargo, si asumimos tanto que "la creación es un lugar donde el ser humano puede acercarse a Dios" como que "estamos conectados a ella", ocurre exactamente lo contrario: dependemos del entorno y nuestra autorrealización (o florecimiento) está sujeta a nuestro hogar. En este sentido, "la realización humana depende de la puesta en práctica de su identificación potencial con la alteridad. A través de este proceso, el yo se 'ensancha y profundiza', de modo que la realización del otro no se convierte en un obstáculo para mi logro, sino en un estímulo" (Valera, 2018, p. 667). Este último punto puede ayudarnos a comprender las razones por las que, "en un principio, la palabra griega *ethos* no significaba ética, sino guarida: el lugar donde vive un animal. Esta idea se amplió para incluir las prácticas humanas y pasó a significar las moradas de los humanos. [...] Ethos puede entenderse como hábitat, y [...] se utilizó más tarde como verbo: habitar. [...] Es importante señalar que cualquier hábitat influye y, a su vez, es influido por las formas en que es habitado" (Aguirre Sala, 2015, p. 239).

Una vez explicada la esencia misma y las razones de la oikofilía, podemos dar el siguiente paso hacia la comprensión de la importancia de la *Earth Stewardship*, profundizando en el significado de filantropía. Es especialmente relevante desentrañar esta palabra, que hoy en día ha adquirido el significado de conjunto de actos caritativos u otras buenas obras que ayudan a los demás (o a la sociedad en su conjunto). Utilizo aquí este término en su significado original y recordando su etimología: *philanthropia* (latín) o *philanthrōpia* (griego), es decir, "humanidad, benevolencia, amor a la humanidad". En este sentido, la oikofilía y la filantropía son las dos bases de la "ecología humana". El amor por el *oikos* y el amor por la humanidad están estrechamente relacionados, como subraya Berry (1981, p. 281): "Ver y respetar lo que hay es el primer deber de la *stewardship*, [...] es un principio ecológico y religioso. [...] Al perder la administración, perdemos la comunión; nos convertimos en parias del gran vecindario de la Creación. Es posible –como demuestra nuestra experiencia en esta tierra– exiliarnos de la Creación y aliarnos con el principio de destrucción". ¿Cuál es, entonces, la base de la filantropía? Con Scheler (1973, pp. 497-498), podríamos responder que es nuestra comunalidad ontológica. Alfredo Marcos (2012) la llama "la mutua dependencia de los miembros de la familia humana", basada en nuestra común animalidad (retomando a Aristóteles y MacIntyre). Esta comunalidad, por tanto, se basa contemporáneamente en nuestra animalidad (a saber, ser miembros de la especie *Homo Sapiens*) y en nuestra personalidad, que nos permite la apertura a los demás. Nuestra dependencia (y, aún más, mutua dependencia), como seres humanos, es, pues, la fuente de nuestra comunalidad.

3. RESPONSIBILIDAD, VULNERABILIDAD Y *STEWARDSHIP*

Una vez reconocidas las bases antropológicas, ecológicas y ontológicas de la *Earth Stewardship*, podemos centrarnos en los aspectos éticos relativos a nuestro puesto en el cosmos. Como ya se ha dicho, un enfoque ecológico del medio ambiente no debe interpretarse como antropocéntrico[5]. Una cosmovisión "prometeica"[6], centrada en el dominio humano sobre la Tierra, se opone radicalmente al ecologismo.

Como decíamos antes, además, la desertización de la realidad es la consecuencia más evidente de vivir de una manera que ha olvidado que habitar implica tanto custodiar como

---

5 Una buena explicación de esta cuestión es la siguiente: "Los críticos podrían replicar que, aunque ha habido algunas revisiones favorables del concepto de *stewardship*, estas revisiones no van lo suficientemente lejos. La *stewardship* sigue siendo antropocéntrica en su orientación hacia la naturaleza porque los valores que promueve son valores humanos y no el valor de la naturaleza independientemente de su papel en la vida humana. Sin embargo, las críticas de este tipo se basan en una confusión. Aunque los valores que los *stewards* del medio ambiente se comprometen a proteger son valores asignados a la naturaleza por los seres humanos (es decir, antropogénicos), esto no implica que los valores asignados deban ser uniformemente antropocéntricos (centrados en el ser humano). Tampoco implica la tesis más radical de que los únicos valores que los *stewards* asignarían a las entidades o sistemas naturales serían instrumentales" (Welchman, 2012, pp. 307-308). Sobre la misma cuestión, James (2015, p. 155) afirma: "La única perspectiva que podemos adoptar en este contexto es la nuestra. [...] Nuestra perspectiva en este ámbito, como en cualquier otro, debe ser una perspectiva humana. [...] Al considerar los efectos del cambio climático, o de hecho cualquier otra cuestión medioambiental, no debemos pensar que estamos atrapados dentro de los confines de nuestra perspectiva totalmente humana de las cosas".

6 Recuerdo aquí la famosa expresión de Hans Jonas (1984, pp. 185, 202): el "Prometeo desatado" y su "inmodestia".

construir. Estas dos dimensiones son los elementos esenciales del habitar. Cuando decimos que el ser humano tiene el papel de constructor, estamos destacando sus propiedades creativas e inventivas y su deseo de cambiar el entorno: "Construir implica crear una apertura para hacer visible el habitar humano, y no es el resultado de la producción, sino que su esencia reside en hacer posible el habitar humano. Puede expresarse, por un lado, mediante viviendas, monumentos, edificios y otras implicaciones materiales del habitar y, por otro, mediante el cultivo y cuidado de la naturaleza y de todos los frutos que nos aporta. En consecuencia, habitar implica corresponsabilidad, dado que cuidar no consiste simplemente en no hacer nada malo. El cuidado genuino es algo positivo y ocurre de antemano cuando dejamos algo en su esencia" (Valera et al., 2021, p. 447). Por lo tanto, no puede haber construcción que no implique cuidado. Esta es la esencia de la *Earth Stewardship*: custodiar o cuidar la tierra no significa impedir su desarrollo, ni, mucho menos, que debemos dejarla como está y no cambiarla. Del mismo modo, construir no significa destruirlo todo. Construir y cuidar deben ir siempre de la mano[7] (Valera, 2022).

Una vez reconocida esta definición de la *Earth Stewardship*, queda la pregunta de por qué debemos cuidar nuestro hogar, más allá de que sea un imperativo divino. Esta pregunta nos remite a la cuestión de la vulnerabilidad de la naturaleza y nuestra correspondiente responsabilidad hacia ella. ¿Es esta vulnerabilidad la base filosófica de nuestra responsabilidad? He intentado aclarar este tema en otro lugar: "Si es cierto que [...] la vulnerabilidad no puede ser el fundamento de nuestra responsabilidad [...], también es cierto que es el objeto privi-

---

7 John Passmore es especialmente claro al respecto. Él "reconoce que la creencia en el dominio humano puede ser tomada no como despótica sino como implicando que la humanidad, como mayordomo o alguacil de la creación de Dios, tiene la responsabilidad de su cuidado" (Attfield, 1983, p. 371).

legiado de nuestra propia responsabilidad" (Valera, 2020, p. 649). Esto se debe a que nuestras acciones (que han cambiado radicalmente gracias a las tecnologías emergentes) han tenido un impacto extremadamente poderoso en la naturaleza (Binde, 2001, p. 18). Por lo tanto, nuestra responsabilidad está estrechamente relacionada con nuestro poder. Así pues, podemos concluir que la *Earth Stewardship* (así como la cuestión de la responsabilidad) se refiere a nuestras acciones, y no a la naturaleza misma. Somos responsables de los comportamientos humanos que se refieren al medio ambiente: "La custodia del medio ambiente es la gestión de los comportamientos humanos que degradan los recursos o valores naturales, no la gestión de la naturaleza" (Welchman, 2012, p. 309). Por tanto, el objeto de una ética ambiental adecuada es nuestra relación no sólo con el propio medio ambiente, sino también con los demás seres vivos.

Sin embargo, este es solo un aspecto de la relación entre responsabilidad, vulnerabilidad y poder, y lo llamamos "el papel negativo de la responsabilidad". También deberíamos considerar el "papel positivo de la responsabilidad". Se trata de la posibilidad de que utilicemos nuestro poder para ayudar al mundo a florecer[8]. Passmore (1974, p. 32) lo expresó diciendo que los humanos deben "perfeccionar la naturaleza cooperando con ella". En este sentido, la acción humana es esencial para que la naturaleza florezca (Mizzoni, 2014, p. 411), siendo esta algo distinto de una sustancia "estática, inamovible y eternamente perfecta". Existe, sin embargo, una continua interacción entre el ser humano y la naturaleza que aspira a una mayor perfección: esto es exactamente el papel de nuestra responsabilidad. Esta contribución humana conlleva, de hecho, una gran promesa: "Si la Naturaleza no es solo un sacramento, sino también

---

[8] En este sentido, "la *stewardship* depende en gran medida del conocimiento, tanto del sistema afectado como de los efectos de la acción humana sobre este" (DeWitt, 2016, p. 275).

la promesa de más ser, la *stewardship* ya no es reducible a actos de preservación, sino que consiste también en la preparación, es decir, en hacer que el mundo esté listo para acoger nuevos desarrollos creativos en el futuro a largo plazo" (Haught, 2017, p. 125). De hecho, la historia humana es la historia de nuestro habitar en la tierra, lo que implica una cierta interacción con la naturaleza.

Esta interacción resulta especialmente interesante cuando se considera la noción de "paisaje" (*landscape*), por oposición a la de "naturaleza salvaje" (*wilderness*). Si un paisaje evoca la idea de la integración entre cultura y medio ambiente (se puede pensar en los distintos paisajes europeos, por ejemplo, los paisajes en Liguria, Italia), la naturaleza salvaje podría definirse como "grandes áreas que han experimentado una pérdida mínima de hábitat" (Watson et al., 2009, p. 1029). Por lo tanto, estamos hablando de dos formas distintas de habitar la tierra. Por un lado, podemos observar una fusión entre las construcciones humanas y la naturaleza (y, por tanto, el medio ambiente debe interpretarse como un entorno "cultural"); mientras que, por otro lado, reconocemos una yuxtaposición entre los seres humanos y la naturaleza (y, por tanto, el medio ambiente debe interpretarse como un entorno "salvaje"). La cultura europea, por ejemplo, es principalmente la historia del "paisaje", es decir, la historia de una poderosa interacción (y en muchos casos, podríamos decir, una interacción *excesiva*) entre los humanos y la naturaleza. En la base de esta interacción debe estar un sentido de *stewardship*, que es una "práctica inherentemente virtuosa, ya que su realización implica la restricción del interés personal propio y el cultivo de lo que es moralmente importante" (Welchman, 2012, p. 299). Esta *stewardship* es "un papel o relación continua mantenida a lo largo del tiempo con los principales de los *stewards* y con las tierras, cosas o personas a su cuidado" y esto "requiere el ejercicio de ciertas virtudes morales. Para ser un *steward* competente, uno debe poseer y actuar a partir de disposiciones como la lealtad, la templanza, la diligencia, la justicia y la integridad, así como virtudes intelectuales o habilidades técnicas como la prudencia y la racionalidad práctica" (Welchman, 2012, p. 299).

Podemos volver, pues, al comienzo de este texto. Existe una fuerte relación entre los seres humanos y el medio ambiente, y entre la realización humana y la preservación del medio ambiente. Sin embargo, el punto central, aquí, es el ser humano y no el medio ambiente. Si queremos progresar en la salvaguarda de nuestro medio ambiente, debemos, de hecho, cambiar nuestra forma de habitar la tierra, antes de cambiar la tierra misma[9]. O cambiar el orden de nuestras ideas, antes de cambiar el orden del mundo, decía el filósofo.

BIBLIOGRAFÍA

Aguirre Sala, J.F. (2015). "Hermeneutics and Field Environmental Philosophy: Integrating Ecological Sciences and Ethics into Earth Stewardship", en Rozzi, R., Chapin III, F.S, Callicott, J.B., et al. (eds.). *Earth Stewardship. Linking Ecology and Ethics in Theory and Practice*, Cham, Springer, pp. 235-247.

Attfield, R. (1983). "Christian Attitudes to Nature". *Journal of the History of Ideas,* 44(3), 369-386.

[9] Resulta interesante considerar nuestro doble papel como habitantes de la Tierra y como principales impulsores de las transformaciones y cambios medioambientales: "Si la humanidad quiere avanzar hacia una conciencia planetaria, la Custodia de la Tierra es el paradigma que debe adoptarse. Según éste, los seres humanos son cohabitantes del planeta y deben tener en cuenta las consecuencias de sus pautas de desarrollo, no sólo para las generaciones humanas actuales y futuras, sino también para otras especies. Los desafíos de la implementación de este paradigma son grandes, especialmente tras el inicio del Antropoceno, período en el que la humanidad se convirtió en el principal impulsor de las transformaciones de los sistemas de la Tierra" (Viola & Basso, 2015, p. 367).

Berry, W. (1981). *The gift of good land*, Berkeley, Counterpoint Press.

Binde, P. (2001). "Nature in Roman Catholic Tradition". *Anthropological Quarterly*, 74(1), 15-27.

Commoner, B. (2020). *The Closing Circle: Nature, Man, and Technology*, New York, Dover.

Crutzen, P.J., Stoermer, E.F. (2000). "The 'Anthropocene' ". *Global Change Newsletter*, 41, 17-18.

Deane-Drummond, C. (2004). *The Ethics of Nature*, Malden, Blackwell.

Deane-Drummond, C. (2008). *Eco-theology*, Darton, Saint Mary's Press.

DeWitt, C.B. (2016). "Earth Stewardship and Laudato Si'". *The Quarterly Review of Biology*, 91(3), 271-284.

Harvey, D. (2009). *Cosmopolitanism and the Geographies of Freedom*, New York, Columbia University Press.

Haught, J.F. (2017). "Science, Ecology, and Christian Theology", en Hart, J. (ed.). *The Wiley Blackwell Companion to Religion and Ecology*, Oxford, Blackwell, pp. 117-129.

Hoffman, A.J., Sandelands, L.E. (2005). "Getting Right with Nature. Anthropocentrism, Ecocentrism, and Theocentrism". *Organization & Environment*, 18(2), 141-162.

Huesemann, M., Huesemann, J. (2011). *Techno-Fix: Why Technology Won't Save Us or the Environment*, Gabriola Island, New Society Publishers.

James, S.P. (2015). *Environmental Philosophy. An Introduction*, Cambridge, Polity Press.

Joldersma, C.W. (2009). "How Can Science Help Us Care for Nature? Hermeneutics, fragility, and responsibility for the earth". *Educational Theory*, 59(4), 465-483.

Jonas, H. (1984). *The Imperative of Responsibility: In Search of an Ethics for the Technological Age*, Chicago, The University of Chicago Press.

Malpas, J.E. (1999). *Place and Experience. A Philosophical Topography*, Cambridge, Cambridge University Press.

Marcos, A. (2012). "Dependientes y racionales: la familia humana". *Cuadernos de Bioética*, XXIII(1), 83-95.

McDonald, H.P. (2014). *Environmental Philosophy. A revaluation of Cosmopolitan Ethics from an Ecocentric Standpoint*, New York, Rodopi.

McNeill, J.R., Engelke, P. (2014). *The Great Acceleration: An Environmental History of the Anthropocene Since 1945*, Cambridge & London, Harvard University Press.

Mizzoni, J. (2014). "Environmental Ethics: A Catholic View". *Environmental Ethics*, 36(4), 405-419.

Næss, A. (1973). "The shallow and the deep long-range ecology movement. A summary". *Inquiry. An Interdisciplinary Journal of Philosophy*, 16, 95-100.

Næss, A. (1984). "The arrogance of antihumanism?". *Ecophilosophy*, 6, 8-9.

Næss, A. (2005). "The World of Concrete Contents", en Glasser, H., Drengson, A. (eds.), *The Selected Works of Arne Næss*, Dordrecht, Springer, vol. X, pp. 449-460.

Næss, A. (2009). "An Example of a Place: Tvergastein", en A. Drengson, B. Devall (eds.). *The Ecology of Wisdom. Writings by Arne Næss*, Berkeley, Counterpoint.

Nelson, G.C., Bennett, E., Berhe, A.A., Cassman, K., et al. (2006). "Anthropogenic Drivers of Ecosystem Change: An Overview". *Ecology and Society*, 11(2), 29.

Newton, L.H. (2003). *Ethics and Sustainability. Sustainable Development and the Moral Life*, Upper Saddle River, Prentice-Hall.

Palmer, C. (2006). "Stewardship: a case study in environmental ethics", en Berry, R.J. (ed). *Environmental Stewardship: Critical Perspectives, Past and Present*, London, T&T Environmental Stewardship, pp. 63-75.

Passmore, J. (1974). *Man's Responsibility for Nature: Ecological Problems and Western Traditions*, New York, Charles Scribner's Sons.

Sandler, R. (2019). "The ethics of genetic engineering and gene drives in conservation". *Conservation Biology*, 34(2), 378-385.

Scheler, M. (1973). *Formalism in Ethics and Non-Formal Ethics of Values. A New Attempt toward the Foundation of an Ethical Personalism*, Evanston, Northwestern University Press.

Scruton, R. (2012). *How to Think Seriously About the Planet. The Case for an Environmental Conservatism*, New York, Oxford University Press.

Tucker, M.E. (2015). "World Religions, Ethics, and the Earth Charter for a Sustainable Future", en Rozzi, R., Chapin III, F.S, Callicott, J.B., et al. (eds.). *Earth Stewardship. Linking Ecology and Ethics in Theory and Practice*, Cham, Springer, pp. 395-405.

Valera, L. (2018). "Home, Ecological Self and Self-Realization: Understanding Asymmetrical Relationships Through Arne Næss's Ecosophy". *Journal of Agricultural and Environmental Ethics*, 31, 661-675.

Valera, L. (2019). "Ecología humana. Nuevos desafíos para la ecología y la filosofía". *Arbor. Ciencia, Pensamiento y Cultura,* 195(792), a509.

Valera, L. (2020). "¿Tenemos una responsabilidad hacia nuestro genoma? El ser humano como 'objeto de la técnica'". *Revista de Filosofía Aurora,* 32(57), 639-652.

Valera, L. (2022). *Ecología humana. Los desafíos éticos de la relación entre ser humano y medio ambiente,* Valencia, Tirant lo Blanch.

Valera, L., Castilla, J.C. (2020). "Introduction", en Valera, L., Castilla, J.C. (eds.). *Global Changes. Ethics, Politics and the Environment in the Contemporary Technological World,* Cham, Springer, pp. 1-5.

Valera, L., Leal, Y., Vidal, G. (2021). "Beyond Application. The Case of Environmental Ethics". *Tópicos (México),* 60, 437-459.

Viola, E., Basso, L. (2015). "Earth Stewardship, Climate Change, and Low Carbon Consciousness: Reflections from Brazil and South America", en Rozzi, R., Chapin III, F.S, Callicott, J.B., et al. (eds.). *Earth Stewardship. Linking Ecology and Ethics in Theory and Practice,* Cham, Springer, pp. 367-382.

Watson, J.E.M., Fuller, R.A., Watson, A.W.T., Mackey, B.G., Wilson, K.A., Grantham, H.S., et al. (2009). "Wilderness and future conservation-priorities in Australia". *Diversity and Distributions,* 15, 1028-1036.

Welchman, J. (2012). "A Defence of Environmental Stewardship". *Environmental Values,* 21(3), 297-316.

White Jr., L. (1967). "The Historical Roots of Our Ecological Crisis". *Science,* 155, 1203-1207.

La justicia climática como agente de la metamorfosis de la teoría social.

Climate justice as an agent of the metamorphosis of social theory.

JORDI LÓPEZ ORTEGA

Universidad Politécnica de Catalunya

ORCID: 0000-0002-1239-3943

Resumen:

¿Puede la teoría de las ciencias sociales conceptualizar la "justicia climática" ampliando la problemática de la "justicia social"? ¿Forman parte del mismo mundo las "desigualdades sociales" y las "desigualdades climáticas"? En la sociología clásica la producción de "bienes", esto es, la notoriedad del progreso, oculta los "efectos colaterales" del progreso, esto es, la notoriedad del riesgo. Las desigualdades climáticas, ¿pueden conceptualizarse con la categoría de "clase" con la que analizamos la distribución de "bienes"? La teoría social se ha centrado en la reproducción del orden y las desigualdades sociales, pero no de los efectos secundarios, por no hablar de la metamorfosis de los sistemas políticos y sociales. Las desigualdades climáticas exigen, no sólo de una teoría de metamorfosis del mundo y una ruptura con la metafísica dominante de la reproducción del orden social, sino que requiere una metamorfosis de la teoría social.

Palabras Clave: Desigualdad, justicia climática, metamorfosis, teoría social, orden social

Abstract.

Can social science theory conceptualize "climate justice" by expanding the problematic of "social justice"? Are "social inequalities" and "climate inequalities" part of the same world? In classical sociology, the production of "goods", that is, the notoriety of progress, hides the "collateral effects" of progress, that is, the notoriety of risk. Can climate inequalities be conceptualized with the category of "class" with which we analyze the distribution of "goods"? Social theory has focused on the reproduction of social order and social inequalities, but not on the secondary effects, not to mention the metamorphosis of political and social systems. Climate inequalities require not only a theory of metamorphosis of the world and a break with the dominant metaphysics of the reproduction of the social order, it requires a metamorphosis of social theory.

Keywords: Inequity, climate justice, metamorphosis, social theory, social order.

SUMARIO:

I. DEFICULTADES TEÓRICAS DE LA JUSTICIA CLIMÁTICA.

1. *De la justicia social a la justicia climática.*

Las teorías de las ciencias sociales contemplan las exigencias de "justicia climática" como una mera ampliación de la clásica exigencia de "justicia social". Igual que hay una distribución desigual de "bienes" y oportunidades, la "justicia climática" ampliaría los horizontes normativos para incluir el reparto desigual de "males" y oportunidades futuras. ¿La teoría social está preparada para responder a cómo impartir justicia a individuos que aún no existen? La sociología y el derecho no tienen una epistemología, ni metodología para analizar horizontes normativos de desigualdades globales que traspasan fronteras e incluyen generaciones futuras. Son víctimas invisibilizadas para el observador. Dicho de otro modo, los horizontes normativos de la sociología centrada en la distribución desigual de "bienes" (ingresos, bienestar, salud...) es insensible a la distribución desigual de "males" (riesgo climático, ecológico, tecnológicos...) y, más aún, a la distribución de oportunidades de supervivencia a largo plazo.

Las teorías sociales y, probablemente, las ciencias políticas se centran en cómo se reproduce el orden social. Las teorías de Niklas Luhmann, Michel Foucault o Pierre Bourdieu, a pesar de sus divergencias, no reconocen, ni registran el regreso de la historia. La sociología al teorizar la metamorfosis de los sistemas políticos y romper con la metafísica de la reproducción del orden social, presentan dificultades epistemológicas y metodológicas[1]. Son excepciones las teorías sociológicas que

---

1 Beck, U. (2017). *La metamorfosis del mundo.* Barcelona, Paidós, p. 67. La teoría de la metamorfosis se radicaliza al distinguir la teoría de la metamorfosis y la metamorfosis de la teoría en la página 88.

rompen con la metafísica de la reproducción del orden social y político como Hannah Arendt, Zygmunt Bauman, Ulrich Beck o Harald Welzer.

Lo que llamó la atención de la justicia normativa no fueron las implicaciones sociales de las "inundaciones climáticas" en Estados Unidos -provocada por el huracán *Katrina* en 2005-; fueron las "inundaciones raciales" lo que visualizó la justicia climática[2]. La dimensión social de eventos meteorológicos extremos y desastres naturales no permite ver, ni abordar la injusticia climática. Las injusticias y desigualdades raciales habían permanecido excluidas de los marcos normativos de las "desigualdades sociales" y "desigualdades ambientales". ¿Qué sucede? Se solapa el discurso del cambio climático, desigualdades sociales, injusticia racial y la historia del colonialismo. Entonces las "inundaciones climáticas" dejan de ser una cuestión solo de "justicia ambiental"[3].

El cambio climático trae un nuevo mapa de desigualdades. Marchitan las viejas cartografías. Los modelos descriptivos -que se dan por descontados- de las "desigualdades sociales" -que se consideran "algo dado" y "algo a resolver": ahora se vuelven problemáticos. Las inundaciones climáticas ponen al descubierto los supuestos de normalidad en que se basa el funcionamiento de la sociedad mostrando la vida subterránea: patologías y disfuncionalidades. Es lo que el sociólogo Harald Welzer llama el "*backstage*" de la sociedad que abra las ventanas de la vida subterránea dejadno al descubierto supuestos no "normalidad"[4].

---

2 Pardo, M., Ortega, J. (2018). "Justicia ambiental y justicia climática: el camino lento pero sin retorno, hacia el desarrollo sostenible justo". *Barataria*, 24, pp. 83-100, pp.93 y 95.

3 Beck, U. (2017). *op. cit.*, p. 139.

4 Welzer, H. (2010). Guerras climáticas. Por qué mataremos (y nos mataran) en el siglo XXI. Madrid, Katz, p. 50.U. (2017). *op. cit.*, p. 139

2. El cambio climático desestabiliza las certezas.

El lector quizá espere que la teoría social realice un diagnóstico ambicioso de los impactos sociales del cambio climático para buscar soluciones viables. Pondremos cabeza abajo este planteamiento. El cambio climático, hay que recordar, no es el resultado de los fracasos de la modernidad, por infringir -como creen juristas y sociólogos tradicionales- las normas. De la norma brota, ante el horror de la catástrofe climática que ha producido la victoria de la modernidad, una reflexión pública. No es la teoría social la que pone el foco en el cambio climático, sino el cambio climático el que pone el foco en los horizontes normativos: el cambio climático es una concepto político que pone en cuestión el "normal" o funcionamiento de la sociedad. No nos fijamos en el cambio climático, sino en las normas sagradas y las falsas certidumbres que surgan nuevos horizontes y nuevos marco referenciales[5]. El cambio climático pasa de ser el objeto inerte que estudia la teoría social a ser el sujeto activo que genera una transgresión existencial y una radical reconceptualización del mundo.

Entendemos por metamorfosis algo más que la crítica a los horizontes normativos. Las cartografías para navegar -que antaño fueron útiles para evitar naufragar- provoca una inflación de náufragos. El que nuestra civilización sea problemática, que las certezas -sin excepción- se desestabilicen, que el mundo nos parezca algo "descabellado", que lo imposible ayer hoy tenga lugar, no debería de ser "nada triste, ni lamentable, ni un trance de agonía"; pues significa -señala José Ortega y Gasset- "una nueva forma de civilización está germinando"[6]. En cambio, los predicadores del apocalipsis climático se aferran a los viejos sistemas de navegación y rehúsan un cambio de horizontes nor-

---

5 Beck, U. (2017). p. 55.

6 Ortega y Gasset, J. (2015). *Meditación de Europa y otros ensayos.* Madrid, Alianza, p. 60.

mativos. Para ellos el mundo se desmorona. El náufrago, para el que los valores pierden su valor, se transforma en nadador al anunciar una nueva posición de valores. Evoca la relación nietzscheana entre la "devaluación de los valores supremos" (*Entwertung der obersten Werte*) y la "transvaloración de los valores" (*Umwertung aller Werte*)[7].

El hombre siempre ha querido encontrar descanso en suelo firme de certezas para estar ocioso. Las civilizaciones sucumben por una petrificación de la fe, ninguna ha muerto de un ataque de duda. Descartes ancla la modernidad en la duda. El hombre en la modernidad abandona el medio sólido de certezas para entrar en el medio líquido: un mar de dudas[8]. Allí no hay reposo, ni descanso, ni consuelo. Un verso de Hölderlin dice: "más no es dado a nosotros/ tregua en paraje alguno;/ desaparecen, caen"[9]. Las ruinas son desgracias para los arruinados, pero sin ellas el hombre no tendría donde poner los pies. Goethe escribe: "quien me sigua siempre tendrá algo que hacer".

3. Holocausto y cambio climático.

la metamorfosis es, sin duda, una época de conflictos entre cartografías y de disputas entre imágenes del mundo (*Weltbild*). La comprensión esencialista de la cultura, encerradas en sí

---

7 Heidegger, M. (2013). *Nietzsche*. Barcelona, Ariel, p. 742.

8 Ortega y Gasset, J. (2015). *Meditación de Europa y otros ensayos*. Madrid, Alianza, p. 61.

9 Hölderlin, F. (1985). *Poemas. Introducción y versión de Luis Cernuda*. Madrid, Visor, p. 23-24. Heidegger percibe en el quehacer poético de Hölderlin los rasgos para dar una reorientación al pensar ontológico de la metafísica (de la reproducción del orden) para que la metafísica se mire en el espejo del poetizar. Cuartango, R. (1999). "Pero a nosotros no nos es dado descansar en ningún lugar...". *La Ortiga*, pp. 13-15, pp. 84-93.

mismas, da lugar a un choque de civilizaciones postula Samuel Huntington[10]. Es un obstáculo para que el náufrago se convierta en nadador. También la inflación de catástrofes, en que unas catástrofes amenazan a otras con superarlas, a su vez, la amortiguan unas a otras. La crisis social superada por la crisis sanitaria superada por la crisis climática; sin reposo para que el hombre empiece a emerger de las catástrofes.

La crisis de la modernidad, declara Niklas Luhmann, es la situación normal en que tiene lugar la reproducción del orden social[11]. Nos toca aprender a vivir, sin sobresaltos, en una crisis social, climática, sanitaria que llamamos "nueva normalidad"[12]. ¿Por qué el cambio climático – se pregunta Ulrich Beck[13]- se ha convertido en un supermercado de hipótesis apocalípticas? Estamos encallados en el presente. El ensayismo hipercrítico con la modernidad desactivó una barbarie como algo ajeno a la modernidad para situarla en el corazón de la misma modernidad. Un programa para garantizar la supervivencia que conduce, según Theodor W. Adorno, a un inevitable Holocausto. El Holocausto convierte la cultural y la civilización en problema lo cual hace inexcusable una reflexión pública, debidamente actualizada, sobre el proyecto ilustrado[14]. Las catástrofes eran vistas por la teoría social como anomalías, excepciones, patologías, discontinuidades.

---

10 Beck, U. (2017). *op. cit.*, p. 165.

11 Habermas, J. (2023). *Una historia de la filosofía. La constelación occidental de fe y saber*, Madrid, Trotta, p. 36. Nos encontramos con la tesis de la normalización de los riesgos. El futuro, entonces, se asume como catastrófico: se normaliza que se gobierne incertezas y las crisis sean permanentes. Garcés, M. (2023). *Tiempo de la promesa.* Barcelona, Anagrama, p. 87.

12 López Ortega, J. (2023). "¿Exterminio de especies para salvar la biodiversidad?" *Ecología política,* (66), pp. 95-99.

13 Beck, U. (2017). *op. cit.*, p. 55.

14 Cruz, M. (2005). *Las malas pasadas del pasado. Identidad, responsabilidad, historia.* Barcelona, Anagrama, p. 119.

Está en peligro un diagnóstico histórico ambicioso y teóricamente bien argumentado. Dos razones: una teoría social que analiza las continuidades de la modernidad y que evitar romper con la metafísica de la reproducción del orden social. Hannah Arendt, a contracorriente de su tiempo, desactivó esta línea de investigación y puso patas arriba la relación jerárquica entre diagnóstico y teoría universal. El Holocausto del siglo XX y las catástrofes climáticas del siglo XXI arrojan más claves para entender la situación de la sociología, apunta Zygmunt Bauman, que lo que la sociología puede añadir para comprender la catástrofe del cambio climático[15]. Estaríamos ante un experimento invertido; el objeto de estudio no sería el cambio climático, sino el universalismo de la teoría social que impide ver el regreso de la historia. La metamorfosis teórica y un cambio de horizontes provocados por el cambio climático son fundamentales para encuadrar la justicia climática.

4. *Desapercibidas dificultades epistemológicas y metodológicas.*

La teoría social tiene dificultades metodológicas y epistemológicas para teorizar la metamorfosis del mundo provocada por el cambio climático.

Los climatólogos que describen el cambio climático como calentamiento global, pero su exitosa capacidad predictiva bloquea la imaginación para un replanteamiento de los conceptos fundamentales. Al constreñir los marcos teóricos no es capaz de registrar la metamorfosis del mundo. Las consecuencias climáticas: catástrofes sociales, fracasos institucionales, genocidios climáticos, etc., queda fuera del radar desde el que las ciencias naturales analizan el cambio climático. La teoría social ofrece

15 Bauman, Z. (1997). *Modernidad y Holocausto*, Madrid, Ediciones Sequitur, p. 13.

un agudo análisis de la distribución desigual de riesgos y puede responder a: ¿quiénes ganan y quiénes pierden?, ¿quiénes son responsables y quienes víctimas? De nuevo las consecuencias climáticas -que acabamos de ver- quedan ocultas como sí no fuesen competencias de la teoría social[16].

En la historia encontramos una polaridad; por un lado, una historia en que domina la idea de progreso hacia lo mejor en que el futuro no deja de ser una eterna reproducción de lo mismo -pero con mejoras infinitas-; y, por otro lado, la historia protética llena de discontinuidades. Las ciencias de la naturaleza y las ciencias sociales tildan esta última de "adivinatoria". En los informes sobre cambio climático hay más referencias empíricas al presente y al pasado que al futuro. En ocasiones se recurre a la arqueología y paleoclimatología[17].

Este rechazo a la historia profética no tiene como única causa las dificultades para que el futuro se ilumine a sí mismo sin recurrir a los datos que ofrece el presente y el pasado. El discurso profético del cambio climático potencialmente revolucionario fue desactivado con el fin de evitar un cambio transcendental que rompiese con la metafísica de la reproducción del orden social y pusiera contra las cuerdas los discursos de las élites intelectuales. Las catástrofes climáticas entonces consideran catástrofes naturales para evitar el potencial desestabilizador. Esto generó dos relatos antagónicos: salvación o apocalipsis. Y que excluye el análisis de la metamorfosis que provoca el cambio climático.

"Como el pasado ya no ilumina el porvenir", decía Tocqueville, "el espíritu humano camina entre tinieblas". Se dio cuenta que estábamos ante un cambio de época; por ello señala la

---

16 Welzer, H. (2010). p. 53.

17 Costanza, R., et. Al. (2007). "Sustainability or Collapse: What Can We Learn from Integrating the History of Humans and the Rest of Nature?". *Ambio* n. 36, pp. 522-527.

necesidad de "una ciencia política nueva en un mundo completamente nuevo"[18]. Las discusiones públicas sobre el cambio climático parten, desde un inicio, con un concepto de "espacio público". Hannah Arendt advierte que restringe la investigación partir, de antemano, de un horizonte normativo y una teoría política[19].

5. ¿Cómo superar la negatividad climática?

La metamorfosis del mundo implica una metamorfosis de la metafísica para que el futuro sea capaz de iluminarse a sí mismo, sin la necesidad de una red de seguridades que ofrece el pasado. Los optimistas, con una fe secularizada en el progreso, y los predicadores de las catástrofes, que a partir de abrumadoras estadísticas refutan ese optimismo, conservan -unos y otros- las certidumbres respecto a la metafísica de la reproducción del orden social. Ni unos, ni otros perciben que el cambio climático se ha convertido en una amenaza epistemológica que corroe sus viejas certezas. Unos confían en que las certezas se puedan salvar, otros que el mundo se desmorona, ninguno la metamorfosis del mundo.

Hemos pasado de la "sociedad industrial" que distribuye "bienes" sin males, a la "sociedad del riesgo" en que se distribuye "bienes" y los efectos negativos secundarios de la producción de "bienes": distribución de "males". Esos "males" no tienen nada negativo cuando los contemplamos como el momento previo a los efectos secundarios positivos de lo "malo". La oruga, dentro de su cosmovisión lavaría, percibe, desolada y con pesimismo, la inminente pérdida del capullo. La caducidad de

---

18 Arendt, H. (1998). *De la historia a la acción.* Barcelona, Paidós, p. 60.

19 Benhabib, S. (1995). *Selbst im Kontext. Kommunikative Ethik im Spannungsfeld von Feminismus, Kommunitarismus und Postmoderne.* Frankfurt, Suhrkamp, p. 96.

los valores cosmológicos larvarios no les permite ver, aun, su conversión en mariposa al estar anclada en la negatividad.

Jorge Riechmann ha reflexionado sobre el problema del "mal" en el contexto de la emergencia climática del siglo XXI. Existe una literatura enfocada a la querella entre el pelagianismo y el maniqueísmo[20]. El pelagianismo afirma la excelencia de la creación y el poder del libre albedrio en detrimento del pecado original que ejercieron una influencia en el pensamiento utópico y milenarista[21]. El maniqueísmo no niega, ni rechaza el mal; pero la luz no puede vencer a la oscuridad con el castigo, pues en el reino de la luz no existe el mal ni el castigo. Los demonios de la oscuridad sólo pueden ser castigados

---

20 La antropología pesimista está emparentada con el pecado original; todos arrastramos el pecado original y, por tanto, todos somos pecadores. Cruz, M. (2022). *El Gran Apagón. El eclipse de la razón en el mundo actual.* Barcelona, Gutenberg, p. 378. Nos recuerda la réplica de Kierkegaard a las doctrinas gnósticas según las cuales el hombre cae en un mundo creado por un dios "idiota"; nofue una caída fruto de alguna catástrofe cósmica, sino un salto. López Ortega, J. (2022). "How Anthropocene Might Save the World: Metamorphosis". *Social Sciences* 11(2): 68, p. 23.

La Iglesia antigua estuvo marcada por las confrontaciones entre maniqueos y seguidores de Pelagio. Aquí el famoso *dictum* del escrito *Contra epistulam Manichaei quam vocant fundamenti.* Habermas J. (2023). op. *cit.* p. 483. El mal para Manu es un bien aún no metamorfoseado.

21 Riechmann, J. (2017). *¿Vivir como buenos huérfanos? Ensayo sobre el sentido de la vida en el Siglo de la Gran Prueba.* Madrid, Catarata, pp. 160-162. El "mal" es interpretado en las tradiciones gnósticas y judeo-cristianas como caída. En la antropología maniquea el hombre es enviado del reino de la luz al reino de la oscuridad para redimir con la luz el interior de su alma. El "pecado original" es algo que la izquierda, señala José I. González Faus, con ingenuidad desesperante desconoce. En esa tradición forman parte el sincretismo de Maní, la mística de Isaac Luria y Jacob Böhme que dan impulso decisivo al idealismo alemán. Habermas, J. (2023). *op. cit.* p. 445.

con el bien, derrotados con la mansedumbre. Recuerda la tesis de Walter Benjamin: la historia para que no sea una repetición de lo mismo ha de ser redimida. No caemos en una ciencia irracional al tener consciencia histórica, sino que nos permite fundar una nueva ciencia histórica[22].

Las catástrofes forman parte de la normalidad de la historia. El maniqueísmo da la vuelta a la fragilidad e inadecuación teórica de la sociedad del riesgo. La situación negativa del náufrago se convierte en positiva del nadador. El maniqueísmo muestra ese proceso en que la "desvalorización de los valores" (*Entwertung der Werte*) se transforma en un cambio de horizontes existenciales con una "transvaloración de todos los valores" (*Umwertung aller Werte*).

II. ¿METAMORFOSIS DEL MUNDO SIN METAMORFOSIS TEÓRICA?

1. *De la desvalorización a la transvalorización de los valores.*

La cosa se complica. Los climatólogos optimistas tienen fe en las fuerzas productivas seculares y creen en el progreso para salvar el mundo. Las perspectivas y previsiones climáticas no difieren de las previsiones macroeconómicas basadas en modelos: unos de la ciencia climática, otros de la teoría económica. Los modelos con los que se construye el futuro buscan domesticar e integrar el pasado con fines de estabilización política y social. El futuro se coloniza a base de estadísticas y experiencias del pasado. Son extensiones lineales sin lugar para rupturas y desconexiones con la imagen del mundo (*Weltbild*).

---

22 Cuartango, R. (1995). "La Historia. Habitar en lo propio como en tierra extraña". *Historia y Fuente Oral,* 14, pp. 175-184.

Los pesimistas climáticos perciben lo decepcionante de las respuestas viables ante el cambio climático. Una forma de negacionismo climático es pensar que basta con mejorar las reglas y normas existentes cuando el problema tiene raíces mucho más profundas; sólo con soluciones tecnológicas se afrontan síntomas, no el problema de fondo. Aún no se percibe que los valores válidos se desvaloran quienes creen posible actuar racionalmente ante el cambio climático. De igual modo no perciben la pérdida de todos los valores quienes aún ven posible una vuelta al mundo de valores precedentes.

Estamos en ese punto de inflexión entre decaer y erigirse, entre desmoronarse y despertar. La "desvalorización de todos los valores" (*Entwertung der Werte*) no significa una pérdida relativa de valor, sino un derribo de todos los valores, ni un resurgir de nuevos valores, ni que aún es posible elmundo de la catástrofe; con "transvaloración de todos los valores" (*Umwertung aller Werte)* se pone en marcha un nuevo comienzo que zanja la decadencia. El nihilismo no es la nulidad de los valores como lo es el escepticismo, la indiferencia respecto los valores, sino se trata de un modo afirmativo que implica una liberación[23]. Es hora de desatarse, de liberarse de las ataduras de la metafísica de la reproducción del orden social para buscar nuevos comienzos, nuevos inicios.

Tanto los optimistas defensores del progreso como los profetas de las catástrofes caen en el error de la oruga que se aferra a su cosmovisión larvaria y, en lugar de una metamorfosis, ven perder desoladas el capullo[24]. Se acerca a esa desvaloración de los valores, el aspecto negativo de quien naufraga, pero no perciben esa etapa posterior de transvaloración de los valores, el aspecto positivo del nadador. El "escepticismo" bloquea un cambio radical de los mapas de navegación o, dicho en térmi-

---

23 Heidegger, M. (2013). *op. cit.*, p. 741.

24 Beck, U. (2017). *op. cit.*, p. 30.

nos de Nietzsche, una "transvaloración de los valores". Se evita una decisión entre decadencia y un nuevo comienzo buscando salvar viejos valores en un equilibrio con los nuevos valores[25].

2. *La teoría social ante las desigualdades sociales y climáticas*

La justicia climática, para la teoría social clásica, significa ampliar el horizonte de las viejas desigualdades sociales a las nuevas desigualdades climáticas. La categoría de "clase" permite a la teoría social analizar la desigual distribución de "bienes". Cuando nos enfrentamos a otras realidades como el cambio climático surge una perplejidad teórica. ¿La teoría social es operativa para visualizar las desigualdades sociales radicalizadas y las nuevas desigualdades climáticas? ¿Se desplaza a la atención de las desigualdades (ónticas) para prestar atención a las relaciones de definición (ontológicas)? ¿Se produce una metamorfosis entre las "relaciones de producción", las "relaciones de definición" y las "relaciones de poder"?[26]

En los discursos públicos sobre "justicia climática" subyacen, en apariencia, planteamientos de mínimos: reparar daños, no dejar nadie atrás, etc. Han desaparecido los discursos emancipatorios que antaño contaban con una voluntad configuradora del futuro desde la que satisfacer la necesidad de justicia y prosperidad. Hoy el futuro se ha vuelto peligroso; ya no imaginamos cómo debería ser el futuro, sino cómo no debería de ser. La izquierda no se la reconoce por sus sustantivos, sino por sus adjetivos; un futuro inclusivo, sostenible, "sin dejar a nadie atrás"[27]. ¿Qué es sostenible cuando cualquier partido, modelo empresarial, marca de automóvil no puede prescindir de ella?

25 Heidegger, M. (2013). *op. cit.*, p. 740.

26 Beck, U. (2017). *op. cit.* pp. 101, 117 y 147.

27 Cruz, M. (2022). *Op. Cit.* p. 347.

Los sociólogos leales a Max Weber ven impensable la metamorfosis de la sociología. La modernidad se convierte en la "jaula de hierro" en la que los individuos se sacrifican ante los altares de la racionalidad instrumental. Cuando la racionalidad administrativa y la racionalidad económica se extiende a la esfera pública tenemos una, lo que Manuel Cruz llama, completa eclipse de la razón. Jürgen Habermas, hace décadas, relacionó la "crisis de racionalidad", "crisis de legitimidad" y la "crisis de motivación" en el contexto del capitalismo tardío que conduce a la destrucción del individuo socializado incapaz de fijar metas[28]. Las teorías sociales que desarrollan Michel Foucault, Niklas Luhmann y Pierre Bourdieu parten de la teoría de la acción racional. Las "estrategias racionales" ante el cambio climático se ha convertido, ante la falta de imaginación, en estrategias para "seguir como hasta ahora"[29]. La teoría de la sociedad del riesgo, para Ulrich Beck, constituye la antítesis: la "jaula de hierro" de la modernidad se abre[30].

3. Nuevas desigualdades; nuevos comienzos, nuevas reglas.

La "justicia social" y de la "justicia climática" forman parte de mundos distintos. Se hacen patentes las contradicciones en-

---

28 Habermas, J. (1973). *Legitimationsprobleme im Spätkapitalismus.* Frankfurt, Suhrkamp, pp. 87,96 y 106. El trabajo no es algo dado, aparecen dos polos en el proceso productivo: la naturaleza es modificada por el trabajo y el trabajo es modificado por el espíritu. El proceso de desvalorización queda contrarrestado con el proceso de revalorización. Steiner, R. (2002). *Nationalökonomischer Kurs.* GA 340. Dornach, Rudolf Steiner Verlag, p. 33.

29 Ortega, J. (2010). "El fin de la diversión tras Copenhague. Las políticas de mitigación del cambio climático: una revisión crítica desde la cooperación". Pardo, M., Rodríguez, M. *Cambio climático y lucha contra la pobreza.* Madrid, Siglo XXI/Fundación Carolina, pp. 83-124, p. 111.

30 Beck, U. (2002). *La sociedad del riesgo global.* Madrid, Siglo XXI, p. 234.

tre una y otra cuando queremos alcanzar por separado y de forma fragmentada, por una parte, los Objetivos de Desarrollos Sostenible (ODS) de carácter socioeconómico -con los que se busca superar los desniveles extremos de bienestar planetario- y, por otra parte, los ODS de carácter ambiental – con los que revertir los desequilibrios ecológicos globales: el cambio climático, la pérdida de biodiversidad y el deterioro de los ecosistemas. Esa contradicción se diluye cuando planteamos lograr los 17 ODS como un todo indivisible. Exige un radical cambio de horizonte: "revisar de raíz planteamientos de desarrollo tecnológico, económico y político"[31].

En 1972 Indiana Gandhi, en la primera Cumbre de la Tierra: dijo: "la pobreza es el mayor contaminante". Hoy, más de medio siglo después, deberíamos decir "la riqueza es el mayor responsable del cambio climático". La degradación del suelo, la pérdida de biodiversidad, la extracción de recursos, el cambio climático, etc., son ilustres acompañantes de la generación de riqueza[32].

La sociología del riesgo lleva décadas señalando que la desigual distribución de "bienes" tiene lugar, de forma no intencionada, ni buscada, ni perseguida, dentro de una desigual distribución de "males". Las coaliciones en favor de la "justicia social" quedan desmotadas ante las reivindicaciones de "justicia ambiental" y "justicia climática". Se invierte y se redefinen los papeles. El héroe para la justicia social es un villano para la "justicia climática".

El discurso de la continuidad cuando se percibe su envés catastrófico se metamorfosea en el discurso de la discontinuidad. En el discurso de la continuidad se trata de distribuir el riesgo; en el discurso disruptivo nos centramos en los modelos

---

31 Weizsäcker, E. U., Wijkman, A. (2019). *Come on! Capitalismo, cortoplacismo, población y destrucción del planeta.* Barcelona, Deusto, p. 107.

32 *Ibid.* p. 101.

descriptivos de la desigualdad. La desigualdad es algo problemático no "algo dado" que está ahí. Hablar de "catástrofes naturales" es más que una negligencia semántica; no porque el riesgo sea producido por el hombre, por ocultar las relaciones de poder y de definición[33].

De usar los mismos mapas para las desigualdades sociales y las desigualdades climáticas da lugar a no entender las consecuencias negativas de "bienes" y consecuencia positiva de los "males". Nos encontramos ante inventarios de "impactos positivos y negativos"[34]. Hay una metáfora elocuente: "Sí, por favor", es la respuesta de Groucho Marx a la pregunta "¿té o café?". El cambio climático es un fatalismo metamorfoseado de salvación. La metamorfosis se puede definir con el término esquizofrénico de "catastrofismo emancipador.

El cambio climático desde la pregunta política y científica es un "daño colateral" a evitar, un efecto indeseable que suprimir; pero desde la perspectiva analítica y sociológica se convierte en el agente de la metamorfosis del mundo que fomentar. Los "males públicos" se transmutan en "bienes públicos". La sociología clásica de bienes sin males tardó en reconocer que la lógica de la distribución desigual de "males" se producía tras la desigual distribución de "bienes". Es hora de reconocer que el cambio climático está provocando una "conmoción antropológica" capaz de desencadenar una "metamorfosis categorial", una "metamorfosis institucional" y una metamorfosis normativa", esto es, una transgresión existencial marcada por nuevas normas y nuevos comienzos.

---

33 Beck, U. (2017). *op. cit.*, p. 102 y 147.

34 Pardo, M., Ortega J. (2018a). "El impacto social del cambio climático: la metamorfosis social como ventana de oportunidad", Blanco, A, J., Chueca, A., López-Ruiz, J.A., Mora, S. *Informe España 2108.* Madrid, Universidad Pontificia de Comillas, pp. 364-391, 316.

La sociología clásica de las desigualdades sociales está en la "cuerda floja" cuando tiene que explicar las nuevas desigualdades climáticas y las desigualdades sociales radicalizadas por el cambio climático. Explica la distribución desigual de "bienes" (ingreso, bienestar...), sin "males" (cambio climático o crisis ecológica) al centrarse en la reproducción de una sociedad clasista: les pasan desapercibidos los riesgos climáticos[35]. La teoría social cuando no se toma en serio el historicismo se confina a un análisis dentro de estrechos horizontes metodológicos que giran alrededor de la categoría de "clase". Sn cambios de horizontes normativos y sin "opciones alternativas"[36].

4. *Sostenibilidad y transiciones ecológicas.*

Las transiciones ecológicas, para hacer frente al cambio climático y el colapso eco-social, suelen ser procesos planificados, ordenados, controlados y prefigurados. El llamado *backcasting* pretende, primero imaginar el futuro y después diseñar un *masterplan* que nos conduzca a él. El futuro tiene lugar cuando tomamos caminos equivocados, rutas intransitadas o desvíos; si se desea "otro futuro" hay que huir de lo lineal y lo previsible. Quienes son impacientes optan por "retrospecciones anticipadas" para ir, directamente, sin cometer errores al futuro; pero no se dirigen a "otro futuro", sino a "otro presente" banal[37].

Los pesimistas climáticos imaginan "retrospectivas anticipadas" catastróficas; ante ellas elaboran sus *backcasting* pesimistas: dado que la transición ecológica es cada vez más improbable construyen un *masterplan* para un "aterrizaje suave" en escenarios de colapso ecológico-social y desarrollan planes que palien

35 Beck, U. (2017). *op. cit.*, pp. 101 y 98-99.

36 Beck, U. (2017). *op. cit.*, p. 87.

37 Welzer, H. (2017). *Pensar por sí mismo. Instrucciones para la resistencia*, Buenos Aires, Prometeo, pp. 150-151.

los colapsos que vemos venir[38]. Estamos ante dos planificaciones divergentes de arriba abajo; los optimistas una transición ecológica, los pesimistas una transición con la que paliar la barbarie y los colapsos sociales que traiga el cambio climático.

Los ecologistas más comprometidos, pero decepcionados ante las desalentadoras noticias, acaban por defender la solución dada por Wolfgang Harich: una rígida distribución "ascética" por parte de un Estado tecnocrático. Confiar en la rigidez tecnocrática es, bien pensado, pura fantasía. La tentación tecnocrática de Wolfgang Harich, para Ulrich Beck, se basa en lo opuesto a lo que apela[39]. Manuel Sacristán consideró que Wolfgang Harich cae en una dialéctica cerrada en la negatividad[40]. La negatividad del mundo desmoronándose es una etapa previa a la negación de la negación, la metamorfosis del mundo. La metamorfosis, a diferencia de la transición ecológica, no son ni intencionales, ni ideológicas, ni voluntarias, ni pueden ser planificadas, controladas, dirigidas o impunes es una revolución sin consciencia revolucionaria, sin teoría revolucionaria y sin sujeto revolucionario[41]. Lo decisivo, es la aparición de nuevos comienzos.

5. La negación del optimismo no es pesimismo.

La caducidad de los valores cosmológicos por el cambio climático lleva a Roy Scranton a invitarnos a aprender a morir no sólo como individuos, sino como civilización. El nihilismo incompleto duda entre la decadencia y un nuevo comienzo. Roy Scranton afirma que no hay nada que podamos hacer

---

38 Riechmann, J. (2017). *op. cit.,* pp. 58-59.

39 Beck, U. (2017). *op. cit.,* p. 205.

40 Sacristán, M. (1987). "Comunicación a las jornadas de ecología y política". *Pacifismo, La ecología y política alternativa.* Barcelona, Icaria, pp. 9-17, 16.

41 Beck, U. (2017). *op. cit.,* p. 73.

para salvarnos[42]. La enfermedad del planeta no es producto de las emisiones de CO2, sino de la humanidad. Los profetas del apocalipsis climático tienen un chivo expiatorio: nunca el ser humano había tenido una visión más deprimente de sí mismo. Ni siquiera tenemos un plan B de "aterrizaje suave" para un escenario de colapso ecológico-social. Jorge Riechmann ya propone una "contracción de emergencia". Aquí se plantean una serie de interrogantes: ¿qué hay de la justicia climática, de la justicia social, de la justicia de género o de la justicia intergeneracional?[43]

En los inicios de la historia de la humanidad encontramos escenarios del fin del mundo[44]. Roy Scranton, aunque habla de aprender a morir, recuerda a Niklas Luhmann que ofrece la imagen terrorífica de una sociedad incapaz de aprender. La diferenciación que funciona en los sistemas diferenciados permite minimiza el efecto de las catástrofes. La hipótesis Gaia no es el clima, sino la tierra el agente que más que "justicia" tiene hambre de "venganza". Gaia, recuerda Bruno Latour, es la diosa naturaleza que "se preocupa por nosotros"; en los panfletos ecológicos pesimistas ni siquiera es la Pachamana: la hipótesis Gaia de James Lovelock la tierra no duda en deshacerse de nosotros[45].

La negación del pesimismo no es el optimismo. Quizás los pesimistas encerrados en su negatividad insisten en su pesimismo esperando que se metamorfosee en optimismo. Mientras contemplemos un choque, no de civilizaciones, sino entre colapsistas y anticolapsistas. En el optimismo, estadísticamen-

---

42 Scranton, Roy. (2015). *Learning to Die in the Anthropocene. Reflections on the End of a Civilization*, San Francisco, City Lights Books.

43 Riechmann, J. (2017). *op. cit.*, p. 71.

44 Welzer, H. (2017). *op. cit.*, p. 175.

45 Latour, B. (2017). *Cara a cara con el planeta. Una nueva mirada sobre el cambio climático alejada de las posiciones apocalípticas*, Madrid, Siglo XXI.

te bien argumentado, de Steven Pinker excluye catástrofes; el proceso civilizatorio es un proceso lineal, evolutivo y progresivo; Norbert Elias recuerda retrocesos civilizatorios empíricamente comprobables[46]. La catástrofe pertenece a la historia y ¡gracias a la catástrofe" el hombre emerge; tras las ruinas se oculta un rejuvenecimiento[47].

Lo que llevó a Alemania a abandonar la energía nuclear no fue el miedo con un regreso a sus raíces irracionales; fue un miedo astuto capaz de olfatear oportunidades y redefinir el propósito de la modernidad[48]. La encíclica del Papa Francisco, propugna "avanzar en una revolución cultural"[49]. Manuel Sacristán apuesta por dos vías; una revolución de la vida cotidiana -propia de la izquierda hegeliana berlinesa- y otra revolución política -propia de la izquierda hegeliana renana de Karl Marx. ¿Cómo transitar hacia la sostenibilidad? La innovación no la impulsa un *masterplan,* sino que se abre camino a contracorriente de lo establecido.

La metáfora del surfista resulta adecuada[50]; no tanto desde la perspectiva del "vencedor" en la tormenta climática que vemos venir, este tipo de surfista estaría siempre ante el riesgo de ser zarandeado por el oleaje y convertirse en naufrago. El surfista sería un nadador que cuenta con la resonancia para olfatear en las olas nuevos caminos inexplorados que conducen a "otro futuro". Planificar las olas y publicar guías para surfista es absurdo.

---

46 Welzer, H. (2017). *op. cit.,* p. 173-174.

47 Ortega y Gasset, J. (2015). *op. cit.,* p. 64.

48 Ortega, J. (2015-2016). "Nucleares y la COP 21". *Sostenible?* 16, pp. 53-65.

49 Francisco (2015). *Laudato si.* Madrid, Ediciones palabra, párrafo 114.

50 Rosa, H. (2019) *Remedio a la aceleración. Ensayos sobre la resonancia.* Barcelona, NED, p. 37.

III. EL REGRESO DE LA HISTORIA.

1. *¿El cambio climático rehabilita la historia social?*

La teoría social que está tan centrada en la reproducción del orden socio-político que no es capaz de registrar, ni de reconocer la "historia social". Mientras no abandone la perspectiva de una modernidad dominada por las continuidades el colapso es inevitable. Necesitamos aprender a leer como el cambio climático está poniendo patas arriba nuestras cosmovisiones del mundo. No es el mundo el que se desmorona.

En la naturaleza, recuerda Hegel, por más cambios que se produzca en ella nada nuevo sucede bajo el sol; en cambio, en el "suelo espiritual" (*Geistige Boden*) se producen los cambios[51]. La filosofía analítica se dedicó a exorcizar, como mostró Herbert Marcuse, el espíritu, la consciencia, etc. inhabilitándonos para comprender los procesos de conversión[52]. Refuerza la consciencia inmediata que ignora que en la construcción social de la realidad intervienen modelos interpretativos. Se plantea, a ese nivel, qué se puede hacer[53]. No se plantean una pregunta reflexiva: ¿cómo el cambio climático supone una ruptura con la metafísica con la que construimos nuestra imagen del mundo (*Weltbild*).

Podemos estar ante una metamorfosis incompleta. Que sería cuando el náufrago percibe la destrucción del mundo y los valores supremos que dejan de tener valor. Es una ingenuidad sociológica y política pensar que nada garantiza que esta situación negativa del naufrago se convierta en positiva del na-

---

51 Hegel, G.W.F. (2005). *Introducciones a la Filosofía de la Historia Universal.* Madrid, Istmo, 108.

52 Marcuse, H. (1981). *El hombre unidimensional. Ensayo sobre la ideología de la sociedad industrial avanzada.* Barcelona, Ariel, p. 231.

53 Welzer, H. (2010). *op. cit.* p. 53.

dador. La historia de las catástrofes pasa a ser la historia de la metamorfosis: el desmoronarse oculta el emerger.

El mundo del náufrago es el crepúsculo vespertino, el mundo del nadador es el crepúsculo matutino[54]. La situación de náufrago es una etapa previa de un curso histórico. Se presentan obstáculos para ese devenir. En el nihilismo incompleto se niegan los valores supremos válidos, pero pone nuevos ideales donde estaban los antiguos[55]. Walter Benjamin señala cómo la moral protestante en el trabajo celebra su resurrección secularizada con el impulso de las fuerzas productivas. El párroco que anuncia el apocalipsis celebra su resurrección secularizada en los profetas del apocalipsis climático. ¿El cambio climático como agente de la metamorfosis supone la resurrección del viejo, el sujeto revolucionario tras la derrota de los relatos emancipatorios? En la metamorfosis encontramos una conexión con la última cena y la resurrección.

Una forma desapercibida de negacionismo climático es la de aquellos que piensan que se trata de mejorar las reglas existentes y mejorar los sistemas. Romano Guardini, citado en "*Laudato sí*", forma parte de una tradición intelectual que señala la necesidad de remover sustratos más profundos del ser humano, esto es, abordar una revisión profunda de replanteamientos radicales de nuestra forma de vivir, ver, observar y actuar[56].

---

54 Ortega y Gasset, J. (2015). *op. cit.*, p. 59.

55 Heidegger, M. (2013). *op. cit.*, p. 751. Más adelante afirma que el nihilismo no contiene nada negativo. Del mismo modo para Hegel el escepticismo no fija ni absolutiza el lado negativo, se convierte en "motor especulativo". Cuartango, R. (2005). *Hegel. Filosofía y modernidad.* Barcelona, Montesinos p. 50.

56 Pardo, M., Ortega, J. (2018). op. cit., p. 86. Los problemas ambientales nos invitan a encontrar soluciones viables, pero sin buscar sus causas profundas; por ello confiar en la técnica sin un cambio pro-

La metamorfosis está emparentada con el nihilismo y la "transvaloración de todos los valores" y constituye una época de conflictos ideológicos, de batallas entre cosmovisiones y de disputas teológicas y filosóficas[57]. Martin Heidegger no orienta su mirada, para explicar la crisis ecológica, no al mal uso de la razón práctica, sino de la razón teorética.

Manuel Sacristán coincidía en esta idea de Martin Heidegger, pero sin resonancias románticas: señala que "es el buen conocimiento el que es peligroso, y quizá tanto más cuanto mejor". Se aparta de la crítica hegeliana a la ciencia, la literatura "contracultural" y la teoría crítica, pero comparte con esas tradiciones el rechazo a ese lugar común desde el que se habla de "maldad práctica" y "bondad epistemológica"[58]. La moderna ciencia y técnica son responsables de la destrucción del mundo; para Martín Heidegger -expone Jürgen Habermas- la salvación exige una vuelta a la mitología griega y, más allá, al logos platónico y al evangelio de Juan[59].

2. *¿Metamorfosis de la sociología o colapso climático?*

La teoría social cuando corta con la metafísica de la reproducción del orden social y puede teorizar la metamorfosis del mundo percibe "sus propias dificultades epistemológicas y metodológicas"[60]. Las ciencias sociales tienen competencia para agudos análisis de la distribución desigual de los daños

---

fondo en el ser humano, conduce a afronta sólo los síntomas. Francisco (2015). *op. cit.*, párrafo 9.

57 Beck, U. (2017). *op. cit.*, pp. 21 y 69.

58 Sacristán, M. (1984). "Sobre los problemas presentemente percibidos en la relación entre la sociedad y la naturaleza y sus consecuencias en la filosofía de las ciencias sociales. Un esquema de discusión". *Papeles de Filosofía*. Barcelona, Icaria, pp. 453-467, p. 455.

59 Habermas, J. (2023). *op. cit.*, p. 53.

60 Beck, U. (2017). *op. cit.*, p. 67.

materiales provocado por el cambio climático; pero dificultades para abordar los efectos secundarios del cambio climático. Enmudecen cuando trata las consecuencias sociales y políticas que provoca el cambio climático: colapsos sociales, conflictos por los recursos, migraciones masivas, etc., como si cayesen fuera de su competencia[61].

La sociología clásica gira alrededor de la categoría de "clase" con la que explica la desigual distribución de "bienes" -sin "males". Ignoran las desigualdades climáticas y las metamorfosis climáticas que experimentan las desigualdades sociales. Entramos en el análisis de los supuestos metafísicos de la sociología de la reproducción del orden social y la sociología de la metamorfosis. ¡Una provocación para la teoría de las ciencias sociales y ciencias políticas dominantes! ¿Qué relación tiene con una esfera pública saturada de imaginarios apocalípticos y esta falta de historicidad en la teoría social? ¿Qué impide reformular cuestiones fundamentales para abrir nuevos horizontes, nuevos comienzos y nuevas normas?

La sociología rara vez ofrece una explicación teórica de las "catástrofes sociales" y las "quiebras civilizatorias". Son marginadas del estudio sociológico como anomalías, patologías, enfermedades, excepciones[62]. La "sociología de las catástrofes" constituye, dentro de la teoría social y de las ciencias políticas, una excepción[63]. ¿Qué significa la expresión "el mundo está desquiciado"? ¿Reconocemos la normalidad de la anormalidad? ¿La excepción se ha vuelto cotidiana? De modo explícito la teoría social ha de reconocer que está ciega y desorientada para entender lo que pasa. Y, añadía José Ortega y Gasset, eso es lo que nos pasa: que no entendemos lo que nos pasa. Nadie se remanga las mangas para abordar ese aniquilamiento y la

---

61 Welzer, H. (2010). *op. cit.*, p. 53.

62 Cruz, M. (2005). *op. cit.*, p. 118.

63 Welzer, H. (2010). *op. cit.*, p. 39.

destrucción de la metafísica anunciada por Nietzsche cuando los valores y certezas se desestabilizan.

No faltan profetas de la inevitabilidad del inminente apocalipsis climático que podamos, a lo sumo, retrasar. Esos mismos climatólogos que profetizan el colapso climático, a su vez, consideran inevitable una metamorfosis de la política[64]. El pesimismo climático carece de voluntad crítica para someter su crítica de ausencia de una metamorfosis de la política a la crítica. En palabras de Marx "la revolución política disuelve la sociedad civil y la descompone en sus distintos elementos, pero sin revolucionar esos mismos elementos, ni someterlos a la crítica"[65].

La justicia climática es un desafío para la teoría social como lo fue, para Bauman, el Holocausto. Estaríamos ante una suerte de construcción de un experimento sociológico que el cambio climático pone al descubierto ciertas características de las sociedades modernas que en "condiciones normales" no pueden ni observarse, ni comprobarse empíricamente pasando desapercibidas[66]. Quizá sea esto lo que explica el silencio que ha mantenido la teoría social respecto al cambio climático; pues es ella la que está siendo juzgada. Arendt no pone el foco en las pobres criaturas -incapaces de juzgar, pero guiadas por modelos de acción racional-, sino en la filosofía y la metafísica: un campo de investigación que ha caído en desgracia[67].

Los predicadores de la catástrofe climática observan que el mundo se hunde, pero no observan que los horizontes referenciales desde los que observan ese hundimiento, también se hunden. Quien grita: "¡el mundo se desmorona!", "el mundo está desquiciado", reconoce que lo que se desmorona no es el

---

64 Beck, U. (2017). *op. cit.*, p. 191.

65 *Marx, K, Engels, F. Werke 1.* Berlin, Dietz, p. 369

66 Bauman, Z. (1997). *Modernidad y Holocausto,* Madrid, Ediciones Sequitur.

67 Arendt, H. (1998). *De la historia a la acción.* Barcelona, Paidós, p. 111.

mundo, sino la certidumbre en que se asienta una determinada cosmovisión del mundo[68].

3. ¿El cambio climático nuevo sujeto revolucionario?

Ulrich Beck[69] cuando señala que la sociedad del riesgo se está transformando en el agente de la metamorfosis del mundo y, a continuación, anuncia que estamos ante un "catastrofismo emancipador" son inevitables encontrar resonancias con el "catastrofismo liberador" de Herbert Marcuse[70]. Herbert Marcuse, por una parte, lucha por definir el carácter irracional de la racionalidad establecida y, por otra parte, define las tendencias que hace que esa racionalidad genere su propia metamorfosis. No son los fracasos, sino los éxitos los que provocan, para Ulrich Beck, la crisis ecológica.

La revolución supone un cambio del marco institucional empujado por el desarrollo de las fuerzas productivo-destructivas, pero Herbert Marcuse no altera la estructura del progreso científico-técnico que hace Ulrich Beck. Jürgen Habermas criticó a Herbert Marcuse por un cambio de valores rectores, pero la racionalidad queda a salvo[71]. Ulrich Beck plantea una metamorfosis categorial, una normativa y una institucionalidad equiparable a los cambios axiales. ¿Quién es sujeto? ¿Puede el cambio climático ser la nueva subjetividad emergente que recoja el testigo de la voluntad emancipatoria que animaba la vieja subjetividad revolucionaria derrotada?[72]

---

68 Beck, U. (2017). *op.cit.*, p. 30.

69 *Ibib*, pp. 77 y 135.

70 Marcuse, H. (1981). *El hombre unidimensional. Ensayo sobre la ideología de la sociedad industrial avanzada.* Barcelona, Ariel, p. 253.

71 Habermas, J. (1984). *Ciencia y técnica como "ideología"*. Madrid, Tecnos, p. 64.

72 Cruz, M. (2022). *op.cit.*, p. 14.

¿El entorno, dentro de la teoría de sistemas, se convierte en el agente revolucionario cuando el sistema se ha emancipado de sus habitantes? ¿Estamos ante la teoría de la revolución de Karl Marx puesta cabeza abajo? Ulrich Beck propone algo sorprendente: una revolución sin revolución, contra la voluntad, sin teoría revolucionaria; y, además, no es programática, no es ideológica, etc. También el capitalismo es, en la teoría de Karl Marx, un sepulturero del propio capitalismo. No es la lucha de "clases", sino el propio el capitalismo el que se revoluciona a sí mismo. ¿La metamorfosis es mediática o lo es el mundo?

La sociología de Talcott Parsons busca un modelo de socialización que garantice el orden político, la estabilidad social y la reproducción a largo plazo de los vínculos existentes. Ante la disolución de los mecanismos de integración social que ofrecían los valores tradicionales, sin percibir una metamorfosis en curso, propone un modelo sociológico de integración social basado en la transmisión de valores y normas entre generaciones. Este modelo se desmorona ante la presión de la metamorfosis de mundo: tiene en cuenta la continuidad y la reproducción, pero no la metamorfosis[73].

4. Emancipación social y justicia climática.

Los grandes relatos emancipatorios, guiados por la justicia social, era utópicos. La izquierda ha perdido su clientela al renunciar a ofrecer a amplias capas de la sociedad una perspectiva configuradora del futuro y satisfacer, a la vez, la clásica necesidad de justicia social[74]. Cabe plantear si el cambio climático es el antídoto a las fatigas de las políticas sociales ante la creciente complejidad de asuntos a tratar. La justicia climática

---

[73] Beck, U. (2017). *op. cit.*, p. 210.

[74] Habermas, J. (2009). *¡Ay, Europa! Pequeños escritos políticos* XI, Madrid, Trotta, p. 106.

dudosamente puede ofrecer a la justicia social una renovada finalidad pues, por una parte, no anhela una sociedad mucho mejor y más sostenible al tener un fuerte vínculo con un presente que critica sus excesos y, por otra parte, no trata positivamente como debe ser la sociedad, sino negativamente como no debiera ser.

La teoría social, que gira alrededor de la categoría de "clase social", permite explicar las exacerbadas desigualdades sociales profundamente arraigadas en la sociedad. Pero desigualdades sociales y desigualdades climáticas forman parte de horizontes normativos diferentes. El cambio climático es entendido, por una parte, en su dimensión física, esto es, las ciencias naturales dan cuenta del ritmo del aumento de temperaturas, de la intensidad de fenómenos meteorológicos extremos, etc., y, por un lado, tenemos una dimensión social del cambio climático, esto es, la drástica distribución desigual de las oportunidades futuras de supervivencia. Algo que debería ser inaceptable en unas sociedades ancladas política y culturalmente en la tradición ilustrada.

Los climatólogos abordan el cambio climático desde una consciencia tecnocrática. La ecología que platea el cambio climático como un problema cultural nunca desarrolló un programa dentro del "mainstream", hacia una dura crítica a la racionalidad dominante. El tránsito de la justicia social a la justicia climática supone una mutación teórica de gran alcance; Manuel Cruz hace resaltar la sustitución del instrumento gnoseológico, basado en grandes teorías revolucionarias, por el recurso de la narración y, en consecuencia, el abandono de la expectativa de una transformación global de la sociedad[75].

---

75 Cruz, M. (2022). *op. cit.*, p. 13.

IV. CATASTROFISMO EMANCIPADOR Y JUSTICIA CLIMÁTICA.

1. *¿Está justificado el pesimismo climático?*

Los pesimistas climáticos y los predicadores del apocalipsis cometen la ingenuidad, epistemológica y sociológica, de creer que las "alternativas" son hijas de las catástrofes. Dicho de otro modo: la metamorfosis de la política se producirá cuando todos nos hayamos convertido, no en climatólogos, sino en predicadores del colapso. Quienes no distinguen catástrofe y comunicación de la catástrofe sentirán cierta simpatía hacia los desastres como parte de la cultura crítica[76].

Walter Benjamin en sus agudas observaciones al cuadro de Paul Klein, el *Angelus Novus,* ve que la tormenta, ahora climática, nos empuja inexorablemente al futuro y, al darle la espalda, no somos capaces de ver, ni de comprender. Mientras miramos pasamos al pasado donde se acumulan ruinas sobre ruinas. En aquella época el capitalismo se degrada en estalinismo y fascismo, un siglo después tenemos la amenaza climática[77]. Las ciencias sociales, en principio, se alían con el "ángel de la historia" para recomponer los fragmentos rotos y cumplir la promesa de progreso; pero las élites profesionales de las ciencias sociales quedaron atrapadas por los métodos científicos acríticamente positivistas: la tormenta climática abatió las alas del ángel de la historia[78].

---

76 Narbona, C, Ortega, J. (2012). *La energía después de Fukushima.* Madrid, Turpial, p. 45.

77 López Ortega, J. (2022). "How Anthropocene Might Save the World: Metamorphosis", *Social Sciences,* 11(2), p. 68.

78 Bleicher, A. (2018). "Funktionale gesellschaftliche Differenzierung und Idee des dreigegliederten sozialen Organismus – Ansätze einer Synthese", *Sozialimpulse,* 4/18, pp. 3-9.

Hegel señala en su "*Lecciones de Filosofía de la Historia*" que "el forjarse un concepto de esta transformación, en su aspecto negativo, es muy fácil considerando los restos de un pasado esplendoroso"[79]. Ese aspecto negativo oculta uno positivo. José Ortega y Gasset advierte que sin catástrofes la humanidad caería en la indolencia. La historia pertenece a la categoría del cambio en la que el náufrago se convierte en nadador y el hombre emerge de la catástrofe gracias a la misma catástrofe. Sin catástrofes se desvanecería el poder creador"[80]. Así el cambio climático se convierte en el agente de la metamorfosis de la teoría que rompe con la metafísica de la reproducción del orden social liberando de ataduras el futuro. La perspectiva de la metamorfosis establece una relación entre la catástrofe y los efectos de esta: una "catástrofe emancipatoria"[81].

El pesimismo puede ser ambivalente; creer que es posible salvar los valores que se desvalorizan o al negar el mundo; puede más bien en la línea del pesimista que abre una nueva vía para una "nueva configuración del mundo" (*die neue Weltgestaltung*). Martin Heidegger lo señala como un cambio radical del "estar en el mundo" (*in-der-Welt-sein*)[82]. Un equilibrio entre la sociología de la metamorfosis y la sociología de "clases". Señalábamos que "a buen seguro [la metamorfosis], no será lo suficientemente rápida como para contrarrestar las catástrofes climáticas que suponen un cambio de reglas o el conflicto social entre las viejas y las nuevas reglas"[83].

---

79 Hegel, G.W.J. (1989). *Lecciones de Filosofía de la Historia.* Barcelona, PPU, p. 89.

80 Ortega y Gasset, J. (2015). *op. cit.*, p. 62.

81 Beck, U. (2017). *op. cit.*, p. 147.

82 Heidegger, M. (2013). *op. cit.*, p. 742.

83 Pardo, M., Ortega, J. (2018a). *op.cit.*, p. 373.

2. Metamorfosis del cambio climático en cambio social.

La justicia climática desplaza el foco de atención de la "notoriedad del progreso" -la distribución de "bienes"-, a la "notoriedad del riesgo" -la distribución de "males": efecto colateral negativo del triunfo de la modernidad. Faltan los efectos colaterales positivos de los "males"[84] para que se produzca la "transvaloración de todos los valores" (*Umwertung aller Werte*). Ese giro no acontece en las relaciones descriptivas primarias, sino en las relaciones secundarias o reflexivas en términos de Foucault[85]. Las disputas entre arquitecturas discursivas desencadenaron el inicio de la Era Axial el conflicto entre el discurso teológico trascendental y el discurso filosófico temporal.

No fue un cambio en el cálculo económico lo que llevó a Alemania a renunciar a la energía nuclear, sino constatar que el concepto de seguridad -sobre el que se apoya la tecnología nuclear- es un reducto de la modernización temprana y se abría la oportunidad de (re)definir la modernidad[86]. Para ello es preciso distinguir entre "catástrofe" y "catástrofe emancipatoria"[87]; esto es, cuando la catástrofe nos libera del sufrimiento del otro para provocar una "catarsis antropológica" que cambia, abruptamente, nuestro "habitar en el mundo" en términos de Hannah Arendt. Lo que se ha dicho del Holocausto vale para la justicia climática; a saber, abre una ventana de oportunidad al vislumbrar lo que hasta entonces había quedado invisible permitiendo abordar una reflexión actualizada del proyecto ilustrado[88].

---

84 Beck, U. (2017). *op. cit.*, p. 151.

85 Foucault, M. (1970). *La arqueología del saber*, Madrid, Siglo XXI editores.

86 Narbona, C., Ortega, J. (2012). *op. cit.*, pp. 48-49.

87 Beck, U. (2017). *op. cit.*, pp. 147-149.

88 Cruz, M. (2005). *op. cit.*, p. 119.

Novalis, Schlegel y Schelling, hace dos siglos, se dan cuenta que la racionalidad se separa de la acción racional orientada a fines. Buscan una teología moral no articulada en imágenes del mundo, como lo hacía la religión tradicional, sino crear una comunidad de conocimiento, sentimiento y acción: una "nueva mitología"[89]. La pérdida de lo sagrado llevó a plantear, dentro de la constitucionalización de la soberanía, la necesidad de una instancia que ocupase ese lugar con el papel de ofrecer una fuente de legitimidad y fuerza cohesionadora[90]. Lessing vio alborear un "nuevo evangelio" y una "tercera edad del mundo" en la que la razón sea capaz de realizar su propia legitimización[91]. Schelling señaló a partir de palabras de Lessing, que cuando la razón "se abandonada a sí misma" se produce un "perderse en un total sin sentido"[92]. No desbanca la razón en favor de la teología, sino -al contrario- quiere una fundamentación racional, en lugar de mística de la religión -evitando caer en un nuevo dogma. Por ello tacha de pusilánime una ilustración que se deja invadir por el terror y desespera ante la imposibilidad de lograr su propia legitimación.

---

89 Frank, M. (1994). *El dios venidero.* Lecciones sobre nueva Mitología. Barcelona, Serbal, p. 170.

90 Habermas, J. (2023). *op. cit.*, p. 712.

91 Frank, M. (1994). *op. cit.*, pp. 191 y 221. Manfred Frank señala que para Leroux y los seguidores de Saint-Simon el movimiento revolucionario al renunciar a la religión -como sostienen los socialistas ateos- reniegan de su propio motor interno y acaban por aceptar un estado de la sociedad y de la humanidad.

Turró, S. (2002). "El cristianismo como educación del género humano en Fichte". *Cadernos de Filosofia Alemã: Crítica e Modernidade,* 25 (2), pp. 173-191.

92 Schelling, F.W. J. (1856-1861). *Sämmtliche Werke II/I.* Stuttgart, Cotta, pp. 239 y 241.

3. La competencia incompetente de las ciencias climáticas.

Las ciencias naturales modelizan y pronostican, con cierta precisión, las amenazadas del cambio climático: colapsos sociales, conflictos por los recursos, migraciones masivas, genocidios climáticos, violencia, guerras, etc. Todas ellas son consecuencias sociales del cambio climático que las ciencias naturales, aunque estén cada vez más familiarizadas, carecen -en general- de competencia. Muy distinta debiera ser la situación de las ciencias sociales y, sin embargo, domina paradójicamente el silencio; ni las catástrofes climáticas, ni el Holocausto han sido objeto de un estudio sistemático por parte de las ciencias sociales. Las contemplan como patologías de la Modernidad, como excepciones a la norma, no un problema de la normalidad[93].

Las razones por la que en la sociología impera el silencio respecto el cambio climático son múltiples: no encuentra situaciones equiparables en las se produzcan cambios de las condiciones cotidianas tan amplias y profundas como las del cambio climático; las ciencias sociales no toman en serio el historicismo; siendo consciente del desafío del cambio climático prefieren la red de seguridad de las continuidades. Los informes del IPCC se refieren, empíricamente, más al pasado y al presente que al futuro; por ello sus modelos, pronósticos y proyecciones se basan en evidencias registradas en el pasado sin contemplar rupturas con proyecciones lineales[94]. Los sociólogos rechazan hablar, exclusivamente, del futuro sin ninguna red de seguridad que ofrece el pasado[95].

El cambio climático exige una ruptura con la metafísica de la reproducción del orden social. Es el antídoto contra imaginarios apocalípticos, pues liberar a la política de las normas y

---

93 Bauman, Z. (1997). *op. cit.*

94 Welzer, H. (2010). *op. cit.,* p. 62.

95 Beck, U. (2017). *op. cit.* p. 68.

ataduras institucionales, saca a la gente de su rutina, emancipa la teoría de su pretensión de universalidad. Carecemos de una teoría de la metamorfosis para abordar una metamorfosis de la teorización; queda patas arriba la relación jerárquica entre teoría y diagnóstico[96]. Los sociólogos, en cambio, se inclinan por la continuidad conceptual; cuando perciben el desastre climático lo hacen desde la perspectiva del "riesgo de clase" dentro del horizonte normativo de la "justicia social"[97].

4. Sostenibilidad contra mainstream.

La teoría social ante el cambio climático exclama su perplejidad; el mundo está desquiciado; pues corre y desestabiliza las certezas y los marcos teóricos que hasta ahora nos permiten interpretar, comprender y transformar el mundo. La teoría social puede conceptualizar las desigualdades, los cambios sociales, la producción y reproducción del orden social, pero no la metamorfosis de la sociedad que engloba la propia teoría social. La primera dificultad es que en la teoría sociológica se equipara teoría con universalismo. La teorización de la metamorfosis de la sociedad requiere, al formar parte de la sociedad la propia teoría, de una metamorfosis teórica.

Recordemos la hipótesis de la que partimos: la justicia climática sólo se puede plantear si antes abordamos un diagnóstico histórico de la metamorfosis del mundo provocado por el cambio climático. Pues el horizonte normativo de las desigualdades sociales es muy diferente del horizonte normativo de las desigualdades climáticas. Un cambio de horizontes es algo que las teorías universalistas son incapaces de reconocer[98].

96 López Ortega, J. (2022). *op. cit.*
97 Beck, U. (2017). *op.cit.*, p. 102.
98 *Ibid.*

Un aspecto, poco reflexionado, es sobre la relación entre la justicia social y la justicia climática. Tras el desvanecimiento de las ideas de futuro, la especificidad del presente en que el futuro es algo que ha dejado de estar en nuestras manos, el fin de los relatos emancipatorios sucede algo inesperado: el cambio climático se convierte, por arte de magia, en el agente de la metamorfosis del mundo. Cruz señala esa bancarrota en la que el futuro es algo que deja de estar en manos del ser humano[99]. Ante la crisis de los grandes relatos el cambio climático se convierte en un supermercado de hipótesis apocalípticas.

Ulrich Beck nos presenta, ante la metafísica dominante de la reproducción social que surge sobre los eternos modelos dualistas, una revolución sin revolucionario, sin teoría social, sin consciencia revolucionaria, una revolución desideologizada, involuntaria, pero que se produce a la velocidad vertiginosa del cambio climático. Se trata de un giro actualizado a la teoría revolucionaria de Karl Marx puesta cabeza abajo[100]. Las teorías revolucionarias empiezan con el rastreo del sujeto revolucionario; ahora sucede que el cambio climático desencadena una revolución en busca de teoría revolucionaria que sea capaz de comprender que el cambio climático recusa las viejas normas y reglas.

5. ¿El cambio climático agente de una conmoción sociológica?

La teoría social es capaz de explicar los cambios y la evolución de la sociedad, pero para explicar la metamorfosis del mundo se encuentra teóricamente desarmada. Cuando no tenemos delante un cambio, sino la metamorfosis gritamos: ¡el mundo está desquiciado! La metamorfosis de la teoría va reza-

---

99 Cruz, M. (2022). *op. cit.*, p. 36.

100 Beck, U. (1988). *Políticas ecológicas en la edad de riesgo. Antídotos. La irresponsabilidad organizada*, Barcelona, El Roure Editorial, p. 173.

gada con respecto la metamorfosis del mundo. Hace dos siglos Hegel lo captó con la metáfora del búho de Minerva que alza el vuelo de madrugada.

Raras veces el pensamiento se anticipa, como pretender Feuerbach, para ser el sujeto de la transformación del mundo[101]. Norbert Elias transformó la sociología cuando advirtió que cuando se transforma el mundo exterior, lo que llama "sociogénesis", se produce una metamorfosis del mundo interior, la psicogénesis[102]. Hegel cuando en sus clases abundaba profetas seguidores de Feuerbach con buenos modales los invitaba a dejar la filosofía y pasar a estudiar teología. Hoy tenemos inflación de profetas secularizados del colapso climático. No les iría mal algunas nociones de filosofía y sociología para distinguir entre el decaer y el resurgir. Quienes ven que el mundo se desmorona es porque conservan extrañas certidumbres y certezas[103].

La filosofía moderna se inaugura con una pérdida de fe. Buscando la certeza se sumerge en un mar de dudas. Y la situación negativa del naufrago se metamorfosea en una situación positiva. Podemos resurgir de la catástrofe climática gracias a la catástrofe climática. José Ortega y Gasset advirtió que "la catástrofe pertenece a la normalidad de la historia"[104]. Sucede que una forma nueva de civilización germina. No es nada lamentable, ni triste, ni representa un trance agónico por el hecho que pongamos en cuestión, sin excepción, todos nuestros principios.

¿Cuándo la civilización europea dejó de estar en un mar de dudas para vivir en un estado ocioso y de consolación espiritual? Desde la perspectiva de la metamorfosis el gusano se me-

---

101 Welzer, H. (2017). *op.cit.*, p. 152.
102 Ibib. p. 65.
103 Beck, U. (2017). *op. cit.*, p. 24.
104 Ortega y Gasset, J. (2015). *op. cit.*, p. 61.

tamorfosea en mariposa; ¿pero lo sabe el gusano que ve perder el capullo y hundirse su cosmovisión larvaria? Emilio Santiago hace una crítica a los divulgadores del colapso para los que no hay más alternativa que aprender a morir[105].

Mientras miremos al pasado, como el *Angelus Novus,* sólo vemos ruinas sobre ruinas. José Ortega y Gasset comenta que las *Lecciones sobre Filosofía de la Historia Universal* de Hegel: cuando miramos al pasado lo primero que vemos son "ruinas"; pero las ruinas forman parte de la economía íntima de la historia. Las ruinas son terribles, pero más terrible sería que en la historia no hubiese ruinas: si el pretérito se hubiera conservado ¿dónde pondríamos nuestros pies?[106]. La civilización renace cuando los náufragos se metamorfosean en nadadores. En el combate de los hombres con sus certezas y sus cosmovisiones se precipita una nueva fe, un nuevo comienzo y un nuevo inicio.

La desconfianza sin esperanza no nos hace caer en la desolación. Sirve para nombrar transitar de la teoría de la metamorfosis del mundo a la metamorfosis de la teoría. Sucede cuando decimos: "el mundo está desquiciado". Creemos que aún hay oportunidades para la salvación que evite la decadencia bloqueando imaginativos nuevos comienzos. Ignacio de Loyola reclama: "en tiempo de desolación no hacer mudanza"[107]. En la metamorfosis, para Teilhard de Chardin, se dirige a "la perfección interior"[108]. Por ello Iñigo en Manresa cambiar la

---

105 Santiago, E. (2023). *Contra el mito del colapso ecológico. Por qué el colapsismo es una interpretación equivocada del porvenir y cómo formular un horizonte de transición transformador,* Barcelona, Arpa.

106 Ortega y Gasset, J. (2015). *op. cit.,* pp. 62-63.

107 Rambla, J.M. (2020). *Una manera de estar en el mundo. Relectura de los Ejercicios Espirituales de Ignacio de Loyola.* Barcelona, Eides. Párrafo 317.

108 Teilhard de Chardin, P. (1972). *El medio divino. Ensayos de vida interior.* Madrid, Taurus/Alianza, p. 113.

mirada para que todas las cosas le parezcan nuevas. ¿Es el pasar del decaer al resurgir?

Pierre Teilhard de Chardin apela a la aventura humana. Como señala Jorge Riechmann alimentada por la incertidumbre, no certezas; con la anticipación de aquel punto omega hacia el que tendería el universo[109]. Hay que recordar que las innovaciones sociales exitosas no surgen de los centros de poder, ni de la ciencia establecida; por ello, ese tipo de cambios planificados, ordenados, controlados, esto es, basados en *masterplan*. La agricultura ecológica, cooperativas de energía solar, etc., son acciones que se mueven a contracorriente de los colegios profesionales, el monopolio del conocimiento académico y las regulaciones gubernamentales. Surgen de contar "contrahistorias" que contraponer al *statut quo*[110]. Requiere, siguiendo a Ernst Bloch, una arqueología de deseos, sueños y esperanzas. La justicia climática debería superar dos enfoques: la de aquellos que defiende la agenda de "desarrollo sostenible" -sin una "contrahistoria" respecto una modernidad expansiva- y la de aquellos que consideran que hay despedirse de todas las ilusiones: afrontar un colapso. Se trata de liberar a la gente de sus rutinas y a los políticos de sus ataduras que inmovilizan. Es un esplazamiento que opera en Kierkegaard y la tradición de una "antimodernidad" al intentar dar cuenta de aquello que se *presupone*: el propio lenguaje[111]. Convertir el cambio climático en una categoría política que crea nuevos conflictos liberándonos de las reglas existentes.

---

109 Riechmann, J. (2017). *op. cit.*, p. 154.

110 Welzer, H. (2017). *op. cit.*, p. 259.

111 Llevadot, L. (2008). "Kierkeggard y la cuestión del lenguaje". *Daimón,* 43. pp. 93-101.

V. CONCLUSIONES.

En el principio en el Evangelio de Juan que fue el verbo; Ulrich Beck lo corrige para situar la sorpresa[112]. La sorpresa tiene la capacidad de generar una "conmoción antropológica" que ponga en suspenso la actual teorización del mundo y genere un cambio de la cosmovisión y de horizontes normativos. La metamorfosis no puede ser conceptualizada, por ello tenemos que ir a ciegas. Podemos hacer un uso de conceptos tentativos: *Umwertung der Werten* (revaloración de los valores) de Nietzsche, *Zeitgeist* (espíritu del tiempo) de Herder, *Weltbild* (imagen del mundo) de Heidegger, etc.

Las ciencias sociales son, en general, hostiles a nuevos territorios conceptuales. Prefieren la interpretación universalista de la teoría basada en una comprensión evolutiva y lineal de los cambios. Las respuestas que se ofrecen, al cambio climático, están dentro de "lo que se puede hacer". La perspectiva de científicos, políticos y ecologistas suele ser decepcionante cuando el cambio climático es el problema dado a resolver. Desde la perspectiva reflexiva y sociológica la pregunta queda invertida, el cambio climático se convierte en el agente de la metamorfosis del mundo, regresa la historia social y nos orientamos a cómo el cambio climático está metamorfoseando el mundo.

¿Como conceptualizar a una metamorfosis del mundo sin que, a su vez, esté teniendo lugar una metamorfosis de la teoría? El Antropoceno rompe con las concepciones anteriores basadas en una interpretación evolutiva, progresiva y lineal de la expansión civilizatoria. El Antropoceno resalta las discontinuidades y rupturas de la historia humana la cual salta de una época espiritual (*Zeitgeist*) a otra, alcanzando estadios superiores ascendente que conduce, según Pierre Teilhard de Char-

---

112 Beck, U. (2017). *op. cit.*, p. 89.

din, a la *noosfera*[113]. La metamorfosis vista desde el Antropoceno sería la hostia transustanciada que anticipa la divinización de la materia, mientras el pesimismo sería la mezquindad de espíritu[114].

La teoría social, al analizar las desigualdades sociales, genera conceptos que sirven para tener certezas empíricas y certidumbres normativas. Sin reducirse a una combinación de certidumbres normativas y empíricas. El horizonte normativo de la justicia social y de la justicia climática tienen importantes asimetrías. Las desigualdades sociales son resultados de la distribución desigual de "bienes", sin "males", producido por la sociedad; en cambio, la desigualdad climática son los efectos colaterales de la producción de bienes.

Suena bien el lema de una "reconversión ecológica de la sociedad industrial" como promesa de simbiosis de justicia social y justicia climática. En lugar de buscar equilibrios entre la igualdad social e igualdad climática no vemos lo que tenemos delante de nuestras narices son los efectos secundarios positivos de la distribución de riesgos negativos. Suena a la negación de la negación hegeliana que quizá pueda sacar del callejón sin salida a los predicadores de un inminente colapso climático.

El cambio climático no significa solamente que las instituciones fracasen. Tras lo negativo se oculta los efectos secundarios positivos: aparecen nuevas constelaciones, los actores

---

113 Hamilton, C., & Grinevald, J. (2015). "Was the Anthropocene anticipated?". *The Anthropocene Review*, 2(1), pp. 59–72.

114 López Ortega, J. (2022). *op. cit.*, p. 37 y 68. El error del cristianismo primitivo, que recuerda al izquierdismo infantil milenarista, fue creer en un retorno inminente de Cristo y, al no producirse, genera decepción que "ha venido a desconcertar nuestra fe en el Reino de Dios. Cierto pesimismo acaso sostenido por una idea exagera de caída original, nos ha llevado a creer que, decididamente, el mundo es malo y no tiene remedios". Teilhard de Chardin, P. (1972). *op.cit.*, p. 137.

locales actúan a nivel global, los antiguos socios se separan y extraños se convierten en compañeros de viaje. Aparece metadiscursos que abarca un conjunto amplio de conflictos: ciudades habitables, salud urbana, disfuncionalidades urbanísticas, etc., que permite desde la planificación urbana aportar respuestas simples a problemas complejos[115].

El mundo se está metamorfoseando. La humanidad inicio el viaje a la política y la democracia en las ciudades: *polis*. Pronto pasaron a depender las ciudades de imperios y de estados para producir y reproducir el orden social. Ahora que sucumben los estados-nación es una esperanza para el regreso de la política. Ni subordinada a teoría, ni a ideologías, ni *masterplan*. Los estados, sin embargo, todavía son los actores más importantes de la escena internacional. Pero se abre paso una tupida red de instituciones que desarrollan una política climática más allá de estado-nación[116].

Para que el cambio climático de lugar a nuevos comienzos nos hemos de apartar de las teorías de la integración social, como la de Talcott Parsons, que busca la estabilidad y reproducción del orden social[117]. Los nuevos inicios surgen de, por una parte, las catástrofes que forman parte de la íntima economía de la historia que ofrecen continuos rejuvenecimien-

---

115 López, I., Ortega, J., Pardo, M. (2020). "Mobility Infrastructures in Cities and Climate Change: An Analysis Through the Superblocks in Barcelona". *Atmosphere*, 11: 4, pp. 410-426.

116 Habermas, J. (2023). *op. cit.*, p. 104

117 Talcott Parsons piensa de forma orgánica al establecer una triple diferenciación funcional, pero estas diferenciación no comporta la disolución de una sociedad con funciones parciales aisladas unas de otras. En Herbert Spencer no se produce disolución, sino una necesaria integración en un todo social. La estructura tripartita de Rudolf Steiner, aunque surge a la vez que la de Max Weber, tiene una dicción orgánica que apenas las ciencias sociales han desarrollado cuando se centra no en la reproducción, sino en la metamorfosis social. Bleicher, A. (2018). op. cit.

tos y, por otra parte, no ser prisionero del pasado gracias a la capacidad de perdonar. Para Hannah Arendt el ser humano lo define no el sucumbir, sino el inaugurar. No es la muerte lo propio del del hombre, sino el nacer algo nuevo: el fecundar y dar a luz. Nietzsche advierte que el pesimismo científico aue "fertura la vida" tiene algo de soltería. La justicia climática exige el perdón -más que el olvido- que permite renovar la fuerza creadora[118].

BIBLIOGRAFÍA

Arendt, H. (1998). *De la historia a la acción.* Barcelona, Paidós.

Bauman, Z. (1997). *Modernidad y Holocausto,* Madrid, Ediciones Sequitur.

Beck, U. (2017). *La metamorfosis del mundo.* Barcelona, Paidós.

Beck, U. (2002). *La sociedad del riesgo global.* Madrid, Siglo XXI.

Beck, U. (1988). *Políticas ecológicas en la edad de riesgo. Antídotos. La irresponsabilidad organizada,* Barcelona, El Roure Editorial.

Beck, U., Grande, E. (2006). *La Europa cosmopolita. Sociedad, política en la segunda modernidad.* Barcelona, Paidós.

Benhabib, S. (1995). *Selbst im Kontext. Kommunikative Ethik im Spannungsfeld von Feminismus, Kommunitarismus und Postmoderne.* Frankfurt, Suhrkamp.

Bleicher, A. (2018). "Funktionale gesellschaftliche Differenzierung und Idee des dreigegliederten sozialen Organismus – Ansätze einer Synthese", *Sozialimpulse,* 4/18, pp. 3-9.

Costanza, R., et. Al. (2007). "Sustainability or Collapse: What Can We Learn from Integrating the History of Humans and the Rest of Nature?". *Ambio* 36, pp. 522-527.

Cruz, M. (2022). *El Gran Apagón. El eclipse de la razón en el mundo actual.* Barcelona, Gutenberg.

---

118 Beck, U., Grande, E. (2006). *La Europa cosmopolita. Sociedad, política en la segunda modernidad.* Barcelona, Paidós, p. 190.

Cruz, M. (2005). *Las malas pasadas del pasado. Identidad, responsabilidad, historia.* Barcelona, Anagrama.

Cuartango, R. (2005). *Hegel. Filosofía y modernidad.* Barcelona, Montesinos.

Cuartango, R. (1999). "Pero a nosotros no nos es dado descansar en ningún lugar...". *La Ortiga,* 13-15, pp. 84-93.

Cuartango, R. (1995). "La Historia. Habitar en lo propio como en tierra extraña". *Historia y Fuente Oral,* 14, pp. 175-184.

Foucault, M. (1970). *La arqueología del saber,* Madrid, Siglo XXI editores.

Francisco (2015). *Laudato si.* Madrid, Ediciones palabra.

Frank, M. (1994). *El dios venidero. Lecciones sobre nueva Mitología.* Barcelona, Serbal.

Garcés, M. (2023). *Tiempo de la promesa.* Barcelona, Anagrama.

Habermas, J. (1973). *Legitimationsprobleme im Spätkapitalismus.* Frankfurt, Suhrkamp.

Habermas, J. (2023). *Una historia de la filosofía. La constelación Occidental de fe y saber.* Madrid, Trotta.

Habermas, J. (2009). *¡Ay, Europa! Pequeños escritos políticos XI,* Madrid, Trotta.

Habermas, J. (1984). *Ciencia y técnica como "ideología".* Madrid, Tecnos.

Hamilton, C., & Grinevald, J. (2015). "Was the Anthropocene anticipated?". *The Anthropocene Review,* 2(1), pp. 59–72.

Hegel, G.W.J. (1989). *Lecciones de Filosofía de la Historia.* Barcelona, PPU.

Hegel, G.W.F. (2005). *Introducciones a la Filosofía de la Historia Universal.* Madrid, Istmo.

Heidegger, M. (2013). *Nietzsche.* Barcelona, Ariel.

Hölderlin, F. (1985). *Poemas.* Introducción y versión de Luis Cernuda. Madrid, Visor.

Latour, B. (2017). *Cara a cara con el planeta. Una nueva mirada sobre el cambio climático alejada de las posiciones apocalípticas,* Madrid, Siglo XXI.

Llevadot, L. (2008). "Kierkeggard y la cuestión del lenguaje". *Daimón,* 43. pp. 93-101.

López, I., Ortega, J., Pardo, M. (2020). "Mobility Infrastructures in Cities and Climate Change: An Analysis Through the Superblocks in Barcelona". *Atmosphere,* 11: 4, pp. 410-426.

López Ortega, J. (2022). "How Anthropocene Might Save the World: Metamorphosis". *Social Sciences* 11(2), p. 68,

López Ortega, J. (2023). "¿Exterminio de especies para salvar la biodiversidad?" *Ecología política,* (66), pp. 95-99.

Marcuse, H. (1981). *El hombre unidimensional. Ensayo sobre la ideología de la sociedad industrial avanzada.* Barcelona, Ariel.

Marx, K, Engels, F. *Werke 1.* Berlin, Dietz.

Narbona, C, Ortega, J. (2012). *La energía después de Fukushima.* Madrid, Turpial.

Ortega, J. (2015-2016). "Nucleares y la COP 21". *Sostenible?* 16, pp. 53-65.

Ortega, J. (2010). "El fin de la diversión tras Copenhague. Las políticas de mitigación del cambio climático: una revisión crítica desde la cooperación". Pardo, M., Rodríguez, M. *Cambio climático y lucha contra la pobreza.* Madrid, Siglo XXI/Fundación Carolina.

Ortega y Gasset, J. (2015). *Meditación de Europa y otros ensayos.* Madrid, Alianza.

Pardo, M., Ortega, J. (2018). "Justicia ambiental y justicia climática: el camino lento pero sin retorno, hacia el desarrollo sostenible justo". *Barataria,* 24, pp. 83-100.

Pardo, M., Ortega J. (2018a). "El impacto social del cambio climático: la metamorfosis social como ventana de oportunidad", Blanco, A, J., Chueca, A., López-Ruiz, J.A., Mora, S. *Informe España 2018.* Madrid, Universidad Pontificia de Comillas, pp. 364-391.

Rambla, J.M. (2020). *Una manera de estar en el mundo. Relectura de los Ejercicios Espirituales de Ignacio de Loyola.* Barcelona, Eides.

Riechmann, J. (2017). *¿Vivir como buenos huérfanos? Ensayo sobre el sentido de la vida en el Siglo de la Gran Prueba.* Madrid, Catarata.

Rosa, H. (201) *Remedio a la aceleración. Ensayos sobre la resonancia.* Barcelona, NED.

Sacristán, M. (1984). "Sobre los problemas presentemente percibidos en la relación entre la sociedad y la naturaleza y sus consecuencias en la filosofía de las ciencias sociales. Un esquema de discusión". *Papeles de Filosofía.* Barcelona, Icaria.

Sacristán, M. (1987). "Comunicación a las jornadas de ecología y política". *Pacifismo, La ecología y política alternativa.* Barcelona, Icaria, pp. 9-17.

Santiago, E. (2023). *Contra el mito del colapso ecológico. Por qué el colapsismo es una interpretación equivocada del porvenir y cómo formular un horizonte de transición transformador*, Barcelona, Arpa.

Schelling, F.W. J. (1856-1861). *Sämmtliche Werke II/I.* Stuttgart, Cotta.

Scranton, Roy. (2015). *Learning to Die in the Anthropocene. Reflections on the End of a Civilization*, San Francisco, City Lights Books.

Steiner, R. (2002). *Nationalökonomischer Kurs.* GA 340. Dornach, Rudolf Steiner Verlag,

Teilhard de Chardin, P. (1972) *Medio divino. Ensayos de visa interior.* Madrid, Taurus-Alianza Editorial.

Turró, S. (2002). "El cristianismo como educación del género humano en Fichte". *Cadernos de Filosofia Alemã: Crítica e Modernidade*, 25 (2), pp. 173-191.

Weizsäcker, E. U., Wijkman, A. (2019). *Come on! Capitalismo, cortoplacismo, población y destrucción del planeta.* Barcelona, Deusto.

Welzer, H. (2010). *Guerras climáticas. Por qué mataremos (y nos mataran) en el siglo XXI.* Madrid, Katz.

Welzer, H. (2017). *Pensar por sí mismo. Instrucciones para la resistencia*, Buenos Aires, Prometeo.

Una ética del don, gratitud y benevolencia para la sobrevivencia ante la crisis climática.

RODOLFO MARCONE-LO PRESTI.

Abogado, doctorando en Universidad de Valencia, España.

https:0000-0003-2132-3127

> *"La imagen global del ser humano debemos reconquistarla por caminos totalmente nuevos si no queremos que la ciencia llegue a convertirse en una catástrofe para el ser humano de mayores dimensiones que las que ya tiene en la actualidad"*
>
> *Otto Wolff.*

1. ¿EL ASUNTO DE LA JUSTICIA CLIMÁTICA ES UN PROBLEMA ÉTICO?

La difícil situación eco-climática en la que se encuentra el mundo, con ingentes pérdidas de biodiversidad y riesgos de colapso en diversos ecosistemas de gran relevancia para la estabilidad de la vida terrestre, el derretimiento acelerado de los polos, la subida del nivel del mar, la deforestación de la Amazonia y otras regiones selváticas en todo el globo, la contaminación con microplásticos en los océanos y la depredación de especies vegetales, animales e insectos a gran escala, nos llama a preguntarnos si la ética vigente puede guiarnos en la solución de los problemas ecológicos que enfrentamos como humanidad.

¿Acaso el tipo dominante de ética, surgido en particular en la modernidad industrial occidental, es una de las causas basales del descalabro ecológico al que asistimos y participamos como sujetos políticos y consumidores? Esta es una pregunta central para nuestro futuro común como especie y, por lo tanto, es una pregunta central para la ética.

El cambio climático, como fenómeno presente en la propia constitución variable del clima terrestre, es acelerado por los factores antrópicos, como queda de manifiesto en el tercer informe del IPCC del año 2022[1]. El tono de este último informe es alarmante, ya que señala claramente que el aumento de la temperatura media de la Tierra se producirá, superando el límite de consenso de 1,5°C en los próximos años. Esto conlleva una pérdida de tierras de cultivo y un aumento significativo de los niveles del mar, generando riesgos nunca vistos para la humanidad. En el plano antropocéntrico, la crisis alimentaria, la pobreza, la crisis familiar, la disolución de los derechos humanos y el debilitamiento de la democracia nos hablan de una disolución de los valores constitutivos dentro de la misma sociedad política humana.

Podemos observar cierto consenso planetario después de la Cumbre de Río en 1992 y sobre todo desde la Cumbre de París del año 2015, sobre el declive alarmante de las condiciones biológicas del ecosistema terrestre, pero son pocos los compromisos efectivos por parte de los países del Norte Global o de las potencias megaindustriales como China e India, para dete-

---

1 Como lo demuestra una serie de pruebas empíricas, que hoy sistematizadas por el panel de expertos intergubernamental de Naciones Unidas, IPCC, en su último informe del año 2021 queda clara la influencia antrópica en la modificación acelerada del clima, por los procesos masivos de generación de gases invernadero del mundo industrial en estos últimos doscientos años de industrialización. Véase último informe IPCC 2021 en https://www.ipcc.ch/languages-2/spanish/ (revisado el día 14 de diciembre del año 2022).

ner sus emisiones de monóxido de carbono o reconducir sus industrias contaminantes a formas de producción y consumo sostenibles[2].En este trabajo queremos explicar la falta de efectividad de las políticas públicas de los Estados y la consecuente falta de adecuación de su derecho, fenómenos que se deben a una crisis ética surgida desde el proyecto de modernidad occidental, que deriva en el plano jurídico al surgimiento del positivismo economicista dominante[3] Crisis profunda que carcome a las élites intelectuales, políticas y culturales de las sociedades occidentales desde el S. XVIII[4] hasta nuestra época.

Crisis que coincide con lo que cierta doctrina denomina: Modernidad Hegemónica[5] donde el cálculo de placer utilita-

---

2 Lo demuestra la impotencia del derecho frente al cambio climático Bellver Capella, cuando señala la imposibilidad de un derecho sin ética, es un imposible como en el caso del Protocolo de Kyoto. VV.AA. Bellver-Capella, Vicente, El futuro de los derechos humanos. Capitulo VII. El derecho frente al cambio climático: Ascenso y decadencia del protocolo de Kyoto. Tirant Lo Blanch, Valencia, 2016, pp.208-235.

3 Como lo denuncia Jesús Ballesteros, en su obra capital, "Domeñar las finanzas, salvar la naturaleza", Valencia, Tirant lo blanch, 2020, p.345; y en: "Sobre el sentido del derecho. Introducción a la filosofía jurídica", Madrid, Tecnos, 3º Ed. pp.190.

4 Como señala Edgardo Lander comentando la idea de Habermas, el que señalaba : "El proyecto de la modernidad formulado por los filósofos del Iluminismo en el siglo XVIII se basaba en el desarrollo de una ciencia objetiva, una moral universal, una ley y un arte autónomo y regulado por lógicas propia" En V.V.A.A, Edgardo Lander, La colonialidad del saber: eurocentrismo y ciencias sociales. Perspectivas latinoamericanas.Buenos Aires, CLACSO, 2000. p.7. En: https://biblioteca.clacso.edu.ar/clacso/sur-sur/20100708034410/lander.pdf

5 Véase en: Ávila Santamaría, Ramiro. La utopía del oprimido : los derechos de la pachamama (naturaleza) y el sumak kawsay (buen vivir) en el pensamiento crítico, el derecho y la literatura. Madrid: Ediciones Akal, 2019.

rista y el cientificismo, permitieron el dominio de un modelo económico como el capitalismo, expresión de la racionalidad universal.

En este sentido, Jesús Ballesteros ha señalado: "El sentido cristiano desaparece en el progresismo de la Edad Moderna, concretamente en obras como "El esbozo de un cuadro histórico del progreso de la mente humana" (1795) de Condorcet, o la "Justicia Política" (1797), de W. Godwin, en las cuales el progreso humano se vincula estrictamente al desarrollo de la ciencia y la técnica, las cuales traerán una abundancia de bienes que logrará erradicar el egoísmo y hará innecesaria toda autoridad".[6] Lamentablemente el mundo se encuentra al borde del colapso ecológico gracias a esta sesgada mirada reduccionista del ser humano, junto a los fenómenos éticos y jurídicos que nos acompañan en nuestro ethos social, vivimos en una época de reduccionismos catastróficos.

Hay voces como la del Papa Francisco y los anteriores pontifices[7]. Desde el año 2015 con la publicación de su Encíclica Laudato si'–siguiendo la tradición franciscana de armonía del mundo como totalidad creada– ha establecido una línea ética clara sobre el cambio climático, reconociendo como nuestra responsabilidad el acelerado cambio del clima terrestres, y la depredación de la biodiversidad, gracias a la ideología capitalista y consumista extendida por el orbe. El Papa nos ha recordado nuestra misión común como humanidad: ser guardianes de la casa común. Esto lo reconocen pensadores como Michael

---

6 Ballesteros, Jesus, Sobre el sentido del derecho. Introducción a la filosofía Jurídica, Tercera Edición, Tecnos, Madrid, 2001, pp.182.

7 Como reconoce Vicente Bellver Capella, desde Juan XXIII a Juan Pablo II en adelante el papado ha desarrollado una creciente preocupación por la naturaleza, en especial su preservación como una cuestión social. Véase la obra del autor: Bellver-Capella, Vicente, Ecología: De las razones a los derechos, Editorial Colmenares, Granada, 1994, pp.109-129

Löwy quien ha señalado: "Necesitamos alternativas antisistémicas y ecosocialistas. Los cristianos de la liberación están y estarán sin dudas en el corazón de esta lucha, inspirados por los escritos de Leonardo Boff, de Frei Betto y de la encíclica Laudato si' del Papa Francisco."[8] Así las cosas necesitamos una ética a la altura de nuestros dilemas existenciales como humanidad.

El capitalismo neoliberal como una sistema mundo[9] y su mentalidad dominante en el plano político, la tecnocracia, todo queda reducido a la nada del dinero o al positivismo economicista de un derecho al servicio del capital y no del bien común como lo entendían los antiguos escolásticos, mirando el bien de toda la sociedad humana..

En ese sentido Horkheimer, acertó al señalar el peligro del triunfo de la razón instrumental de la modernidad cientificista y tecnológica, al señalar: "No es solamente Mao Tse Tung... quien se declara partidario de la política y la teoría según las

---

8 Entrevista a Michael Löwy por la revista Exodo,Éxodo, nº Abril (2019) , reproducida en: https://rebelion.org/la-enciclica-laudato-si-es-una-contribucion-de-extraordinaria-importancia-para-el-desarrollo-a-escala-planetaria-de-una-conciencia-ecologica/

9 *Situación similar a la del positivismo, y sobre si se puede considerar que el proyecto neoliberal sobrevivió a la caída del muro del Berlín: autores como Ramón González Férriz afirman que la alianza política que derribó el muro de Berlín fue la neoliberal, que consiste más en una reedición de las ideas del liberalismo clásico (expuestas por John Stuart Mill, John Locke...), tras la hegemonía de las tesis keynesianas, que en una actualización doctrinal. Mientras que, tras su caída, la hegemonía ideológica fue conquistada por los herederos del ordoliberalismo (que podría clasificarse dentro de los socio-liberalismos), donde el discurso no tiene tanto un carácter deslegitimador de la violencia monopolizante o basado en un utilitarismo individualista (ejemplos actuales podrían ser los economistas de la escuela austríaca, anarcocapitalistas como Huerta de Soto o minarquistas como Nozik), sino que se basa en una moral de la responsabilidad social. Pero donde la conciencia climática no entra dentro de esa idea de responsabilidad de esta economía de mercado, así como tampoco lo estaba en la economía planificada soviética al producirse crímenes climáticos como el secado del Mar de Aral.*

cuales el sujeto individual no debe significar nada, sino que precisamente ello constituye el sentido objetivo del neopositivismo, la filosofía más avanzada de Occidente"[10] Reducir la idea de persona humana a nada, como denuncia Horkheimer, es lo mismo que reducir toda la naturaleza que nos da soporte vital a nada. Sabemos que para el cientificismo economicista la naturaleza no sería más que material para el anhelado desarrollo infinito de la sociedad industrial, dominada por un homo technicus, panacea de la civilización, ese sueño de los transhumanistas donde se confunde lo humano/no humano[11].

La consecuencia es que esta forma de vivir, sentir y pertenecer en el mundo con otros nos vuelve herederos de una razón patológica que destruye y explota de forma exponencial la naturaleza humana y la naturaleza que nos permite la vida. Habitamos en una era de profundas patologías de la razón y el espíritu humano. Cuestión que pensadores como J. Ratzinger denunció en una conversación con el filósofo Jurgen Habermas, el que sería Benedicto XVI, señaló: «Antes había surgido la cuestión de si hay que considerar la religión como una fuerza moral positiva; ahora debe surgir la duda sobre la fiabilidad de la razón. Al fin y al cabo, la bomba atómica es un producto de la razón; al fin y al cabo, también la producción y selección de hombres han sido creadas por la razón. En ese caso, ¿no habría que poner la razón bajo observación?»[12]. La razón posmoderna debe ser examinada a la luz de sus resultados. Te-

---

10 Ballesteros, Jesús, Sobre el sentido del derecho, op.cit. p.187.

11 Véase la interesante reflexión de Jesús BALLESTEROS "Tipos de deshumanismos: la confusión humano/no humano" en VV. AA., De simios, cyborgs y dioses. La naturalización del hombre a debate (Eds. Claudia Carbonell/Lourdes Flamarique), Madrid, Biblioteca Nueva. 2016, pp.175-194.

12 Jürgen HABERMAS y Joseph RATZINGER, Dialéctica de la secularización. Sobre la razón y la religión, Prólogo de Leonardo Rodríguez Duplá, Encuentro («Libros de bolsillo», 72), Madrid 2006. p.58.

nemos los indicios suficientes de que nuestro hiperdesarrollo tecnológico tiene consecuencias impredecibles en muchas dimensiones del acontecer. Nuestra falta de previsibilidad a las externalidades negativas del modelo dominante nos tiene al borde del colapso ecológico. Lo que pasa en el corazón de la humanidad le pesa al corazón de nuestra casa común como lo ha denunciado el Papa Francisco en Laudato Si'[13]. Nuestra interrelación es una experiencia total, es una experiencia ontológicamente real por ello el Nuevo Realismo[14] es una iniciativa filosófica loable en nuestros tiempos.

La idea de modernidad líquida como emanación del nihilismo posmoderno iniciado por Nietzsche, está estrechamente vinculada a la posmodernidad decadente –economicista y cientificista como la denuncia Ballesteros y arriba hemos dado algunas notas de su amargo sabor. Sabemos que la modernidad líquida denunciada por Bauman apenas se sostiene como entramado sociocultural. El sociólogo polaco denunció los factores de desintegración del entramado social, y la disolución de los agentes éticos, como caracteres de una modernidad tardía donde las instituciones elementales como la familia, el Estado y la iglesias se vuelven instituciones zombi, frase acuñada por Beck[15]. Queremos que esta crisis ecoclimática es de naturaleza ética primordialmente y a su vez espiritual.

---

13 Véase la obra de Leonardo Boff, como muestra del desarrollo teológico en el ecologismo integral y el desafío ético del momento presente en: Ballesteros, Jesus, and J. A. (José Alfredo) Peris Cancio. Domeñar las finanzas, cuidar la naturaleza. [1a edición]. Valencia: Tirant humanidades, 2021.;Boff, Leonardo. La dignidad de la Tierra : ecología, mundialización, espiritualidad : la emergencia de un nuevo paradigma. Madrid: Trotta, 2000.

14 Cfr.Ferraris, Maurizio. *Manifiesto del nuevo realismo.* Edited by Francisco Jose Martin. Madrid: Biblioteca Nueva, 2013.

15 Citado por Bauman, J.Beck, Ulrich, en el prólogo del libro de Bauman, Zigmund, Modernidad Líquida, Fondo de Cultura Económica, Ciudad de México, 2012, pp.11-12.

Para lograr revertir la curva de destrucción ecológica a la que asistimos, debemos superar las ideologías zombis que han permitido destruir ingentes zonas de vida, belleza y diversidad de nuestra casa común, para ello una ética verdaderamente neohumanista[16] nos exige como especie un cambio de vida, la que sería una exigencia universal, que hoy se expresa en el desarrollo de un Derecho Internacional Ambiental, pero que no es suficiente para detener la destrucción del mundo como lo conocemos, para ello necesitamos un cambio de las prioridades de nuestras sociedades políticas, necesitamos resignificar conceptos como el bien común, más allá del economicismo cientificista. La tarea de resignificar las formas de vida en occidente ligadas al desarrollo industrial es especialmente un desafío para los habitantes del Norte global capitalista y consumista quienes han emitido ingentes cantidades de CO2 en su historia industrial creando una "deuda ecológica" con el Sur más pobre y histórica proveedor de materias primas es lo que sostiene J. Dillon.[17] Para acercarnos a la posibilidad de imaginar y re-

---

16 Como lo ha señalado Stefano Zamagni ante la Academia Chilena de Ciencias Sociales, Políticas y Morales, en: https://acspm.cl/wp-content/uploads/2023/12/ACSPM_Exposicion_Stefano_Zamagni_Transhumanismo_Neohumanismo_sesion_ordinaria_28_agosto_2023.docx.pdf

17 J Dillon justifica el concepto de "deuda ecológica" de la siguiente forma: "A partir de esta definición son los pobres, especialmente los del Tercer Mundo, los principales acreedores de la deuda ecológica. Los deudores son los ricos de todo el planeta. Según el Programa de Naciones Unidas para el Desarrollo (1998: 2-4), el 20 por ciento de la población mundial que vive en los países de mayores ingresos realiza el 86 por ciento de todo el consumo, en tanto que el 20 por ciento más pobre consume sólo un mísero 1,3 por ciento. La quinta parte más rica consume el 58 por ciento de toda la energía utilizada por los seres humanos, mientras que la quinta parte más pobre usa menos del 4 por ciento. El 20 por ciento más rico es responsable del 53 por ciento de las emisiones de dióxido de carbono, contra sólo el 3 por ciento generado por los más pobres." En. Dillon, J, El sur

pensar un mundo poscapitalista y posglobal proponemos la necesidad imperiosa de redescubrir la radical magnificencia del concepto de don o de lo dado, en contra de una mentalidad del desagradecimiento, incitada por la idea de lo provisional y descartable, como Ballesteros a identificado como expresiones de la posmodernidad decadente[18].

Una cultura tecnonihilista como la actualmente predominante en la mayoría de los países occidentales. Tiende a desconocer el concepto de don y por su parte de duración en el sentido que Ballesteros señala:

"Debemos advertir de la deshumanización de la tecnología actual. Hay en todas estas tecnologías una idea subyacente de "desprecio" de la realidad humana. Tuvo una gran lucidez Günther Anders al formular el concepto de "vergüenza prometeica". Aquí domina la vergüenza originaria de que el ser humano nazca de la relación sexual, una vergüenza del origen corporal. Así se explica, por ejemplo, el hecho de que ciertas ideologías reconozcan la envidia hacia las máquinas construidas por el propio ser humano. No fueron creadas sino construidas, con control de calidad, excluyendo a lo defectuoso, sin error. Esta vergüenza prometeica conduce a la desinteligencia artificial. De este modo, podemos entender cómo surge un pensamiento que se avergüenza de lo dado, lo entregado, es decir: del aspecto creatural del ser humano; y así el agradecimiento, la gratitud como actitud, se vuelve imposible."[19]

---

dice al norte: "Es hora de pagar", Ecología política, ISSN 1130-6378, Nº 20, 2000, págs. 131-152, en: https://dialnet.unirioja.es/servlet/articulo?codigo=153436

18 Cfr.Ballesteros, Jesús. *Postmodernidad : decadencia o resistencia.* Valencia: Tirant Humanidades, 2019.

19 Marcone Lo Presti, Rodolfo. 2024. «En Búsqueda Del Sentido Perdido Desde La Resistencia Y La Gratitud. Entrevista a Jesús Ballesteros Llompart, Catedrático Emérito De Filosofía Del Derecho (Universidad De Valencia, España)». Oxímora. Revista Internacional De

Así, la vergüenza prometeica denunciada por Ballesteros anula la capacidad de autopercibirnos como seres dependientes, expresiones de un don que trasciende nuestra propia autonomía, por ello el agradecer se vuelve una actitud ética que se encuentra perdida de las prácticas de la tecnocultura actual.

En esta cultura ética donde el sentido de la vida radica en bienes externos, no se puede solventar un cambio de paradigmas tan radical como nos exige la crisis ecológica a la que asistimos. Deberemos entonces, resignificar la ética por una de carácter humanocéntrica[20] –en contra de las éticas utilitaristas deshumanizadas que se encuentra tan en boga[21] y dotarla de contenidos sapienciales olvidados por la posmodernidad.

Para ello proponemos recuperar tres conceptos primordiales que se desprenden de las ideas del ecologismo personalista desarrollado por Jesús Ballesteros y el magisterio actual de la Iglesia Católica, con las ideas de ecología integral. De estas fuentes, beberemos los conceptos esenciales para construir una ética que permita revertir los pérfidos efectos de una ética utilitarista dominante en occidente[22] y así delinear algunos de

---

Ética Y Política, n.º 24 (enero):176-89. https://doi.org/10.1344/oximora.24.2024.43195.

20 Como Snead propone al centrarse en una antropología humanocéntrica, contra la cosificación del ser humano y la explotación de la naturaleza. Véase en: Snead, O. Carter. What It Means to Be Human : The Case for the Body in Public Bioethics. Cambridge, Massachusetts: Harvard University Press, 2020.

21 Véase la crítica de un posmoderno como Lyotard sobre la incredulidad de los metarrelatos de orden antropológicos y éticos de las tradiciones sapienciales occidentales cosa que podemos vislumbrar en la obra de Lyotard y que nosotros identificamos como expresión de pensamiento débil tecnonihlista. Véase: Lyotard, Jean-François, Trad. Agustín Izquierdo Sánchez. Moralidades posmodernas. Madrid: Tecnos, 1996.

22 Véase el interesante libro sobre la historia de la dignidad humana:Torralba Roselló, F. (2005) ¿Qué es la dignidad humana?:

los fundamentos éticos para afianzar el concepto de justicia climática con proyección transformativa en el plano antropológico y ético. Para ello será necesario reivindicar el papel de los conceptos de don, gratitud y benevolencia.

2. LA ÉTICA POSMODERNA ENTRE EL UTILITARISMO NIHILISTA Y EL POSHUMANISMO: UN DESCALABRO METAÉTICO.

El primero que inicia el camino de desapego a la teleología en la ética será Descartes, iniciador del racionalismo. La persona humana ya no es un "otro en relación al cosmos", un ser con una posición cósmica de criatura humana finita, subordinada a la ley divina universal como Dante plantearía en su Divina Comedia. El papel de la providencia divina, la tradición y el derecho de la polis dejan de ser algo entregado. Sino son expresiones de un ser en un yo pensante, nace el yo en duda, lo que permitirá que el yo aparezca como búsqueda lanzada sin una dirección precisa del conocimiento e identidad.

Es este pensamiento del "yo mismo", o sea, el surgimiento de la idea de "individualidad radical", la que hace nacer la célebre frase del *cogito ergo sum*, aunque sabemos que no pretende Descartes eliminar a la tesis deísta de la ecuación de la realidad. En la práctica se inició un movimiento filosófico que si terminará eliminando la idea de orden moral natural de la ecuación ética humana. Viviremos siglos después, el momento del triunfo del nihilismo, con dos figuras centrales impulsadas

---

ensayo sobre Peter Singer, Hugo Tristram Engelhardt y John Harris. Barcelona: Herder Editorial. Disponible en: eLibro (Accedido: 01 04 2024)

por J. Bentham y F. Nietzsche, que decantara en la liquidez propia de la actual cultura occidental promovida por los materialismos como señalaría Zygmunt Bauman.

La ética en la posmodernidad fue vaciada de sentido cosmológico en el transcurso de estos últimos doscientos años, de forma intencional y dirigida, como una expresión de la inquietud de liberar del deísmo el camino de la reflexión científica como lo señala Charles Tylor[23], fueron especialmente activos en este camino los pensadores ingleses de la ilustración especialmente J. Bentham, J. Locke y especialmente D. Hume, este último denunciando lo que llamo la "falacia naturalista", conocida también como Guillotina de Hume, implícita para él en la moral tradicional del cristianismo[24], aunque de esta falacia,

---

23 Véase la magistral obra de **Tylor, Charles,** Fuentes del yo, la construcción de la identidad moderna, Paidós Básica, Barcelona, 1996. pp.380.

24 " Veamos lo que Torralba-Roselló, señala: "Según David Hume, la falacia naturalista consiste en deducir el deber del ser, en deducir proposiciones prescriptivas a partir de proposiciones descriptivas. Tal falacia fue eficazmente denunciada por el pensador empirista desde el punto de vista lógico. Escribe en el libro III de su Tratado sobre la naturaleza humana: «En todo sistema moral de que haya tenido noticia hasta ahora, he podido siempre observar que el autor sigue durante cierto tiempo el modo de hablar ordinario, estableciendo la existencia de Dios o realizando observaciones sobre los quehaceres humanos, y, de pronto, me encuentro con la sorpresa de que, en vez de las cópulas habituales de las proposiciones, es y no es, no veo ninguna proposición que no esté conectada con un debe o un no debe. Este cambio es imperceptible, pero resulta, sin embargo, de la mayor importancia. En efecto, en cuanto que este debe o no debe expresa alguna nueva relación o afirmación, es necesario que ésta sea observada y explicada y que al mismo tiempo se dé razón de algo que parece absolutamente inconcebible, a saber, cómo es posible que esta nueva relación se deduzca de otras enteramente diferentes. Pero como los autores no usan por lo común esta precaución, me atreveré a recomendarla a los lectores». En:

no se salva casi ningún pensador posmoderno como comenta Torralba al describir la ética de P. Singer[25] y señalando que "(...)critica a las éticas tradicionales de Occidente por abrir un abismo entre la vida humana y la vida animal. A su juicio, estas éticas no tienen razón de ser, porque la ciencia ha puesto de relieve la estrecha vinculación que hay entre hombre y animal. Cuando se trata de elaborar una ética a partir de ese conocimiento expositivo, se sucumbe a la falacia naturalista, porque se deduce un deber del ser. Al hacer esta operación intelectual, Singer sucumbe a la falacia naturalista."[26]

La ética se vio sumida en occidente en una crisis vital desde el renacimiento y especialmente decantara esta crisis en la modernidad. Donde se percibe claramente la pérdida de la dimensión teleológica –que conduce a un fin verdadero, bueno, bello, y virtuoso, como el pensamiento filosófico clásico defendía–, y de esta manera la naturaleza ética de lo humano quedó sin una dirección específica. Desde la ilustración a nuestros días se intentarán entregar muchas explicaciones las más importantes a través del racionalismo frío Kantiano como la idea de "imperativo categórico" se quiso dotar de autonomía a la ética moderna, ya sabemos sus tristes resultados en la civilización occidental. Las expresiones del quehacer humano como la moral, el derecho, la economía, política y cultura fueron vaciadas de sentido, al no obtener un fin preciso donde dirigir la energía de estas realidades humanas.

La supremacía del liberalismo clásico y una ética marcadamente individualista como reacción a las guerras de religión sucedidas entre 1524 y 1697, el auge de la ética individualista

---

Torralba Roselló, F. (2005). ¿Qué es la dignidad humana?: ensayo sobre Peter Singer, Hugo Tristram Engelhardt y John Harris: (ed.). Barcelona, Spain: Herder Editorial. Recuperado de https://elibro.net/es/ereader/univalencia/45628?page=170.

25 Ibidem.pp.171-173.

26 Ibidem. pp 172.

protestante y la implementación del capitalismo marcarán el futuro de Occidente como lo reconocen pensadores como Zamagni y Fukuyama.

La conciencia ética humana separada de la naturaleza de la creación, escindida de su origen cósmico, y en necesidad de fundar su acción en el activismo propio del conocimiento humano y en la especialización del saber, deja de lado la función contemplativa defendida por la cultura clásica, especialmente por la escolástica aquiniana[27].

Así las cosas, las ciencias no buscaran el bien o la verdad– ambas palabras prohibidas en la posmodernidad– buscarán la acción más eficaz con el fin de lograr el prometido progreso, que tendrá un cariz utilitarista cumpliendo la premisa de buscar "el mayor bien para el mayor número", como anunciara una vez Bentham; y que hoy el universalismo jurídico y la economía monetaria expresan esta esta idea de modelo humano individualista y hedonista[28].

El pensamiento moderno fragmentó la filosofía, la degradó de su sentido original, que en la cosmología de las tradiciones

---

27 Señala Santo Tomás de Aquino: "La justicia es la encargada de ordenar ese bien del hombre, porque es ella la que ordena los actos humanos a ese bien común" citado por RUZ RODRIGUEZ, Vigilio, OP. CIT, de la obra de "Notas a la Lección Segunda" en Santo Tomás de Aquino, La Justicia, Comentarios al Libro Quinto de la Etica a Nicomaco, traducción y notas de Benito R, Raffo, (Buenos Aires, Cursos de Cultura católica, 1946) pp.40, en: https://www.enclavesdelpensamiento.mx/index.php/enclaves/article/view/223/218

28 Barcellona señala: "El reconocimiento del diferente, del otro, no es ni un lujo ni una obra de caridad, sino la conciencia adquirida de que yo no puedo dar forma a mi identidad sin afirmar la diferencia del otro y custodiarla como una necesidad vital. Este es el problema de la búsqueda de un *terreno común más allá de la abstracción mutiladora del universalismo jurídico y de la economía dineraria." en la* obra de **Barcellona, Pietro,** Postmodernidad y comunidad, El regreso de la vinculación social, Editorial Trotta, 1999. pp.114.-

sapienciales cristianas estaba unida a la búsqueda de la sabiduría en la totalidad cósmica. La ciencia moderna desistió de la búsqueda de una verdad cósmica y su thelos fue perdido. Como señala B. Lievegoed: *"Las ciencias naturales pueden y deben transformarse de nuevo en renovadas ciencias de misterios, ciencias espirituales. Entonces podrá la técnica servir de nuevo a la vida"*[29]. Debemos recuperar el fenómeno del misterio, para revivir el asombro, y así reiniciar una nueva filosofía, para nuevamente lograr encauzar a la ciencia en el servicio de la vida y no de la muerte.

La ciencia sin reverenciar la realidad de lo dado (que es un misterio), terminará sirviendo al egoísmo del modelo de humanidad promovido la modernidad hegemónica que busca el placer propio a cambio de la dominación de la naturaleza y el cuerpo humano, esto conlleva la negación del orden ontológico intrínseco en la estructura del ser. Idea tan presente en el mundo judeocristiano.

El ser humano occidental hijo de la posmodernidad decadente, utilizando el término de Jesús Ballestero, dejó de preguntarse por la totalidad de lo humano en el cosmos –esto se volvió un imposible de alcanzar–, y de esta forma el concepto ciencia como búsqueda del bien se diluyó en el relativismo del cientificismo dominante. Observamos un mundo ético derruido, o mejor dicho, deconstruido como le gusta al estructuralismo señalar.

Avanzando en la historia el mundo terminará siendo afianzado sobre la base de imperativos categóricos o axiomas éticos aceptados por una modernidad capitalista, que se acomodó a las ideas de Kant, pero que no las puede llevar adelante en la realidad.(Esta misma tesis ya se presenta más adelante).(Con-

---

29 Citado por **Más Paños, Isabel,** Arte de curar y curar artístico: La terapia artística desde la Antroposofía creada por Rudolf Steiner, Medicina naturista, ISSN 1576-3080, N° 4, 2002, págs. 189-198

servar) Por ello se llega al único lugar posible, donde no hay sentido final, el nihilismo de Nietzsche, que reniega de cualquier “Origen” ontológico del ser humano, y por ello como se reconoce por Foucault: sin “Origen” no hay sentido de pasado y presente, solo futuro. Queda entonces el único camino: pervivir en la ficción política[30] que solo será capaz de fundar distopías.y llevadas a cabo por el utilitarismo posmoderno heredero del hedonismo de J. Bentham, y las teorías políticas del contrato social defendidas en la ilustración, y la violenta visión de lo humano en Hobbes, ideas que decantaría en los materialismos modernos tanto en Hegel y Marx, terminando con una política del deseo-evolución siguiendo el Darwinismo social y Freud. Ideas que terminan exaltando un materialismo en Hegel y Marx, que permitirá la asunción del pensamiento totalitario basado en categorías políticas funcionales al mate-

---

30 Señala Frederic Gros, quien fuera el último asistente de Michel Foucault, explicando las ideas de Michel Foucault, señaló:” Nietzsche nos había enseñado la ausencia de origen, y por ende, la ausencia de cualquier fundamento que pudiera asignar a nuestra conciencias filosofantes la tarea heroica de recuperar verdades perdidas, de trazar la curva del retorno a una patria primera: la de nuestras identidades sepultadas y la de significados puros; la tarea de restituir el Ser de inalterados comienzos. Lo que se precipita entonces, en esa proclamada ausencia de un origen, es la invención del futuro. Sin duda, Sartre fue de los primeros en comprenderlo, sólo que intentó reconstruir de inmediato una ontología a la medida de la ausencia. Foucault procede de otra manera. En la ausencia de origen, lo que adquiere volumen es la multiplicidad de ficciones, Sin origen ni fundamento, la filosofía ya no puede aspirar a la unidad de un establecimiento de significados últimos. Pero puede construir relatos que nos permitirán vernos, reencontrarnos, inventarnos de nuevo. Los sistemas metafísicos han dado paso a las ficciones políticas.” Este impresionante párrafo nos indica de forma clara la pérdida de la deriva del sentido de la narración vital en la filosofía posmoderna. En: **Gros, Frederic,** Michel Foucault, Amorrortu Editores, Buenos Aires, 2007, pp.1162-163.

rialismo como: la raza, la nación y la ciencia, fundamento de los regímenes totalitarios del siglo XX.

Como magistralmente resume H.Arendt: "(...)Kierkegaard, Marx y Nietzsche desafiaron las premisas básicas de la religión, del pensamiento político, y de la metafísica tradicionales, invirtiendo conscientemente la jerarquía tradicional de los conceptos."[31] Podemos ver esta inversión de valores, como un afán de dominación de la naturaleza humana y naturaleza terrestre como nunca visto, así surge la bomba atómica y por otro lado la edición genética, con los peligros de muerte que acechan la autodestrucción de la especie y todos los habitantes de la tierra.

La inserción de un propósito finalista en la ontología del ser humano se volvió un imposible en el discurso dominante del racionalismo tecnocrático, que prevalece estos últimos doscientos años. Y esta indeterminación de lo humano, se vio como el gran aporte de la modernidad, y también su el origen del gran peligro[32].Para los modernos tardíos, el orden ético de los antiguos es más bien un corsé deísta, donde la libertad del hombre para pensarse se ve limitada, por una idea de lo dado como connatural a la existencia en el mundo, ser en el mundo para los antiguos era entenderse hijos de un creador o fuerza creadora. Como señalan varios autores, entre ellos Taylor y Ballesteros, la modernidad fue iniciada por la lucha contra esta idea. Un mundo ético derruido, es señal de una ontología descuidada. Sabemos cómo termina esto. En la historia de la civilización humana: guerra, muerte y destrucción, hoy la amenaza es global con el poderío de la técnica dominante.

---

31 **Hannh, Arendt,** "Entre el pasado y el futuro, Ocho ejercicios sobre reflexión política" Trad. Ana Poljak, Ediciones Península, 1° Edición Formato 2016, Barcelona, Pp.47.

32 Véase el fenomenal trabajo de **Buber, Martin,** ¿Qué es el hombre?Fondo de Cultura Económica, México, Séptima reimpresión, 1973, pp 76.

Acá está condensado el drama ético de la posmodernidad– con campos de exterminio, gulag, bombas nucleares, y destrucción de la belleza de la vida del mundo–, que para nosotros es un drama ecológico y espiritual.

3. LA EXPERIENCIA DEL DESARRAIGO COMO REALIDAD POSMODERNA.

La experiencia del desarraigo como podemos llamar a la posmodernidad no hay presente y pasado, siempre un futuro de progreso o deconstrucción infinitos, por tanto, el concepto de duración, como lo diría Bergson[33], será imposible. Podemos ver cómo nuestra cultura se basa en lo descartable y a su vez nuestro sistema económico lamentablemente se mueve en esta idea del consumismo, que es fruto de una idea de crecimiento ilimitado que deriva de un supuesto metafísico de cómo la idea de progreso infinito. Hoy gracias a estas ideas del gigantismo, tan alejadas de la belleza de la finitud terrestre, todos los días al menos comemos un par de gramos de microplásticos al día cuando ingerimos alimentos y agua[34] De igual forma estamos

---

33 El concepto de duración que llegaría a ser señalado por Bergson como la: "(...)la constitución temporal de lo real(...)", véase la obra: Bergson, Henri, Historia de la idea de tiempo, Trad. Adriana Alfaro y Luz Noguez, Paidós, Barcelona, 2018, .p.307.

34 Véase uno de los tantos artículos científicos alertando sobre el peligro potencial del micro plástico para la salud pública. en: Bollaín Pastor Clara, Vicente Agulló David. Presencia de microplásticos en aguas y su potencial impacto en la salud pública. Rev. Esp. Salud Publica [Internet]. 2019 [citado 2022 Dic 15] ; 93: e201908064. Disponible en: http://scielo.isciii.es/scielo.php?script=sci_arttext&pid=S1135-57272019000100012&lng=es. Epub 07-Sep-2020.

expuestos al inicio de una guerra nuclear potencialmente aniquilante del orden humano.

Si todo lo dado es futuro –sin origen, como defiende Nietzsche, Sartre y Foucault–, solo fluidez indefinida hacia un futuro construido por la voluntad de poder de la naturaleza ontológica humana y la naturaleza del mundo, todo lo que es don -que es la materia contraída del universo y desplegada en la duración como diría Bergson–. Ahora el don es expresión de mera materia maleable —disponible para especular, tal como los mercados financieros actuales realizan día a día con el futuro del mundo– y esta materia está disponible ilimitadamente para el deseo humano –sin límites biológicos, ni menos éticos, tal como se puede ver en el desarrollo de la ciencia de la bomba atómica, la manipulación genética y nanotecnología–, o sea, el algo carente de sentido, solo lanzado para el futuro. Si esto es así, la tierra será destruida en su mayor parte. Este diagnóstico distópico se puede comprobar en los hechos tristes que rodean la rapidez de la degradación de todos los ecosistemas terrestres en la actualidad y en el triste récord de que la masa entrópica –objetos construidos por la civilización humana actual– supera a la masa biológica[35].

Si todo lo existente, lo que contiene el mundo es material para ser manipulado y por tanto intercambiado o vendido, todo podría ser degradado, y esta capacidad de transformar lo dado es un imperativo categórico del cientificismo que asume una ética de la manipulación con el fin del progreso infinito. Acá el grave problema de esta ética de la manipulación que olvida la dimensión del cuidar como denuncia Ballesteros[36].

35 Véase el interesante estudio que demuestra esta afirmación en: Elhacham, Emily et al. [2020], "Global human-made mass exceeds all living biomass", Nature, (588): 442-444, 9 de diciembre, https://www.nature.com/articles/s41586-020-3010-5

36 Cfr.Ballesteros, Jesús, and J. A. (José Alfredo) Peris Cancio. Domeñar las finanzas, cuidar la naturaleza. [1a edición]. Valencia: Tirant

Cuando tenemos a un ser humano cegado por el futuro del progreso infinito. Tal como sostiene el transhumanismo con la idea de fusionar la máquina y el ser humano[37]. Finalmente dejaremos de ser humanos, para ser otra cosa que nadie sabe a ciencia cierta su condición ontológica. La idea transhumanista revive el mecanicismo de forma radical y por ello asume una ética de la manipulación y no del cuidado.

Creemos que la única posibilidad de sobrevivir en un mundo donde el don de lo dado fue borrado y la naturaleza humana y no humana es un mero material maleable de un sueño sin pasado ni presente, donde solo queda la acción de la manipulación, donde la vida no es contracción de la belleza del universo, sino mera materia atómica.

La situación descrita nos habla de un gran desarraigo del sustrato sapiencial originario del occidente judeocristiano, nacido de una cosmología helénica eminentemente platónica, neoplatónica-agustiniana, y luego aristotélica-tomista. Las ideas de que el orden moral humano era cognoscible nos podían dirigir a una ética de la virtud[38]. Perdido este sentido de orden cosmológico no es posible construir una ética de la virtud. Serán muchas éticas cuantos seres humanos, cuántas máquinas existan, cuantos deseos aparezcan en el horizonte de un ser lanzado al futuro sin pasado, y por ello sin presente como el ser humano desarraigado proyectado por el transhumanista

---

humanidades, 2021.

37 Vease el interesante articulo con la historia del transhumanismo del filósofo Ingles **Nick Bostrom,** A history of transhumanist thought, en: https://nickbostrom.com/papers/history.pdf (consultado 11/12/2022).

38 Como bien reconoce Sandel, en su libro la justicia.

4. SABIDURÍA VERSUS TECNOCRACIA, PROGRESO VERSUS TRADICIÓN: PARADIGMAS EN CONFLICTO.

La conciencia del deber ético unido a un sentido final de la existencia humana o sea la existencia de un orden teleológico del actuar humano, debe ser redescubierto en nuevas narrativas éticas. La crisis eco-climática a la que asistimos nos permite fundar nuestra crítica en una realidad incontrastable y que se refleja en nuestro mundo: Existe belleza, existe bien, por lo tanto, un fin. Afirmar esto es una provocación hoy, la humanidad puede dialogar sobre su posibilidad de existir con otros.

Hoy existe un amplio movimiento intelectual que critica el pensamiento único de la modernidad tardía o posmodernidad –no queremos adentrarnos en la discusión de estos términos–, en específico las ideas del colonialismo intelectual de la Europa nihilista de los últimos decenios, ejemplificada en las escuelas de Frankfurt, el posmarxismo y el utilitarismo liberal, finalizando en las corrientes del poshumanismo y transhumanismo, promovidas desde Silicon Valley, que tienen sus exponentes en el norte global, con ideólogos como Hariri o Ferrando[39] y que asumen el papel de ser creadores *ex nihilo* de lo humano desde la posición radical de lo que podríamos llamar: creacionismo-cientificista. Donde solo se mira un futuro de máquinas-humanas, sin raíces, sin paternidad ni maternidad, sin posibilidad de ligar la razón y el corazón, y por ello fundamenta su esperanza en la lúgubre unión máquina-humanidad lanzada a un futuro placentero y sin límites.

Lamentablemente, aunque lo pretendan, ninguna de estas escuelas o ideas propulsoras, puede explicar la complejidad de

---

39 Véase la obra de Fernanda Ferrando que defiende que el único camino es asumir la deconstrucción de la ontología humana para salvar la ecología mediante la tecnología, en su obra :**Ferrando, Francesca.** Philosophical Posthumanism. Bloomsbury Publishing, 2019.

la humanidad, ni las edades de los pueblos humanos, diversos y plurales como una vez señaló Martin Buber, al señalar el objeto de la antropología filosófica[40]. Pues en la estrechez de la posmodernidad el hombre cósmico de Aristóteles o Tomás de Aquino es un imposible. En este camino surgieron los paradigmas de homo sapiens, homo politicus de Aristoteles, y homo faber, como paradigmas de la antigüedad, como reconoce en la obra clásica: Homo ludens de Johan Huizinga[41], quien contrapone al homo ludens, al hombre de la teoría del juego como paradigma de la modernidad.

En este sentido la humanidad organizada en el paradigma de la razón calculadora creó la tecno-humanitas. Aparecería, como diría Arendt, el homo laborans como paradigma de lo humano, y para la ciencia económica el homo economicus-para el capitalismo en sus vertientes liberal y marxiana-, y el marxismo creó al animal laborans, que en palabras de Arendt lo somete a trabajar hasta morir -primeros estadios de la revolución- o parasitar hasta morir –último estadio de la revolución marxiana-.[42] Y en otro sentido aparece el "homo ludens", que es quizás el punto de vista del poshumanismo, superando la visión Huizinga, con la superposición de la existencia con la virtualidad del mundo cibernético y el predominio de la inteligencia artificial como paradigma de la neohumanidad diluida en lo tecnológico.

---

40 **Buber, Martin**, ¿Que es el hombre?Fondo de cultura económica, Ciudad de México,1973, pp.18.

41 Véase el concepto desarrollado por **J. Huizinga,** en Homo Luden, Editorial Alianza, Madrid, 2012.

42 Arendt señala que: "Marx "define al hombre como animal laborans y luego le lleva a una sociedad en que su mayor y más humana fuerza ya no es necesaria. Nos deja con la penosa alternativa entre esclavitud productiva y libertad improductiva". Frase extraída de su ensayo la Condición Humana.

Así las cosas, la sabiduría, como conciencia de la mismidad humana -dependencia, unicidad, belleza y trascendencia de la naturaleza humana-, y poseedora del conocimiento de la posición de lo humano en el cosmos, fue desplazada por una forma cientificista del conocer, que niega la posibilidad de entender al ser humano con una misión o posición determinada en el orden cósmico. Esta indeterminación radical del *factum humano*, más que una forma ensanchar la razón, es para nosotros una forma radicalizada de limitarla, permite una descolocación ontológica. Que derivó en la pérdida del sentido ético de la humanidad. Luego la razón calculadora eminentemente humana, y por ello falible, sería reemplazada por una razón calculadora artificial, que supera a lo humano y lo perfecciona: detrás del poshumanismo, esta vieja idea gnóstica de que la naturaleza es fruto del error. Así para el transhumanismo quienes defienden la fusión humanidad/máquina, este avance es posibilidad de emancipación de lo humano. Es la utopía hija del posthumanismo, llamada transhumanismo. Los que la defienden son los promotores de la tecnocracia artificial, tan en boga hoy, y que viven gracias a la especulación financiera y al universalismo jurídico.

4.1. Una economía sin ontología: tecno-idolatría con idolatría-monetaria.

En el plano económico la era de la industrialización y sus éticas utilitaristas impulsaron avances sin precedentes en el plano económico. Donde el poder de un yo emancipado de la ontología relacional a la divinidad fue relegado. La apertura al consumo llevado adelante como forma de ser en el mundo como forma de vivir el capitalismo cristalizó como consumo de objetos. Una forma de nuevo paradigma de la modernidad capitalista nació al alero de la escuela neoclásica de economía David Ricardo y Adam Smith a la cabeza.

Surge la idea de "homo economicus" de la teoría económica clásica en un momento donde las bases del paradigma liberal del libre comercio y la producción ilimitada de bienes y servicios se volverían esencial para entender la nueva economía capitalista.

Para entender este proceso de transformación económica, es clave comprender cómo la naturaleza es el objeto primordial para el comercio y del futuro abuso que recaerá sobre ella el maltrato dado en los casi dos siglos de industrialización. Un maltrato creado por la razón calculadora del cientificismo y la visión economicista de la racionalidad ética humana[43].

Este fenómeno lo explica de forma magistral el gran economista E.F Schumacher en su libro "Lo pequeño es hermoso", quien denunció en los años 70 del siglo pasado la grave crisis ecológica que se avecinaba por el uso sin ética de los ecosistemas planetarios. El ser humano industrializado y capitalista utilizará el ecosistema como si fuera infinito, cuando la racionalidad nos habla de su finitud y fragilidad. Schumacher nos llama a entender que el verdadero capital es el mundo y no el dinero. Un verdadero grito de alarma que lamentablemente aún no lo escuchan suficientes hombres y mujeres de gobierno, negocios e intelectuales. Lucidamente Schumacher señaló como la vida en la tierra pende de un hilo de suaves interrelaciones bióticas entre todos los seres vivientes y los componentes de la tierra y la economía debe ser respetuosa de esos hilos[44].

Las derivas del capitalismo, las conocemos en sus vertientes liberales y socialistas, nada bueno ha traído para la tierra como ecosistema finito y frágil así lo reconoce Alfredo Marcos

---

43 Véase la interesante obra de Marcos, Alfredo, Ética ambiental, Universidad de Valladolid, Secretariado de Publicaciones e intercambios Editorial, 2001.

44 Véase el libro de E.F. Schumacher, Lo pequeño es hermoso, Editorial Paido, Barcelona, 1989.

al señalar: "El modelo industrial capitalista, en todas sus modalidades políticas, ha sido, en efecto, nocivo desde el punto de vista ambiental, casi tanto como el modelo colectivista."[45]. Vivimos en medio de un cambio climatológico global, con grandes desastres que vienen por delante, no nos queda más que mirar la realidad con ojos críticos y libres de prejuicios. La ética debe desplazar las herencias de las ideologías que engendran sistemas económicos que faltan al deber de cuidado del otro y la de la tierra. Que son la causa de nuestra ruina ecológica. Cuestión que ha sido denunciada y puesta de manifiesto por el Jesús Ballesteros en su reciente obra compilatoria denominada "Domeñar las finanzas, cuidar la naturaleza"[46].

4.2. Rescatar la sabiduría del campo y de los pueblos originarios.

La propia industrialización de los procesos productivos, clave para el desarrollo capitalista de las posmodernidad, provocó como es bien sabido el consecuente vaciamiento del campo del occidente. Lo que conllevo la anulación de cierta forma los saber ético, que era receptáculos de sapiencia acumulada por muchas generaciones de campesinos e indígenas.

En Latinoamérica se anuló especialmente los pueblos indígenas desde el momento que el campo en Latinoamérica y lo indígena estaban unidos, más que en los tiempos del colonialismo como lo ha denunciado el profesor chileno Gastón Soublette[47].

---

45 Marcos, Alfredo, Ética ambiental, Universidad de Valladolid, Secretariado de Publicaciones e intercambios Editorial, 2001. pp 147.

46 Cfr.Ballesteros, Jesús, and J. A. (José Alfredo) Peris Cancio. Domeñar las finanzas, cuidar la naturaleza. [1a edición]. Valencia: Tirant humanidades, 2021.

47 Véase su último libro Soublette, Gastón, Manifiesto peligros y oportunidades de la megacrisis, Ediciones Universidad Católica de Chi-

Así las cosas, compartimos las ideas de que el proceso modernizador llevado a cabo estos últimos doscientos años ha vaciado la ética de sentido narrativo. Sin ideas éticas claras sobre el comportamiento humano en el mundo, lo ontológico queda relegado a un mero hacer o consumir. La forma armoniosa de interrelación entre la tierra, su ciclo y vida humana es una realidad clara en mundo campesino y la cultura popular. Sabemos que gracias a la industrialización, el campesino se dejó de autopercibirse como un ser radicado en la tierra, y quedó flotando en una especie de limbo donde el sentido de pertenencia y cuidado no podían ser acoplados a la tierra misma, sino que a un proceso ético, político y cultural desprovisto de propósito ontológico.

Cuando este ser humano está desarraigado de su relación con la tierra y sus ciclos vitales, pierde un núcleo sapiencial esencial. Sus acciones éticas quedan desprovistas de la razón agradecida propia del campesino e indígena y se reemplaza por la arrogancia tecnocrática de nuestras grandes industrias del norte global, o los proyectos políticos de los estados-nación, así podemos entender como el siglo XX fue la cuna de los grandes horrores de los totalitarismos, todos engendrados en los ambientes del capitalismo industrializado.

Las ideologías de la posmodernidad querían reemplazar el orden cósmico de lo dado. El ciclo vital, o como Lovecraft señalaría "la cadena del ser" que se despliega de forma evidente en la vida del campesino o el indígena. La idea del progreso infinito de la ciencia, la idea de nación o la idea de raza fueron catalizadores del reemplazo de este orden cósmico. Podemos ver como los liberales capitalistas, comunistas, nazis y fascistas se unen y confluyen en las ideas de orden y progreso. Sus proyectos políticos terminarán por destruir el campo–y sobre todo la forma de vida campesina y la forma de vida indígena en La-

---

le, 2020.

tinoamérica– en pos de la industrialización forzosa de sus procesos productivos. Las ideologías del siglo XX han utilizado el capitalismo como sistema económico e intensivas en consumir los bienes comunes –recursos naturales– para sus propósitos, sin miramientos de la sacralidad del don de la tierra.

Así las cosas, desde la utopía marxiana al nazismo y hasta la actual economía monetaria del neoliberalismo, todas ideología destruyen la relación de agradecimiento al don de la otredad. Un flujo de desgarramiento recorre el mundo occidental estos últimos 100 años con inusitada intensidad, siguiendo la estela de dichas ideologías. Como señala Ballesteros: "La hegemonía del dinero que introduce la Escuela neoclásica produce importantes cambios culturales en la sociedad, que tienen que ver con el predominio de la disponibilidad abstracta e ilimitada, con la primacía de lo neutro y con la creencia de que todo es controlable." filosofía económica que para Ballesteros provoca una degradación de instituciones como la familia y la empresa. Y continúa: "La erradicación de lo sagrado, la consideración de que todo está disponible, de que todo está en venta, hará imposible la defensa adecuada del derecho a la vida, comenzando por la integridad física y del derecho a condiciones laborales dignas"[48] Esta tendencia insaciable de la posmodernidad trae consigo la tiranía de la tecnoidolatría propuesta por el poshumanismo y la idolatría monetaria propuesta por el capitalismo radical ejemplificada en el actual neoliberalismo en que se mueve la economía de las potencias mundiales actuales. Vivimos en un momento de extrema dificultad para establecer una ética del cuidado al servicio de todas las formas de vida de nuestra casa común. Ya que la ética dominante es extremadamente individualista (atomista) y consumista.

---

48 Ballesteros, Jesús, Domeñar las finanzas, cuidar la naturaleza, Tirant lo Blanch, Valencia, 2020, Pp. 49-56.

5. RECUPERAR LA ÉTICA DE LA UNIDAD COSMOLÓGICA: DON, GRATITUD Y BENEVOLENCIA.

Para recuperar una ética que cuida y ampara la vida necesita una ética de la unidad cosmológica. Es de extrema relevancia poner fin a la posmodernidad diluida a la que asistimos. Existen varios caminos. Propondré dos que son relevantes para la sociedad occidental por la significancia ética histórica de sus posturas. Primero, estudiar el desarrollo del actual magisterio de la Iglesia Católica. Con el arribo a la sede de Pedro del Papa Francisco –primer papa latinoamericano– quien ha reivindicado una narrativa ética crítica hacia el capitalismo neoliberal explotador del ecosistema y del ser humano que domina el mundo desarrollado. Una economía donde lo financiero y tecnócrata dominan las decisiones. El papa Francisco asume lo que filósofos como Ballesteros o E. Zamagni han denunciado junto a otros pensadores actuales.

Con la aparición de la encíclica Laudato si', se inicia una nueva etapa para la Doctrina Social de la Iglesia. Donde el acento está entre la interrelación de la degradación de la vida biótica de la tierra y la degradación de la vida ética-espiritual de la sociedad humana como causante basal de la destrucción de la creación. Tesis que comparte una parte importante de la doctrina neohumanista de corte cristiano.

La ecología integral es reivindicada por el Papa como respuesta a otras corrientes como la ecología profunda que reniegan del profundo papel sanador para el ecosistema que posee la voluntad humana bien dirigida[49]. Laudato Si', es muy im-

---

49 Véase lo que dice Laudato Si, como respuesta a ecologías anti humanistas, en el punto 90 se señala ". Esto no significa igualar a todos los seres vivos y quitarle al ser humano ese valor peculiar que implica al mismo tiempo una tremenda responsabilidad. Tampoco supone una divinización de la tierra que nos privaría del llamado a colaborar con ella y a proteger su fragilidad. Estas concepciones ter-

portante porque nos recuerda dos ideas elementales la tierra es casa común, o sea la vida en la tierra y su desarrollo es una exigencia del bien común (idem); y por otro lado esta casa común es un don, un regalo del Creador, para que la vida se desarrolle según su plan amoroso. En la ecología integral el ser humano tiene un papel ser guardián de este microcosmos terrícola, donde el amor es posible y donde Dios ha plantado la vida con un plan que trasciende la misma tierra y abraza el cosmos. La tierra como creación tiene un sentido y nosotros con ella también.

La gracia de la redención de Jesucristo, es una redención que acoge la totalidad de la vida en la tierra, p**or eso el** nacimiento y resurrección, dos eventos radicales, uno de la naturaleza común de la vida en la tierra y otro como un evento de la gracia, son las posibilidades últimas de toda la esperanza, como lo vio la filosofía judeocristiana clásica en San Agustín y Tomás de Aquino[50] y como la misma Hannah Arendt señaló una vez

---

minarían creando nuevos desequilibrios por escapar de la realidad que nos interpela[68]. A veces se advierte una obsesión por negar toda preeminencia a la persona humana, y se lleva adelante una lucha por otras especies que no desarrollamos para defender la igual dignidad entre los seres humanos. Es verdad que debe preocuparnos que otros seres vivos no sean tratados irresponsablemente. Pero especialmente deberían exasperarnos las enormes inequidades que existen entre nosotros, porque seguimos tolerando que unos se consideren más dignos que otros. Dejamos de advertir que algunos se arrastran en una degradante miseria, sin posibilidades reales de superación, mientras otros ni siquiera saben qué hacer con lo que poseen, ostentan vanidosamente una supuesta superioridad y dejan tras de sí un nivel de desperdicio que sería imposible generalizar sin destrozar el planeta. Seguimos admitiendo en la práctica que unos se sientan más humanos que otros, como si hubieran nacido con mayores derechos."

50 Véase encíclica del Papa Francisco, Laudato Si, (2015), quien en el punto 116, de su encíclica, señala denuncia al antropocentrismo moderno y una inadecuada antropología cristiana, como causas efi-

al indicar que el evento propulsor de la vida en la tierra es el nacimiento y renacimiento que sucede por la transmisión de la cultura humana de generación en generación reivindicando el poder sanador de la natalidad[51]

En otro sentido, la corriente filosófica del personalismo, como una expresión de una filosofía profundamente humanista y contraria a las derivas de las ideas subyacentes de las totalitarismos del siglo XX, en la vertiente denominada: ecologismo personalista propuesto por Jesús Ballesteros en los años

---

cientes del desastre ecológico actual: " En la modernidad hubo una gran desmesura antropocéntrica que, con otro ropaje, hoy sigue dañando toda preferencia común y todo intento por fortalecer los lazos sociales. Por eso ha llegado el momento de volver a prestar atención a la realidad con los límites que ella impone, que a su vez son la posibilidad de un desarrollo humano y social más sano y fecundo. Una presentación inadecuada de la antropología cristiana pudo llegar a respaldar una concepción equivocada sobre la relación del ser humano con el mundo. Se transmitió muchas veces un sueño prometeico de dominio sobre el mundo que provocó la impresión de que el cuidado de la naturaleza es cosa de débiles. En cambio , la forma correcta de interpretar el concepto de ser humano como "Señor" del universo, consiste en entenderlo como administrador responsable", véase la encíclica en: http://www.vatican.va/content/francesco/es/encyclicals/documents/papa-francesco_20150524_enciclica-laudato-si.html (Revisado el 15/12/2022).

51 Señalaría Arendt respeto a la natividad como función catalizadora de la cultura: "Pero con independencia de que se trate de un nacimiento o de un renacimiento, lo fundamental en el verso de Virgilio es que está tomado de un himno a la natividad, como profecía del nacimiento de un niño divino, sino como alabanza del nacimiento como tal, a la llegada de una nueva generación, el gran suceso salvífico o "milagro" que redimirá a la humanidad una y otra vez. En otras palabras, es la afirmación de la divinidad del nacimiento y de la creencia en que la salvación potencial del mundo radica en el propio hecho de que la especie humana se regenera de forma constante y eterna. " En su obra, Arendt, Hannah, La libertad de ser libres, Editorial, Taurus, 2018, pp-43-47

noventa con la lucidez intrépida que le caracteriza, identifica que la ecología no debe proponer ni contener una posición contraria al ser humano, la verdadera posición es la defensa de la dignidad de la persona humana, muy lejos de las tesis del utilitarismo. Don de naturaleza humana y creación no son subordinadas al deseo egoísta. La posición ética del ser humano en la ecología integral es una posición de custodios. Esto se logrará reposicionando la idea de gratuidad y don.

Cuando entendemos que somos parte de una creación maravillosa, un reglado de vida y armonía, podemos empezar a superar la visión parcial posmoderna de la ética marcadamente individualista y materialista y por ello hedonista que tanto mal le ha hecho al ser humano y la tierra. Tal como lo señala Francisco el Laudato si "76. Para la tradición judío-cristiana, decir «creación» es más que decir naturaleza, porque tiene que ver con un proyecto del amor de Dios donde cada criatura tiene un valor y un significado. La naturaleza suele entenderse como un sistema que se analiza, comprende y gestiona, pero la creación sólo puede ser entendida como un don que surge de la mano abierta del Padre de todos, como una realidad iluminada por el amor que nos convoca a una comunión universal."[52]

El ecologismo personalista, sería entonces una respuesta que emana de la profunda concepción ontológica del ser humano que en el cristianismo enseña como dato de fe la profunda conexión entre Dios y el ser humano, que provee una idea sacral de la persona humana, que sería finita y abierta, digna y trascendente, única y eterna[53], inteligente e interdependiente como también señala hoy el neotomismo de McIntyre quien lo

---

52 Francisco, Laudato si, Punto 19, en: https://www.vatican.va/content/francesco/es/encyclicals/documents/papa-francesco_20150524_enciclica-laudato-si.html

53 Véase la obra Ballesteros, Jesús, Ecologismo Personalista, Ed. Tecnos, Madrid, 1994.p.8-12.

ha definido en estos últimos años como una ser en dependencia de la otredad humanas y biológica[54].

Asimilar el concepto de don como regalo o presente, pero también como los latinos señalan en su concepto patrimonial de "donun" nos hace entender que el fenómeno de la vida en la tierra es un regalo o una donación. Cuando adherimos a esta idea el epifenómeno vital que nos rodea y se nos muestra en cada centímetro de la magnífica existencia terrícola con sus cientos de miles de bacterias, bacilos, ácaros, insectos, animales terrestres y marinos, y las innumerables especies vegetales entendemos que además de vivir por donación, nos encontramos asistiendo a un milagro mismo como lo señaló el magnífico filósofo Wittgenstein[55] en su discurso sobre la ética donde termina reconociendo que toda existencia es un milagro.

Esta posición antropológica y ontológica descrita arriba del fenómeno de la vida biológica presente en nuestra casa común. Donde la vida es variada, interrelacionada, sintiente, inteligente y única/unicidad nos hace ver que en sí misma la vida es un regalo que rebasa las relaciones intersubjetivas de la vida social humana y supera la razón calculadora de la modernidad y el utilitarismo ético tan enraizado en la mentalidad de nuestro momento histórico.

La dimensión de entender la vida como regalo rompe el orgullo de un superhombre nietzscheano que todo lo puede por sí mismo, por su técnica, por su ciencia, por la política, por la raza, la nación o el capital. Cuando el ser humano entiende que: es-en-el-mundo-como-acto de-gratuidad como forma de Dasein según Heidegger. Este ser no podrá más que pre-

---

54 Véase el libro de Macintyre, Alasdir, Animales racionales y dependientes. op.cit.

55 Véase: Wittgenstein, Ludwig, Conferencia sobre ética, Trad. Ana María Vicuña, Prólogo de Carla Cordua, Ediciones Tácitas, Santiago, 2020. Pp. 39 y siguientes.

sentar una actitud elemental la del agradecimiento. Por eso agradecer es una virtud, un hábito positivo, que nos permite acercarnos a lo dado con humildad y por ello como defendió cierta fenomenología entender la trascendencia de la persona humana como agradecimiento es primordial. Para establecer el cuidado como eje ético de toda acción humana.

Así las cosas, podemos acercarnos a un cierto entender nuestra posición ética ontológica como don. Existe una necesidad radical para adherir a una profunda actitud de agradecimiento consciente del fenómeno vital que habitamos y en que duramos y llamamos vida. Por ejemplo en la filosofía del vitalismo Bergson quien lo llamó *elam vital* que es la corriente vital donde subyace la duración del tiempo, lugar donde la vida es posible como contracción del ser, y expresión de la verdad, unidad y belleza.

Entonces el agradecer como una vez señaló Kierkegaard será la actitud esencialmente cristiana del amor[56]. Agradecer

---

56 Señalará Uriel Rodrigues: "Curiosamente gran parte de la reflexión filosófica del siglo pasado, la cual el presente filosófico es heredero, no se propuso una indagación articulada y minuciosa de la realidad humana a partir de la gratitud, es decir, pasó por alto el análisis de un fenómeno en el cual el ser humano se enfrenta con la experiencia y la consciencia de su finitud. La excepción a la regla la constituyó el realismo fenomenológico de inspiración católica en las figuras, entre otros, de Dietrich von Hildebrand, Balduin Schwarz y Josef Seifert. La meditación constante en torno a la gratitud le permitió a esta escuela filosófica encontrar en el mundo de las vivencias cotidianas un acto intencional que daría cuenta de un impulso humano capaz de rebasar el campo de las relaciones intersubjetivas inmanentes para encaminarse hacia lo trascendente. Para esta línea de pensamiento en todo genuino agradecer habitaría un plus de gratitud cuyo verdadero destinatario no puede hallarse dentro del ámbito de lo humano." coincidido con la afirmación del autor como la fenomenología católica fue la única en que analizo este tema en profundidad, véase el interesante artículo de este tema

porque el don es fruto de la benevolencia anterior y mayor de quien diseñó la vida, y nos insertó en ella, y a esa benevolencia primera la del diseño inteligente de la creación es un don. No podemos dejar de reconocernos como seres en constante agradecimiento y herederos de la corriente vital que nos circunda en infinidad de seres y ante todo conscientes del don por benevolencia debemos reivindicar una ética del cuidado antes que la de la explotación del hombre por el hombre y del hombre para la tierra.

Quiero tomar las palabras de la última obra del profesor Carll Safina quien nos ha demostrado que existen culturas animales distintas a las humanas y que los animales para vivir desarrollan una cultura como conjunto de saberes transmitidos de generación en generación señalará Safina:"Un cachalote descubre con quién quiere viajar, un guacamayo mira con deseo a una bella vecina, un chimpancé aprende a pagar para jugar. La cultura crea inmensas reservas de conocimiento no programado ni planificado. Todo el mundo habla, canta y comparte las claves. Sobre el terreno, esto es interesante, sin más. Pero retrocedamos para tener una perspectiva general. La vida en la tierra, un fragmento infinitesimal de toda la materia y la energía cósmica es el universo que toma conciencia de sí mismo. Y la cultura es la Vida que se adapta y reacciona, a través del tiempo y minuto a minuto, el rincón de la galaxia en el que se encuentra. La magia y el misterio de esta reacción consciente y flexible, visible en todo, desde un gorrión que canta hasta

---

desarrollado por, Uriel Rodriguez, Pablo, La gratitud en Kierkegaard: Desde los discursos edificantes hasta las obras del amor, en: Nuevo Pensamiento. Revista de Filosofía del Instituto de Investigaciones Filosóficas de la Facultad de Filosofía de la Universidad Del Salvador, área San Miguel. ISSN 1853-7596. Volumen XI, Número 17, Año 11, Enero-Junio de 2021. Págs. 43/78. Sitio web: http://www.editorialabiertafaia.com/nuevopensamiento/index.php/nuevopensamiento(Consultado el 13 de diciembre del año 2022)

el telescopio espacial Hubble dan escalofríos(..) La vida prefiere lo bonito y considera bonito lo que prefiere. La vida ha decidido ver belleza en sí misma y en nuestro trozo de cielo. Ese descubrimiento es tan asombroso que puede dejarnos sin aliento. Convierte nuestro mundo viviente en algo más que un accidente cósmico de la física y la química: en un milagro. Pero milagroso no significa seguro"[57] Safina se termina preguntando ¿podemos desarrollar una cultura que fomente un futuro de belleza para la tierra? con las actuales derivadas éticas de la tecno idolatraría puedo decir que no.

Así las cosas, podemos y debemos construir una ética nueva que combata las fuerzas de muerte y destrucción de la ética del pensamiento calculador, utilitarista y por ello hedonista y nihilista, la ética posmoderna decadente del neoliberalismo que está acabando con la vida de forma radical. Ya que solo promueve una mirada antropocéntrica vaciada de sentido trascendente del agradecimiento radical. Creemos que la única esperanza para detener la degradación ecológica que asistimos es la asunción de una nueva ética basada en el reconocimiento de la vida terrestre como don y que nuestra actitud frente a este regalo no es más que el agradecer una benevolencia mayor que nos circunda en la creación como emanación inteligente del bien, que aca llamaremos simplemente creación consciente y en un trabajo posterior nos comprometeremos a desarrollar.

Esta postura ética reconoce la finitud humana y su papel ético ante la belleza de la vida del mundo: Ser guardianes de la vida y esto como un actuar desde la benevolencia. Y ¿qué es la benevolencia? Es la actitud de gozo por el bien del otro, es la actitud de felicidad por la entrega al otro, que apacigua el

---

57 Safina, Carl, Aprender a ser salvajes, Cómo las culturas animales crían familias, crean belleza y consiguen la paz. Trad. María Luisa Rodríguez Tapia, Galaxia Gutemberg, Barcelona, 2021.p.395.

egoísmo de la razón e instinto humano, como una vez señalaría Spaneman[58].

La benevolencia es la clave para resignificar una epistemología del agradecimiento, que ensanche nuestra voluntad y por ello nuestra ética y nos permita abrazar la creación consciente en radical actitud de gozo frente al don de la vida que emana del don radical que es la vida. Solo esta actitud nos podrá impulsar a tomar en nuestras el cuidado del mundo como especie racional y libre y por ello responsable tal como reivindica Jonás[59].Así las cosas nuestro papel elemental en la creación consciente que habitamos dirigiendo nuestro actuar ético y sentido de nuestra vida es la de ser custodios del tesoro de la vida, ser los jardineros del magnífico planeta que habitamos y que ha sido lanzado en un frío espacio de caos y energía sin límites tal como lo reconoce el papa francisco en Laudato Si, y como ha recordado Bellver: "(...)la relación del hombre con la naturaleza tiene lugar, en buena medida, en el ámbito moral, en el que surgen deberes de éste para con ella. Estos deberes pueden ser percibidos y debidamente afrontados en la medida en que la sociedad recibe una educación sensible a estas cuestiones."[60] Así las cosas necesitamos más que un derecho ambiental de los sujetos no antropomórficos una educación del corazón-razón humanas para agradecer, cuidar y servir a la vida dada como don en nuestra casa común.

---

58 Véase el comentario del libro de Spaemann, Robert. "Felicidad y Benevolencia", comentado por Rodríguez Duplá, Leonardo. 1990. «La benevolencia como categoría fundamental de la Ética eudemonista». Revista de Filosofía 3, nº enero:: 215. https://revistas.ucm.es/index.php/RESF/article/view/RESF9090120215A(revisado 16/12/2022).

59 Véase en: Jonas, Hans. El principio de responsabilidad : ensayo de una ética para la civilización tecnológica. Segunda edición. Barcelona: Herder Editorial, 2004.

60 Bellver-Capella, Vicente, Ecologia: De las razones a los derechos, Editoria Colmenares, Granada,1994, pp.309.

6. CONCLUSIÓN.

La vida como la conocemos, bella y buena en sí misma, junto a la habitabilidad-amabilidad de nuestro planeta corren peligro. La muerte nos rodea y por ello nos exige y clama que volvamos a centrar nuestra autopercepción ética. Reencontrar nuestro lugar en el cosmos al que pertenecemos y reivindicar como especie humana plural nuestra posición ontológica ante el fenómeno de la vida.

Debemos volver a nuestra narración teleológica vital aquí se funda la ética radical de la vida que reivindica la ética cristiana de la ecología integral defendida por el papa Francisco en Laudato Si. Para ello necesitamos entender que estamos hechos para el bien, lo bueno y lo bello, y que este solo existe en la vida en el *elam vital,* siguiendo el concepto de este último en Bergson. En nuestras manos está religar con la gran narración que da sentido a nuestra vida del yo-en-el-mundo-con-otros que la filosofía fenomenológica recalco en décadas pasada en especial Heidegger con la idea de Dasein como forma de existir del ser humano en relación y las enseñanzas de las religiones del mundo sostienen y que Charles Tylor en su historia de la identidad moderna nos planteó[61].

Es en la fuerza performativa de narración está la posibilidad de reconstruir una ética del don para vivir en una sociedad del agradecimiento de este milagro que habitamos llamado tierra.

---

61 Señaló Charles Tylor: "En la sección anterior vimos que el ser yo está esencialmente vinculado a la nuestra percepción del bien y que logramos nuestra identidad personal entre otros. En ésta he defendido que la cuestión de dónde nos situamos en relación a dicho bien es una inquietud tan ineludible como esencial para nosotros, que sólo podemos anhelar dar sentido o sustancia a nuestras vidas y que esto significa que también ineludiblemente nos comprendemos en la narrativa." Véase en Tylor, Charles, Fuentes del Yo.La construcción de la identidad moderna, Op. Cit. p.68.-

Lugar de belleza y vida casi sin límites[62]. Como Safina ha dicho ninguna religión ha predicado que debemos aniquilar el porvenir de las futuras generaciones, es más, nos reclaman una ética del cuidado como las narraciones bíblicas nos enseñan y lo señala el Papa Francisco en Laudato Si que es : "Para la tradición judío-cristiana, decir « creación » es más que decir naturaleza, porque tiene que ver con un proyecto del amor de Dios donde cada criatura tiene un valor y un significado. La naturaleza suele entenderse como un sistema que se analiza, comprende y gestiona, pero la creación sólo puede ser entendida como un don que surge de la mano abierta del Padre de todos, como una realidad iluminada por el amor que nos convoca a una comunión universal"[63]estamos llamados a dirigir el Arca y por otra parte ningún saber sapiencial autoriza destruir la belleza intrínseca de la creación(mundo) y dejarlo en ruinas de muerte y suciedad[64], preocuparnos porque el *elam vital donde se sostiene la belleza de lo vivo, donde es posible la duración, por ende que prosperen los seres vivientes en el espacio-tiempo* acomodando las ideas de Bergson a la narrativa de este breve ensayo es el imperativo ético/moral de nuestra generación. Amar lo dado, por don y benevolencia es la única forma de respetar la creación consciente que habitamos.

No podemos permitir que el egoísmo de una especie como la nuestra despoje lo bueno y verdadero que posee la belleza intrínseca de la creación, y que es parte esencial de la unici-

---

62 Como una vez el teólogo Teilhard de Chardin afirmó que la redención de Jesucristo evento de apertura al cosmos, donde todas las dimensiones oníricas son restauradas, y proyectada al cosmos. Véase su magnífica obra De Chardin, Teilhard, The future of man. New York: Harper & Row.1964.

63 Francisco, Laudato SI, Punto 76. En:https://www.vatican.va/content/francesco/es/encyclicals/documents/papa-francesco_20150524_enciclica-laudato-si.html

64 Safina, Carl, Aprender a ser salvajes. Cómo las culturas animales crean familias, crean belleza y consiguen la paz, op.cit. p.397.

dad cósmica de lo creado, y es base de nuestra propia unicidad personal, o sea nuestra dignidad y como diría Hans Kung la humanidad necesita de comprometerse a favor de un orden económico justo, sostenido por una ética donde se trate al ser humano como persona digna y buscar que se inserte su actuar de forma ordenada en el orden cósmico, esto será esencial para una ética ecológica mundial[65] que no puede dejar de reconocer la idea ontológica originaria de don, agradecimiento y benevolencia como límite a nuestra voluntad de poder por sobre la vida no humana y la naturaleza. Este será el gran y último gesto ético posible para fundar una justicia más allá de los horizontes antropocentristas, una justicia que supone una superación del utilitarismo y el altruismo moral como lo ha planteado Bellver[66].

Agradecimiento: A mi amigo Alex Ripoll Candel por sus amables comentarios y correcciones y a Vicente Bellver Capella por sus sugerencias bibliográficas tan acertadas.

---

65 Küng, Hans, Una ética mundial para la economía y la política, Trad. Gilberto Canal Marco, Editorial Trotta, Madrid, 1999, pp.257-258.

66 Bellver-Capella, V. (2023). Los derechos de la persona mayor y dependiente: entre la vulnerabilidad existencial y la vulnerabilidad construida. *Persona Y Derecho,* (89), 153-201. https://doi.org/10.15581/011.89.008

Justicia climática, una utopía imposible... pero necesaria

VICENTE BELLVER CAPELLA

Catedrático de Filosofía del Derecho. Universitat de València.

ORCID: 0000-0002-8776-397X

Resumen: La justicia climática es un concepto vago y que solo con enorme dificultad se va abriendo paso en los foros en los que se adoptan las políticas de lucha contra el cambio climático. En este capítulo me pregunto qué debemos entender por justicia climática. Para hacerlo dividido mi trabajo en dos partes principales. En la primera, hago referencia a la necesidad de afrontar tres retos que dificultan una adecuada concepción de la justicia climática; los denomino el reto epistemológico, el moral y el político. En la segunda, ofrezco una concepción personal de la justicia climática muy inspirada por los movimientos sociales, que son los que más han influido en su desarrollo, y que tiene cinco características definitorias: es ontológica, anticapitalista, ecofeminista, universal e intergeneracional. Se trata de una propuesta utópica, porque constituye una enmienda a la totalidad del sistema socioeconómico vigente, pero a mi entender necesaria para que se haga justicia y, al mismo tiempo, mantengamos unas condiciones de vida no afectadas gravemente por los cambios climáticos.

Abstract: Climate justice is a vague concept and it is only with enormous difficulty that it makes its way into the forums in which policies to combat climate change are adopted. In this chapter I wonder what we should understand by climate justice. To do this I divided my work into two main parts. In the first, I refer to the need to face three challenges that hinder an adequate conception of climate justice; those called the epistemological, moral and political challenge. In the second, I offer a personal conception of climate justice highly inspired by social movements, which have most influenced its development, and which has five defining characteristics: it is ontological, anti-capitalist, ecofeminist, universal and intergenerational. This is a utopian proposal, because it constitutes an amendment to the entire current socioeconomic system, but in my opinion necessary so that justice is done and, at the same time, we maintain living conditions that are not seriously affected by climate changes.

Palabras clave: Justicia climática; desarrollo sostenible; políticas públicas; cambio cultural.

Key words: Climate justice; sustainable development; public policies; cultural change.

SUMARIO

I. UNA HISTORIA PARA EMPEZAR

Si alguna vez hubiera dicho a mi abuela que ella era ecologista me habría respondido algo así como: "¡Qué tonterías son esas!". Pero lo cierto es que lo era: una mujer que agradecía, cuidaba y disfrutaba de la naturaleza. Por ejemplo, no tenía nada que ver su casa en verano o en invierno: en verano la mantenía en penumbra casi todo el día y, con un prodigioso juego de corrientes de aire, conseguía un ambiente fresco y confortable. Durante el invierno, el largo pasillo y el recibidor estaban helados pero los espacios en los que transcurría la vida -la salita, la cocina, y los dormitorios cuando nos acostábamos- conseguía templarlos con una sola estufa. Si te duchabas, se apresuraba a insistirte en que escatimaras el agua, y no solo la caliente. Nunca tenía luces encendidas donde no había personas y nunca la vi echar comida a la basura. Muchas de sus cenas o desayunos consistían en las sobras de alguna comida anterior. Me grabó en las meninges que era un crimen desperdiciar comida mientras había tanta gente pasando hambre en el mundo. No soportaba el ritmo de consumismo frenético de la sociedad. Cuando todavía estaba lejos de ponerse de moda, ella se regía por el "menos es más", comer despacio, aprovecharlo todo, y reducir la basura a lo mínimo, aprovechando los envases y las bolsas de plástico. Era su manera de ser, no una impostura. Y ese estilo de vida, cargado de autenticidad y sentido, suscitaba admiración entre los que estuvimos más años a su lado. Ella remendaba calcetines, daba la vuelta a los cuellos desgastados de las camisas, ponía coderas y rodilleras, limpiaba manchas que parecían indelebles y se cuidaba de que el sol no quitara color a la ropa tendida. Uno de mis primeros recuerdos de infancia es su reproche cuando me empeñaba en pisar todas las hormigas que veía. Si en un programa de la televisión aparecía el toro embolado decía que eran más animales los que ponían las bolas de alquitrán que los que las llevaban. Lamentándose de que el Gran Danés que tuvimos en casa comiera arroz blanco y carne de caballo, ella le preparaba paellas con restos de pollo e incluso con verduras. Disfrutaba del encanto inagotable de la naturaleza. Cuando me hacía reparar en la luz del atardecer, en el reflejo del cielo sobre la Albufera de Valencia o en la enorme luna llena surgiendo de entre el mar en agosto, lo hacía como quien te aproxima a un misterio grandioso y cotidiano. Ella fue quien me dijo una noche de verano que podía hablar con mi abuelo, fallecido unos meses antes, mirando a las estrellas. Todo en su vida traslucía una inmensa gratitud a Dios por la obra de la creación y una fuerte conciencia del deber de cuidarla.

Mi abuela no estaba familiarizada con conceptos como desarrollo sostenible, cambio climático, o generaciones futuras; ni se planteaba debates teóricos sobre si los animales eran o no titulares de derechos. Pero tenía claro que la naturaleza no era un almacén de materias primas, que los recursos no eran infinitos, que la belleza natural era sagrada, que las personas tenían derecho a bañarse en los ríos en los que ella había nadado de joven (aunque ahora estaban impracticables), y que lanzar continuamente porquería al aire y al mar era impropio de quienes tienen la responsabilidad de cuidar el jardín de la tierra.

Ahora sé que lo que me enseñó mi abuela es una enseñanza común a muchas gentes, de muchas culturas, a lo largo de los siglos. En la mayoría de las culturas tradicionales, la mujer ha mantenido y fomentado un estilo de vida sumamente respetuoso con la naturaleza. Pero también sé que ese trato familiar y reverente hacia la naturaleza no debería ser exclusivo de ellas, sino de todos; .Primero, porque atribuir a las mujeres en exclusiva esa forma de relación con la naturaleza las expone a quedar reducidas ellas mismas a naturaleza y, por tanto, a objeto de explotación desde esa mentalidad patriarcal que ve en el dominio el único modo de relacionarse con el ser. Segundo, porque solo si la humanidad en su conjunto -varones y mujeres- mantiene esa forma de relación con la naturaleza podremos hacer del mundo un jardín en el que trabajen y disfruten las generaciones presentes y futuras. El engaño de la mentalidad patriarcal no solo ahonda en la crisis ecológica, sino que impide la plena realización de la mujer, como ha venido bloqueando la del varón a lo largo de la historia. Sustituir la cultura de los cuidados por la de la explotación aboca al sujeto a la alienación. Y tercero, y como consecuencia de lo anterior, porque si el varón no supera la mentalidad patriarcal no podrá alcanzar su plena humanidad, por más que se vea a sí mismo como dueño y señor de la naturaleza y la mujer[8].

II. ENTRE EL COMPROMISO INDIVIDUAL Y LA ACCIÓN COLECTIVA

El Objetivo de Desarrollo Sostenible 13 propone “Adoptar medidas urgentes para combatir el cambio climático y sus efectos”, y la tercera de las metas en que se concreta este objetivo es “Cumplir el compromiso de los países desarrollados que son partes en la Convención Marco de las Naciones Unidas sobre el Cambio Climático de lograr para el año 2020 el objetivo de movilizar conjuntamente 100.000 millones de dólares anuales procedentes de todas las fuentes a fin de atender las necesidades de los países en desarrollo respecto de la adopción de medidas concretas de mitigación y la transparencia de su aplicación, y poner en pleno funcionamiento el Fondo Verde para el Clima capitalizándolo lo antes posible”. Si mi abuela viviera y pudiera llegar a comprender esta ambiciosa empresa de Naciones Unidas, probablemente diría que lo primero no son las políticas, y menos las económicas, sino las personas[9]; y que para

8 Siguiendo a feministas como Shiva, Chodorow o Gilligan, Ballesteros considera “el feminismo liberal y concretamente a Simone de Beauvoir como contagiada del espíritu androcentrista al basar el reconocimiento en la admisión de la violencia. Frente a tal planteamiento, el principio de vida se encuentra tanto en la mujer como en el varón, comprometidos con la dimensión del cuidado y la conservación de la naturaleza”; BALLESTEROS, J., “Por un ecofeminismo personalista: más allá de la oposición entre androcentrismo individualista y feminismo biologista”; en NUÉVALOS, C., Y BELLVER, V. (eds.), *Una mirada diferente. La mujer y la conservación del medio ambiente*, Valencia, EDETANIA, 1999, pp. 19-20.

9 En esa línea, desde el mundo académico, HULME, M., “Climate Change and Virtue: An Apologetic”, *Humanities*, 3, 2014, pp. 299-

garantizar el cuidado de nuestra atmósfera, y no se convierta en un inmenso y sofocante invernadero, lo decisivo es que las personas cuiden de la naturaleza como un legado que nos han confiado las futuras generaciones y no como una herencia recibida para satisfacer nuestro capricho[10]. Aunque no lo conocía, compartía la filosofía del famoso proverbio keniano: "Treat the Earth well. It was not given to you by your parents, it was loaned to you by your children". Sí conocía, en cambio, el encargo que Yahveh encomienda a Adán después de crearle y que ofrece una importante analogía con ese proverbio: "Entonces Yahveh Dios tomó al hombre y lo puso en el huerto del Edén, para que lo cultivara y lo cuidara" (Gen. 2, 15)[11].

Esta posición de mi abuela ha sido criticada por muchas razones: porque las conductas privadas virtuosas no garantizan el interés público; porque no podemos sacralizar la naturaleza pues sólo si nos servimos de ella podremos satisfacer las necesidades básicas de toda la humanidad; porque, como los comportamientos de las personas están condicionados por las políticas que se impulsan desde los poderes públicos, deberán priorizarse las políticas más que confiar en las conductas privadas; porque, aunque los relatos de la creación contemplados en el Génesis son dos y quepa su interpretación complementaria, en realidad deben interpretarse como un mandato para explotar la naturaleza, en contra de lo defendido por otras culturas tradicionales que sí convergen con el espíritu del mencionado proverbio etc. Si bien alguno de estos argumentos sea parcialmente cierto, sigo pensando que mi abuela tenía la mayor parte de la razón.

312; https://doi.org/10.3390/h3030299

10 KRZNARIC, R., *El buen antepasado. Cómo pensar a largo plazo en un mundo cortoplacista*, Madrid, Capitán Swing, 2022, pp. 96 ss.

11 BELLVER CAPELLA, V., *Ecología: de las razones a los derechos*, Granada, Comares, 1994, pp. 101-115.

Entre las críticas recogidas se insiste en la prioridad de las políticas sobre las conductas individuales. Pero esa crítica se desvanece al observar que países que tienen políticas climáticas parecidas obtienen, en cambio, unos resultados tan diferentes. La razón, a mi entender, es que los impactos de esas políticas están en función de la cultura ambiental de los ciudadanos, que son quienes las tienen que llevar a cabo. Y ese sustrato cultural que condiciona la efectividad de las políticas se nutre de los comportamientos cotidianos de los individuos.

Otra crítica sostiene que la tradición judeo-cristiana es la causante de las relaciones de explotación de la naturaleza que se desarrollan durante la modernidad y que, hoy en día, se han universalizado. Nada parece más alejado de una comprensión integral del mensaje cristiano que ese antropocentrismo desviado, que critica duramente el papa Francisco en su encíclica Laudato Si'[12].

Si bien las culturas que informan el comportamiento de las personas son más importantes que las políticas públicas y las normas para combatir el cambio climático (como pensaba mi abuela), debemos también reconocer que las políticas climáticas contribuyen decisivamente a modificar las culturas (como piensan sus críticos). Por eso, creo que la primera política cli-

---

12 "Hoy la Iglesia no dice simplemente que las demás criaturas están completamente subordinadas al bien del ser humano, como si no tuvieran un valor en sí mismas y nosotros pudiéramos disponer de ellas a voluntad. Por eso los Obispos de Alemania enseñaron que en las demás criaturas «se podría hablar de la prioridad del *ser* sobre el *ser útiles*». El *Catecismo* cuestiona de manera muy directa e insistente lo que sería un antropocentrismo desviado: «Toda criatura posee su bondad y su perfección propias […] Las distintas criaturas, queridas en su ser propio, reflejan, cada una a su manera, un rayo de la sabiduría y de la bondad infinitas de Dios. Por esto, el hombre debe respetar la bondad propia de cada criatura para evitar un uso desordenado de las cosas»"; FRANCISCO, Encíclica *Laudato si'*, 2015, n. 69.

mática que habría que incorporar en la agenda de los Estados debería centrarse en el campo educativo. Por ejemplo, ¿de qué sirve investigar en energías renovables, si las demandas energéticas de los ciudadanos del mundo desarrollado no se moderan y no pueden ser satisfechas solo con las energías renovables? Para reducir la demanda de energía de modo que pueda ser satisfecha con fuentes renovables es imprescindible la educación. Solo desde una nueva visión de nuestras relaciones con el entorno es posible replantearse unos estilos de producción y consumo que no son sostenibles.

En todo caso, políticas públicas[13] y cultura cívica deben darse la mano para alcanzar el desarrollo sostenible y, en particular, una transformación radical de nuestro modelo energético que elimine las emisiones de GEI. Solo con la conjunción de ambas se puede contrarrestar la tendencia del ser humano a sobreponer sus intereses particulares y a corto plazo por encima de los intereses universales y a largo plazo. Aquí se nos presenta una de esas paradojas definidoras de la condición humana. De un lado, parece que lo más natural en el hombre sea afanarse por lo propio e inmediato; pero, al mismo tiempo, estamos convencidos de que nuestra misión más genuina consiste en hacernos cargo de las necesidades de los otros, de los presentes y de los que vendrán. Y no sólo de las personas que ocupan nuestra atención preferente, sino de toda la humanidad y de la tierra que hace posible nuestra vida, y que se nos ha confiado para que la cuidemos[14].

---

13 Esas políticas no obedecerían a un proyecto de ingeniería social utópico sino al conjunto de prácticas propias de lo que Popper denomina ingeniería social fragmentada (piecemeal); MISHRA, N., "Social Engineering and Sustainability: Revisiting Popper's "Piecemeal Approach""; en: SURAMPALLI, R., ZHANG, T., GOYAL, M., BRAR, S., TYAGI, R., (eds.) *Sustainability: Fundamentals and Applications*, London, Wiley, 2020, pp. 207-227.

14 BALLESTEROS, J., *Ecologismo personalista*, Madrid, Tecnos, 1995.

Es obvio que si la persona no atiende a sus necesidades inmediatas acaba muriendo. Pero si solo se ocupa de ellas no llega a realizarse como persona porque solo en el trascenderse a sí mismo puede la persona desarrollarse. En la Declaración Universal de Derechos Humanos de 1948 alienta esta visión antropológica y ética, que se manifiesta a las claras cuando afirma: "Toda persona tiene deberes respecto a la comunidad, puesto que sólo en ella puede desarrollar libre y plenamente su personalidad" (art. 29.1). Los deberes para con la comunidad no son vistos como un peaje que el individuo tiene que pagar para que le dejen vivir en paz, sino una condición para alcanzar su pleno desarrollo personal[15]. De ahí que ambas dimensiones -la atención a lo propio y a lo de todos- deban integrarse, por más antagónicas que aparenten resultar[16]. La expresión "desarrollo sostenible" sintetiza esa difícil aspiración de la humanidad. Por un lado, necesitamos transformar nuestro entorno de modo que provea a la satisfacción de nuestras necesidades y así sobrevivir. Llevamos a cabo esa transformación principalmente por medio de la tecnología. Mientras que el resto de las especies animales se adaptan a su entorno para sobrevivir, los seres humanos transformamos ese entorno, por obra de nuestro ingenio, hasta que resulte idóneo para atender nuestras necesidades. Ahora bien, si esa transformación consiste más en explotar recursos que en crear un hogar para todos en armonía con la naturaleza, el ser humano se incapacita para alcanzar su pleno desarrollo porque, como decimos, ese desarrollo es fruto del encuentro con el otro y lo otro. En la expresión desarrollo sostenible podríamos decir que resuena los dos aspectos -aparen-

---

15 BEA, E., *Los deberes en la edad de los derechos,* Madrid, Dykinson, 2023, pp. 179-183.

16 BELLVER CAPELLA, V., *Derechos al final de la vida,* Madrid, REUS, 2023, pp. 29-30.

temente contrarios, pero en realidad complementarios[17]- en que consiste la vida del ser humano: por un lado, la capacidad tecnológica para explotar, transformar y producir; y, por otro, la capacidad de apertura y trascendencia, para contemplar[18] y resonar[19]. Sin la primera morimos; pero solo con la capacidad tecnológica vivir se reduce a un sobrevivir sin sentido. Sin la segunda no alcanzamos nuestra esencia, pero solo con la capacidad contemplativa moriros porque nuestro ser es material. Ambas dimensiones, que percibimos inicialmente en conflicto, se integran en el cuidado recíproco. Esa sería, a mi entender, la interpretación más certera del desarrollo sostenible: la que no se limita a garantizar a las generaciones presentes y futuras la capacidad para satisfacer sus necesidades materiales, sino también la capacidad de franquear la entrada a su propia esencia[20].

En este apartado hemos dado por buenas hasta ahora dos afirmaciones. Primera, que la lucha contra el cambio climático requiere tanto de las políticas públicas como de la transformación de la cultura hegemónica. Y, segunda, que el desarrollo sostenible debe ser el resultado de integrar las capacidades

---

17 MACHADO, A. "Busca a tu complementario, que marcha siempre contigo, y suele ser tu contrario";.*Cantares y proverbios*, 1ª parte, n. XV.

18 "Hoy invertimos lo mejor de nuestro empeño en alargar la vida. En realidad, la vida se está reduciendo a supervivencia. *Vivimos para sobrevivir*. La histeria de la salud y la manía de la optimización son reflejos ante la falta de ser reinante. Procuramos compensar el déficit de ser por medio de la prolongación de la vida desnuda. Entre tanto, perdemos todo sentido de la vida intensa. La confundimos con más producción, más rendimiento y consumo, los cuales no constituyen más que formas de supervivencia"; HAN, B.-Ch., *Vida contemplativa*, Madrid, Tecnos, 2023, p. 67.

19 ROSA, H., *Lo indisponible*, Barcelona, Herder, 2021, pp.75 ss.

20 Han recuerda que, para Heidegger, salvar algo es franquearle la entrada a su propia esencia; HAN, B-Ch., *Vida contemplativa*, cit., p. 54

productiva y contemplativa, pues la existencia humana es un actuar contemplativo o una contemplación activa.

Partiendo de esa concepción del desarrollo sostenible, debemos reconocer que existen importantes retos para alcanzarlo. Voy a referirme a tres: el reto epistémico, el moral y el político, que están íntimamente relacionados entre sí.

1. El reto epistémico: entre la simplificación y la perplejidad

Eliot decía con razón en el primero de los Cuatro Cuartetos que "el género humano no puede soportar tanta realidad". Pero en la era de la información y la comunicación tenemos otro problema: el ser humano queda confundido con demasiada información[21]. Esa avalancha de información incesante a la que se ve expuesto en todos los ámbitos de la realidad le dificulta generar conocimiento valioso, que aproxime a la verdad y oriente hacia el bien. Ante esta confusa situación, solemos elegir entre dos opciones igualmente inadecuadas: atrincherarnos en las simplificaciones, que resultan cómodas y persuasivas, pero falsifican la realidad; o quedarnos perplejos y sin saber qué hacer ante la creciente complejidad de lo que se nos aparece. La simplificación más peligrosa, porque aparenta ser la fuente de conocimiento más rigurosa, consiste en hacer un único uso de la razón y proyectarlo sobre porciones cada vez

---

21 Han va más allá, al considerar que el ser humano es presa de lo que denomina "régimen de la información", que es una forma de dominio en el que información procesada mediante inteligencia artificial determina de modo decisivo los procesos sociales, económicos y políticas; HAN, B-CH., *Infocracia*, Madrid, Taurus, 2022, p. 9. Aquí no me refiero a este fenómeno, ciertamente el más inquietante por lo que tiene de alienante, sino a la inundación informativa en la que nos ahogamos, impidiendo el desarrollo del pensamiento razonable y las decisiones prudentes.

más limitadas de la realidad[22]. El cientifismo, que no atisba más conocimiento valioso que el generado por el método científico, da lugar a un ejército de especialistas que lo saben todo sobre una porción insignificante de la realidad, pero creen saber todo lo que necesitan de ella[23]. Chesterton los llamaba locos porque, decía, el loco es el que lo ha perdido todo (la realidad) menos la razón (el método científico aplicado a partes ínfimas de realidad)[24].

En el otro extremo encontramos a quien, consciente de la inmensa dificultad para alcanzar un conocimiento integral, no sabe cómo salir del atolladero informativo y queda paralizado y perplejo, incapaz de identificar el reto ante el que se encuentra y la respuesta justa que debe dar. El ser humano no puede quedarse paralizado ante la insuperable incertidumbre, pero tampoco puede caer en la ingenuidad de pensar que existen respuestas simples y unilaterales para afrontar esos desafíos globales. Los informes que periódicamente publica el Intergovernamental Panel on Climate Change (IPCC) son un intento bastante satisfactorio de integrar la gran pluralidad de perspectivas científicas en torno al cambio climático para concluir ofreciendo rangos aproximados de certeza en relación a los riesgos previsibles frente al cambio climático, y el modo de reducirlos y de adaptarse a ellos. El sexto y hasta ahora último Informe de Evaluación del IPCC, aprobado en marzo de

---

22 "El simple proceso de mantener la civilización actual es superlativamente complejo y requiere sutilezas incalculables. Mal puede gobernarlo este hombre-medio que ha aprendido a usar muchos aparatos de civilización, pero que se caracteriza por ignorar de raíz los principios mismos de la civilización"; ORTEGA Y GASSET, J., *La rebelión de las masas,* Madrid, Espasa-Calpe, 1937, p. 102.

23 "El especialista "sabe" muy bien su mínimo rincón de universo; pero ignora de raíz todo el resto"; ibidem, p. 146.

24 CHESTERTON, G. K., *Ortodoxia,* Barcelona, Acantilado, 2013, cap. 2; ROMERO-WENZ, L., *La paradoja de Chesterton como pensamiento abierto,* Madrid, Dykinson, 2023.

2024, se estructura en tres grandes bloques: el primero, dedicado a presentar el estado de cosas actual; el segundo, sobre las tendencias de futuro y las acciones a largo plazo; y el tercero, centrado en las acciones en el corto plazo[25]. Es encomiable el esfuerzo llevado a cabo por este organismo por mantener el rigor científico y presentar los resultados de su trabajo de forma inteligible para el gran público; y por ofrecer un abanico de cursos de acción sin ocultar los márgenes de incertidumbre que existen tanto sobre el diagnóstico como sobre el pronóstico. Es interesante subrayar en este momento, para lo que luego comentaré sobre la justicia climática, que este panel científico es el que más atención ha prestado, de todos los organismos de Naciones Unidas que trabajan sobre cambio climático, a la cuestión de la justicia climática[26]. Es cierto que el Programa de Naciones Unidas para el Desarrollo (PNUD) también ha tratado de cuestiones de justicia y cambio climática a través de su iniciativa "Climate Promise"[27], pero orientándolas más hacia la consecución de una transición justa[28] que a una justa reparación.

---

25 IPCC, *AR6 Synthesis Report: Climate Change 2023*, https://www.ipcc.ch/report/sixth-assessment-report-cycle/

26 IPCC, "Summary for Policymakers"; en: PÖRTNER, H.-O., ROBERTS, D.C., TIGNOR, M., POLOCZANSKA, E.S., MINTENBECK, K., ALEGRÍA, A. CRAIG, M., LANGSDORF, S., LÖSCHKE, S., MOLLER, V., OKEM, A. RAMA, B. (eds.) *Climate Change 2022: Impacts, Adaptation, and Vulnerability. Contribution of Working Group II to the Sixth Assessment Report of the Intergovernmental Panel on Climate Change*, Cambridge, Cambridge University Press, pp. 3-33, https://www.ipcc.ch/report/ar6/wg2/chapter/summary-for-policymakers/

27 UNDP, Climate Promise, https://climatepromise.undp.org/es

28 PNUD, *¿Cómo una transición justa puede ayudar a cumplir el Acuerdo de París?*, 2022, https://climatepromise.undp.org/es/research-and-reports/como-una-transicion-justa-puede-ayudar-cumplir-el-acuerdo-de-paris

2. El reto moral: entre la arrogancia y el miedo

Vivimos entre la autoafirmación arrogante ante la naturaleza y el miedo a que se vuelva contra nosotros. Ambas actitudes son igualmente nefastas para alcanzar una relación armoniosa con el ambiente y una decisión juiciosa sobre cómo debemos actuar frente al cambio climático.

La actitud arrogante tiene tres manifestaciones principales. La primera nos lleva a mantener el estado de cosas actual y seguir emitiendo gases de efecto invernadero (GEI), bien desde la obstinada resistencia a reconocer el carácter antropogénico del cambio climático actual, o bien desde la pura negación de que exista un cambio climático relevante o que se pueda hacer algo por combatirlo[29].

La segunda consiste en convencerse de que nuestro ingenio tecnológico será capaz de afrontar eficazmente las eventuales crisis climáticas y ambientales que puedan venir. La geoingeniería sería el prototipo de la respuesta tecnocrática frente al cambio climático[30]. Sus formas más destacadas de expresión

---

29 NORGAARD, K.M., *Living in Denial: Climate Change, Emotions, and Everyday Life*, MIT-Press, London, 2011.

30 Evidentemente, dentro de esta visión sobre el cambio climático encontramos posiciones más matizadas, como la de Lomborg o Nordhaus, quienes estiman que el gasto en combatir hoy el cambio climático mediante la reducción de las emisiones es muy ineficiente y que es mucho mejor reducirlo y seguir promoviendo el desarrollo y la innovación de modo que, a medida que se manifiesten los peores efectos del cambio climático en el futuro, estemos en mejores condiciones para afrontarlos, tanto desde el punto de vista económico como tecnológico. Concretamente, Nordhaus sostiene que hay que actuar frente al cambio climático, pero de forma mucho más moderada porque acciones más contundentes implicarían más costes económicos que beneficios ambientales. Así, mientras el IPCC llama a reducir radicalmente las emisiones para evitar un aumento de la temperatura superior a 1,5 °C, Nordhaus estima que el "óptimo

son dos: la geoingeniería solar (que consiste en reflejar la luz solar para enfriar el planeta) y captura de carbono (eliminando el CO2 de la atmósfera para frenar el sobrecalentamiento inducido por el efecto invernadero que producen ese y otros gases)[31]. Estas tecnologías, que todavía están lejos de implementarse, son objeto de muchas dudas, no solo por los efectos colaterales que pueden traer consigo[32] sino por ciertas consecuencias éticamente reprobables[33].

La tercera se centra en relativizar el consenso científico acerca del cambio climático antropogénico hasta negar su relevancia. Esa negación se sustenta en dos líneas argumentales principales. La primera sostiene que existen fuentes científicas alternativas que llevan a otras conclusiones, pero que son sistemáticamente descartadas por quienes ostentan el poder sobre lo que se considera o no científico. La segunda va aún más lejos y sostiene que el cambio climático es una invención para justificar ejercicios de ingeniería social de alcance universal.

La alternativa del miedo, por su parte, nos lleva a dar por descontado que el problema ecológico no tiene solución, que la tierra dejará de ser a medio plazo un lugar en el que el ser

---

económico" según la perspectiva coste-beneficio sería asumir un aumento de unos 3,5 °C para 2100; ROCA JUSMET, J., *La economía del cambio climático de William Nordhaus, premio Nobel 2018*, https://www.revoprosper.org/2018/12/22/la-economia-del-cambio-climatico-de-william-nordhaus-premio-nobel-2018/

31 KULKARNI, S., "Reversing Climate Change with Geoengineering", *Science in the News*, 3 de enero de 2022, https://sitn.hms.harvard.edu/flash/2022/reversing-climate-change-with-geoengineering/

32 SOVACOOL, B. K., BAUM, C. M., & LOW, S., "Risk–risk governance in a low-carbon future: Exploring institutional, technological, and behavioural tradeoffs in climate geoengineering pathways", *Risk Analysis*, 43, 2023, pp. 838–859. https://doi.org/10.1111/risa.13932

33 UNESCO, *Report of the World Commission on the Ethics of Scientific Knowledge and Technology (COMEST) on the ethics of climate engineering*, 2023, https://unesdoc.unesco.org/ark:/48223/pf0000386677

humano pueda vivir, y que solo cabe la adaptación radical o la extinción, que algunos llegan a ver positiva[34]. Los ejemplos más extremos de adaptación radical los encontramos en dos tipos de proyectos. Primero, hacer humanos sin cuerpo (es decir, mentes que se relacionen con el mundo mediante interfaces más resistentes y eficientes que nuestros frágiles cuerpos)[35] o editar genéticamente individuos humanos de modo que sus cuerpos sean resistentes a las condiciones ambientales más adversas[36]. La otra opción es la extinción o, al menos, la reducción de la población humana en la tierra. De esta manera serían menos los que sufrirían el cambio climático (adaptación) y habría menos personas que emitirían GEI (reducción)[37]. Lo cierto es que las emisiones están directamente relacionadas con el nivel de desarrollo y el tipo de cultura. "En 1600, la Tierra tenía 500 millones de habitantes y unas 270 moléculas de CO" por millón de moléculas en el aire (PPM). En 2000, la tierra tenía 6.000 millones de habitantes y unas 370 PPM. Allí donde la población se multiplicó por doce, la basura en el aire solo se multiplicó por 0,4. O sea: somos bastante malos produciendo CO" o, por lo menos, somos mucho mejores produciendo personas que gases de efecto invernadero"[38]. A esta información cabe añadir la relativa a las EGEI per capita de los países del mundo. Y entonces nos encontramos con que el países más poblado, que es India, las EGEI per capita son de 1.2 toneladas, mientras

---

34 BENATAR, D., *Better Never to Have Been: The Harm Of Coming Into Existence*, New York, Oxford, 2006

35 KIRSCH, A., *The Revolt Against Humanity: Imagining a Future Without Us*, New York, Columbia Global Reports, 2023.

36 LEHMANN, L. S., "Is Editing the Genome for Climate Change Adaptation Ethically Justifiable?", *AMA J Ethics*, 19(12), pp. 1186-1192.

37 STEPHENSON, J., NEWMAN, K., MAYHEW, S., "Population dynamics and climate change: what are the links?", *Journal of Public Health*, vol. 32, n. 2, 2010, pp. 150–156.

38 CAPARRÓS, M., *Contra el cambio*, Barcelona, Anagrama, 2010, p. 43.

que en Estados Unidos es de 15 toneladas y en Canadá de 18. Eso quiere decir que el problema del cambio climático no está tanto en la población sino en la EGEI per capita[39]. Mientras el modelo económico basado en el extractivismo y las energías fósiles no se expandió, las EGEI fueron reducidas a pesar de los incrementos de población en la Tierra. Por eso, más que dejarse llevar por el miedo a los humanos, deberíamos tomar conciencia de la necesidad de vivir con menos y con menor impacto, tratando de garantizar a todos lo suficiente para vivir con dignidad.

3. El reto político: Entre el fundamentalismo y la hipocresía

La lucha contra el cambio climático se mueve entre el fundamentalismo ecologista de las clases acomodadas, ajeno a las necesidades de desarrollo de una importante porción de la humanidad, y la hipocresía del *green-washing*, que reduce la acción por el clima a un eslogan, una marca o una acción tan aparente como inocua[40]. Resulta llamativo que la tendencia de las corporaciones al *green-washing* haya aumentado en frecuencia y complejidad en los últimos años, de manera sostenida. Se podría pensar que la gobernanza social y ambientalmente responsable, lejos de consolidarse y avanzar, estaría siendo objeto de instrumentalización por las corporaciones e incluso por las administraciones públicas[41]. La impostada alarma que transmi-

---

39 WORLD METERS, https://www.worldometers.info/co2-emissions/co2-emissions-per capita/

40 Juan Manuel de Prada sostiene que ese fundamentalismo/fanatismo no es tanto el de los que abominan de los combustibles fósiles sin cuidarse de las consecuencias sociales que su pronto abandono traería consigo sino el de los que se empeñan en negar la existencia de una crisis climática; DE PRADA, J.M., "Fanáticos e hipócritas", *XL Semanal*, 15 de diciembre de 2019, p. 11.

41 REPRISK, *ESG Report: Spotting greenwashing with ESG data*, 2022, https://www.reprisk.com/news-research/reports/spotting-green-

ten los medios de comunicación cada año durante las semanas en que tiene lugar la Conferencia de la Partes en el Convenio Marco contra el Cambio Climático, es expresión de esa falta de compromiso real.

El elitismo de ciertas formas de ecologismo tiene raíces profundas porque ya lo encontramos presente en el origen mismo del ecologismo estadounidense, que al tiempo que propugnaba la preservación de determinados espacios naturales, se desentendía de las dañinas condiciones ambientales en las que vivían muchos colectivos. El movimiento por la justicia ambiental, surgido en los años ochenta de la década pasada, denunció esa visión y propuso una alternativa más social y menos biologicista-elitista[42].

Como acabamos de ver, estos tres retos (epistemológico, ético y político) tienden a ser afrontados desde posiciones dicotómicas y extremas. Frente a estas respuestas, sumamente disfuncionales, urge desarrollar una alternativa sustentada en la sabiduría y prudencia. Sabiduría para tener una comprensión integral del reto que supone el desarrollo sostenible y la lucha contra el cambio climático; y prudencia para dar con los cursos de acción más razonables en cada momento. Pero no es fácil hablar de sabiduría en un mundo en el que las certeras preguntas de T.S. Eliot mantienen todo su vigor: "Where is the wisdom we have lost in knowledge? Where is the knowledge we have lost in information?"[43]. Por lo demás, la prudencia, entendida en el sentido aristotélico como razón práctica tampoco forma parte hoy en día de la cultura que informa el modo

washing-with-esg-data

42 BELLVER CAPELLA, V., "El movimiento por la justicia ambiental, entre ecologismo y los derechos humanos", *Anuario de Filosofía del Derecho,* nn. 12-13, 1996-1997, pp. 327-348.

43 ELIOT, T.S., *Choruses from The Rock,* 1934.

ordinario de afrontar las tomas de decisión tanto en los planos individual como colectivo[44].

Afortunadamente no todo son dificultades. El objetivo de desarrollo sostenible 13, de la Acción por el clima, y la Agenda 2030 en su conjunto, está planteados en tales términos que colocan al ser humano en el centro del interés y de la acción política: "La presente Agenda es un plan de acción en favor de las personas, el planeta y la prosperidad... Al emprender juntos este viaje, prometemos que nadie se quedará atrás"[45]. La preocupación por el clima no es ajena a las necesidades de las personas sino que, por el contrario, es una forma más, y especialmente importante, de atenderlas. Ese es el espíritu que informó las dos grandes declaraciones universales sobre el medio ambiente. El Principio I de la Declaración de Estocolmo de 1972 proclamó: "El hombre tiene el derecho fundamental a la libertad, la igualdad y el disfrute de condiciones de vida adecuadas en un medio de calidad tal que le permita llevar una vida digna y gozar de bienestar, y tiene la solemne obligación de proteger y mejorar el medio para las generaciones presentes y futuras". El Principio I de la Declaración de Rio reafirmó este espíritu: "Los seres humanos constituyen el centro de las preocupaciones relacionadas con el desarrollo sostenible. Tienen derecho a una vida saludable y productiva en armonía con la naturaleza". En ambos casos se reconoce que el cuidado de la casa común es una exigencia primaria y prioritaria para garantizar a todas las personas unas condiciones dignas para vivir[46].

---

44 MARCOS, A., "Aprender haciendo: paideia y phronesis en Aristóteles", *Educação*, vol. 34, núm. 1, 2011, pp. 13-24.

45 ASAMBLEA GENERAL DE NACIONES UNIDAS, *Transformar nuestro mundo: la Agenda 2030 para el Desarrollo Sostenible*, 25 de septiembre de 2015, Preámbulo.

46 BELLVER CAPELLA, V., *Ecología, de las razones a los derechos*, cit., pp. 185-209.

Mi abuela me enseñó que la naturaleza nos procuraba lo necesario, nos llenaba de belleza y nos obligaba a un comportamiento responsable. ¿Seremos capaces las madres y los padres de hoy de persuadir a nuestros hijos de la excelencia de esta forma de relacionarnos con la naturaleza? Solo lo lograremos si somos coherentes con este planteamiento tanto en las políticas públicas como en la vida privada, prestando una atención especial a la educación entendida como política pública y como responsabilidad parental.

III. DAR (Y REPARAR) A CADA UNO LO SUYO: LA JUSTICIA CLIMÁTICA SE ABRE PASO

Mi abuela tenía razón. Si queremos una humanidad que cultive la tierra como un jardín, que la cuide como algo que ha recibido para poderla entregar a otros, debemos empezar con un testimonio personal coherente que se convierta en una fuerza educativa para nuestros hijos[47]. Solo así puede florecer una cultura con capacidad de generar cambios profundos en nuestra relación con el ambiente. Mientras no exista, las políticas siempre serán insuficientes o no se implementarán en su totalidad. Por el momento, las políticas sociales y ambientales de responsabilidad corporativa tienden a degenerar en greenwashing, las políticas climáticas de los estados están totalmente condicionadas por la coyuntura económica del momento, y los ciudadanos interiorizan con lentitud el cambio de cultura, valores y actitudes que podría dar lugar a sociedades descarbonizadas. Más aún, muchos ciudadanos manifiestan un desafecto

---

47 BELLVER CAPELLA, V., "La Declaración Universal de Derechos Humanos y la educación para el desarrollo sostenible"; en: ARENAS-DOLZ, F., DE TIENDA PALOP, L., GRACIA CALANDÍN, J. (eds.), *Retos de la educación ante la Agenda 2030. Los ODS entre el humanismo y la ecología*, Valencia, Tirant lo Blanch, 2020, pp. 29-42.

creciente hacia las políticas contra el cambio climático porque las consideran totalmente desconectadas de la dura realidad que deben afrontar. Más aún, en muchos casos comprueban que esas medidas les ponen en una situación todavía más difícil de la que se encuentran.

Más allá de las estrategias que se puedan acordar para tratar de acelerar esos cambios, quizá el primer punto consista en reconocer que el cambio climático es, ante todo, un problema de justicia. Como escribió Francisco en Laudato Si' "hoy no podemos dejar de reconocer que un verdadero planteo ecológico se convierte siempre en un planteo social, que debe integrar la justicia en las discusiones sobre el ambiente, para escuchar tanto el clamor de la tierra como el clamor de los pobres"[48].

El cambio climático no es un hecho de la naturaleza que nos ha venido dado, sino un problema causado por la actividad humana, que tiene graves efectos negativos sobre la vida de las personas en todo el mundo, siendo mayores en unos casos que en otros.

Desde la época industrial se han venido emitiendo gases de efecto invernadero. Estas emisiones han ido creciendo de forma sostenida hasta el presente. A medida que el crecimiento económico alcanzaba a más países, las tasas anuales de emisión iban aumentando. A mediados del siglo pasado aproximadamente se descubrió la relación de causalidad existente entre el incremento acelerado de la temperatura media del planeta y el incremento de las emisiones de gases de efecto invernadero (EGEI). No se puede decir, al menos desde que se tiene conocimiento de esta relación causal, que los países no sean responsables de las emisiones que han hecho a partir de ese momento. En 1992 se aprobó el Convenio Marco de lucha contra el Cambio Climático, que ha sido ratificado

---

48 FRANCISCO, *Encíclica Laudato Si'*, cit., n. 49.

por la práctica totalidad de países del mundo: 197 países y una organización de integración regional, la UE. Esta convención tuvo una primera y fallida concreción en el Protocolo de Kioto de 1997. Desde 2015, las obligaciones para los estados parte en ese convenio vienen determinadas por el Acuerdo de París. Mientras que en Kioto se estableció una lista de países que tenían que reducir emisiones y las cantidades que tenían que ir reduciendo, en el Acuerdo de París se establece que son todos los países, y no solo los más desarrollados, los que tienen que reducir las emisiones. Pero, a cambio, París no establece unas cuotas a las que estén obligados los estados, sino que cada uno de ellos determina su nivel de compromiso y da cuenta de su grado de cumplimiento.

Aunque ha pasado bastante desapercibido para la opinión pública mundial, en marzo de 2023, la Asamblea General de Naciones Unidas aprobó por consenso una resolución en la que solicitaba a la Corte Internacional de Justica (CIJ) su parecer sobre "las obligaciones que incumben a los estados" en la protección del sistema climático "para las generaciones presentes y futuras". La resolución fue fruto de la iniciativa de Vanuatu, uno de los pequeños estados insulares del Pacífico en riesgo de desaparecer como consecuencia del aumento del nivel de los océanos. Este tipo de pronunciamientos de la CIJ no tiene carácter vinculante, pero tiene una enorme fuerza simbólica y constituye una referencia para los legisladores y, sobre todo, los tribunales de los estados miembros de la ONU. Como el Acuerdo de París no obliga a adoptar unos determinados compromisos de reducción de emisiones, la meta última que persigue la resolución de la Asamblea General de Naciones Unidas dirigida al CIJ es lograr un pronunciamiento en tales términos que interpele a la comunidad de los estados, y en particular a los principales emisores, a comprometerse a reducir drásticamente las EGEI.

Habrá que estar pendiente de lo que acuerde la CIJ. Si entra en el fondo de la cuestión planteada, seguramente definirá un marco de compromiso por parte de los estados en la lucha contra el cambio climático. Se aumentarán así las opciones de lograr el objetivo principal del Acuerdo de París, que no es otro que evitar que la temperatura del planeta se incremente más de 1.5 grados con respecto a la etapa preindustrial. Conviene recordar que, en este momento, el incremento de la temperatura ya alcanza 1 grado y sigue subiendo. Por tanto, el margen temporal para conseguir el objetivo de París es extremadamente reducido.

No es exagerado afirmar que esta iniciativa es la más importante a nivel jurídico y a escala universal que se ha emprendido para luchar contra el cambio climático desde la aprobación del Acuerdo de París. El fundamento sobre el que se sostiene no es otro que la justicia climática: el deber de los estados de garantizar la igualdad y los derechos humanos de todas las personas frente a las amenazas del cambio climático. Por ello, la norma última que se invoca es la Declaración Universal de Derechos Humanos.

Vale la pena reproducir el texto íntegro de la cuestión sobre la cual la Asamblea General solicita a la CIJ que emita una opinión consultiva:

"Teniendo especialmente en cuenta la Carta de las Naciones Unidas, el Pacto Internacional de Derechos Civiles y Políticos, el Pacto Internacional de Derechos Económicos, Sociales y Culturales, la Convención Marco de las Naciones Unidas sobre el Cambio Climático, el Acuerdo de París, la Convención de las Naciones Unidas sobre el Derecho del Mar, el deber de diligencia debida, los derechos reconocidos en la Declaración Universal de Derechos Humanos, el principio de prevención de daños significativos al medio ambiente y el deber de proteger y preservar el medio marino:

a) ¿Cuáles son las obligaciones que tienen los Estados en virtud del derecho internacional de garantizar la protección del sistema climático y otros elementos del medio ambiente frente a las emisiones antropógenas de gases de efecto invernadero en favor de los Estados y de las generaciones presentes y futuras?;

b) ¿Cuáles son las consecuencias jurídicas que se derivan de esas obligaciones para los Estados que, por sus actos y omisiones, hayan causado daños significativos al sistema climático y a otros elementos del medio ambiente, con respecto a:

   i) Los Estados, incluidos, en particular, los pequeños Estados insulares en desarrollo, que, debido a sus circunstancias geográficas y a su nivel de desarrollo, se ven perjudicados o especialmente afectados por los efectos adversos del cambio climático o son particularmente vulnerables a ellos;

   ii) Los pueblos y las personas de las generaciones presentes y futuras afectados por los efectos adversos del cambio climático?"[49].

Como cabía prever, los dos países que acumulan la mayor parte de EGEI del mundo, Estados Unidos y China, no se adhirieron a esta solicitud. Más bien, mostraron su recelo a que la vía seguida para esta importante lucha se quisiera llevar a cabo por medios más coercitivos que buscando consensos. Podría dar la impresión de que la estrategia de recabar una opinión consultiva a la CIJ para que reconozca importantes obligaciones de los estados y, consecuentemente, responsabilidades ante los efectos más negativos que puedan producirse supo-

---

[49] ASAMBLEA GENERAL DE NACIONES UNIDAS, *Resolución acerca de la Solicitud de una opinión consultiva a la Corte Internacional de Justicia sobre las obligaciones de los Estados con respecto al cambio climático*, 29 de marzo de 2023, A/RES/77/276. Para un seguimiento detallado de la tramitación de esta solicitud, cfr. INTERNATIONAL COURT OF JUSTICE, *Obligations of States in respect of Climate Change*, 2024, https://www.icj-cij.org/case/187

ne una vuelta al régimen de Kioto. Entonces se impusieron obligaciones de reducir las EGEI a los estados desarrollados. Ahora, por vía jurisdiccional, no se estarían imponiendo unas obligaciones concretas de reducir las EGEI, pero se estaría generando un mecanismo de responsabilidad para los estados con más emisiones en caso de que se produjeran catástrofes. Habrá que estar pendiente de los términos en los que la CIJ elabora esa opinión consultiva y el alcance jurídico que pueda llegar a tener.

IV. JUSTICIA CLIMÁTICA, UNA UTOPÍA NECESARIA

Al concepto de justicia podemos aproximarnos desde dos perspectivas principales: una ético-política y otra jurídica. A su vez, cada una de ellas puede entenderse de diversas formas. En el apartado anterior he hecho una somera mención a las iniciativas jurídicas de alcance universal más relevantes que se han adoptado desde la Conferencia de Rio de 1992, en la que se aprobó la Convención Marco de Naciones Unidas sobre el Cambio Climático (CMNUCC), hasta el momento presente. En lo que sigue quiero presentar una concepción ético-política propia de la justicia climática para someterla a discusión. Soy consciente de la radicalidad de la propuesta[50] y, en consecuencia, de su carácter utópico. Pero no veo forma de suavizarla, por la gravedad de la injusticia que tiene que revertir y por la urgencia con la que se debería actuar si no queremos multipli-

50 Se han distinguido cuatro marcos definidores de la justicia climática: el radical, el oportunista, el hipócrita, y el evasivo. Claramente la propuesta que presento se encuadra en el primer grupo; LEFSTAD, L., PAAVOLA, J., "The evolution of climate justice claims in global climate change negotiations under the UNFCCC", *Critical Policy Studies*, 2023, pp. 1–26. https://doi.org/10.1080/19460171.2023.2235405

car el número de víctimas futuras provocados por este estado de injusticia.

El planteamiento de partida es sencillo. La atmósfera es un bien común del que todos nos beneficiamos. Una de sus utilidades consiste en recibir las EGEI generadas fundamentalmente por el uso de las energías fósiles. Estas fuentes de energía nos han permitido un crecimiento económico inédito en la historia de la humanidad, pero a costa de alterar peligrosamente las condiciones climáticas. En la actualidad, el presupuesto de carbono, es decir, la cantidad total de GEI que se pueden verter a la atmósfera sin correr el riesgo de incrementos peligrosos de la temperatura media del planeta empieza a ser muy reducido. Para calcular esa cantidad se utilizan tres posibles incrementos de la temperatura: 1.5, 1.7 y 2 grados. Pues bien, según un estudio reciente, el presupuesto de carbono quedaría reducido a 380.000 millones de toneladas de CO2 si se quiere mantener el límite de calentamiento global por debajo de 1,5 grados. Teniendo en cuenta que en 2022 se emitieron en torno a 40.000 millones de toneladas de GEI, si se mantiene ese nivel de emisiones, existe un 50 % de posibilidades de que se alcance el umbral de las 380.000 toneladas en tan solo 9 años a partir de 2023. El presupuesto de carbono restante con un calentamiento limitado a 1,7 °C y 2 °C es de 740.000 millones de toneladas de CO2 (consumidas en 18 años) y 1230 millones de toneladas de CO2 (consumidas en 30 años), respectivamente, con los niveles de emisión actuales[51]. Si nos fijamos en el incremento de las concentraciones atmosféricas de dióxido de carbono (CO2), en 2022 alcanzaron las 419,2 partículas por millón (ppm), un 51% por encima de los niveles preindustriales. Quedan así muy lejos del umbral de las 350 ppm que se fijó a principios de este siglo como límite

---

51 GLOBAL CARBON PROJECT, *Fossil CO2 emissions at record high in 2023*, 4 de diciembre de 2023, https://globalcarbonbudget.org/fossil-co2-emissions-at-record-high-in-2023/

máximo de concentración de GEI a partir del cual los efectos en el clima, en el ambiente y en las condiciones de vida de las personas iban a ser imprevisibles y gravemente peligrosas[52].

La cuestión que se plantea ante este estado de cosas es doble: ¿cómo se debe distribuir el presupuesto restante del carbono entre los países del mundo? ¿Existe algún medio de garantizar el cumplimento de lo que se acuerde respecto de la distribución de ese presupuesto? La respuesta a la primera pregunta parece clara: todo el presupuesto de carbono disponible debería ponerse a disposición de los países que menos han contribuido a crear el problema y que más necesitan desarrollarse. Sin embargo, la respuesta a la segunda pregunta todavía lo es más: nadie puede garantizar el cumplimento de ese objetivo[53].

---

52 En la COP 15 celebrada en Copenhagen en 2009 tuvo lugar uno de los mayores fracasos para la causa del cambio climático hasta el momento. Estados Unidos, presidido entonces por Barack Obama, se opuso a renovar el Protocolo de Kioto y las expectativas de mantener como límite de la concentración de GEI en 350 ppm se esfumaron. Bill McKibben, uno de los primeros en dar a conocer al gran público el problema del cambio climático, había logrado aglutinar un amplio movimiento social dirigido a conseguir ese objetivo. Desde entonces, la situación no ha hecho más que empeorar. MCKIBBEN, B., *El fin de la naturaleza,* Barcelona, Ediciones B, 1990; BELLVER CAPELLA, V., "El Derecho frente al cambio climático: ascenso y decadencia del Protocolo de Kioto", en: FERNÁNDEZ RUIZ-GÁLVEZ, E., GARIBO PEYRÓ, A.P. (EDS.), *El futuro de los derechos humanos*, Valencia, Tirant lo Blanch, 2016, pp. 208-238.

53 Ferrajoli sostiene que solo probando una Constitución de la Tierra que introduzca un demanio planetario para la tutela de los bienes vitales de la naturaleza podría conseguir ese objetivo. Según él, el proyecto de una Constitución de la Tierra no es una hipótesis utópica, sino la única respuesta racional y realista capaz de limitar los poderes salvajes de los estados y los mercados en beneficio de la habitabilidad del planeta y de la supervivencia de la humanidad. Sin embargo, desde una perspectiva mínimamente realista, esta propuesta resulta del todo inviable en el momento presente. Y, si bien

Las Conferencias de las Partes (COP) en la CMNUCC ponen de manifiesto año tras año las posibilidades y límites de alcanzar acuerdos efectivos en la lucha contra el cambio climático. El principio de responsabilidades comunes pero diferenciadas consagrado en los arts. 3 y 4 del CMNUCC informa las negociaciones entre los países. Sin embargo, está lejos de influir lo suficiente como para que, por un lado, el presupuesto de carbono se reserve para los países más necesitados y, por otro, los países desarrollados transfieran los recursos financieros y tecnológicos que permitan a todos los demás (en especial a los más vulnerables) contar con la capacidad para mitigar las EGEI, adaptarse a los cambios, evitar o reducir los daños y las pérdidas ocasionados por el cambio climático. A la vista de esta situación, no parece que la justicia climática sea la que esté inspirando las políticas que se van adoptando a escala universal. Ello no quiere decir que necesariamente vayan a fracasar. Aunque resultaran exitosas, seguirían siendo unas políticas injustas. Primero, porque habrían distribuido desigualmente los costes de la transición ecológica entre las personas y los países. Y, segundo, porque no habrían reparado debidamente los daños ocasionados a los países más vulnerables, aquellos que menos han contribuido a crear el problema y más sufren sus consecuencias.

A mi parecer, las cinco notas que identifican la justicia climática son: Anticapitalista, Ecofeminista, Intergeneracional, Ontológica y Universal. En primer lugar, la justicia climática presupone que la naturaleza es una realidad *ontológica*, provista de valor por sí misma, por lo que la relación del ser humano con la naturaleza no puede ser meramente instrumental. En consecuencia, la justicia climática es *anticapitalista*, en cuanto

---

tiene visos de razonabilidad, tampoco podemos perder de vista los riesgos que entraña la generación de una instancia con poder efectivo de alcance universal; FERRAJOLI, L., *Por una Constitución de la tierra. La humanidad en la encrucijada*, Madrid, Trotta, 2023.

que se asienta sobre el presupuesto contrario al de la total mercantilización de la realidad propio del capitalismo, y propone un modelo *ecofeminista*, asentado sobre la dimensión del cuidado de la naturaleza y de todos los seres humanos. Finalmente, la justicia climática tiene un alcance universal que se manifiesta tanto en el plano sincrónico (justicia *universal e inclusiva*) como en el diacrónico (justicia *intergeneracional*). Voy a referirme a cada una de estas cinco características.

1. *Justicia ontológica*

La mayor parte de los movimientos por la justicia climática sostienen que el medio ambiente no es solo el entorno en los que el ser humano desarrolla su vida: es elemento esencial que la sustenta y provee de significado[54]. En consecuencia, la relación del ser humano con el ambiente no tiene un carácter exclusivamente instrumental, limitado a satisfacer nuestras necesidades y deseos. El ser humano desarrolla en plenitud su existencia individual y colectiva[55] en la medida en que se ocupa

---

54 "Si realmente queremos hacer frente a esta crisis, necesitamos entender que la especie humana forma parte tanto de la naturaleza como de la sociedad, y que no puede existir sin ellas. Por tanto, si queremos que la humanidad sobreviva, tenemos que respetar la integridad de la Madre Tierra y tenemos que esforzarnos por conseguir la armonía con la naturaleza y la paz dentro y entre las culturas. Somos, al mismo tiempo, ciudadanos de diferentes países y de un solo mundo. Todos compartimos la responsabilidad por el bienestar presente y futuro de la familia humana y de todos los demás seres vivos"; PEOPLES' CLIMATE SUMMIT, *System change – not climate change. A People's Declaration from Klimaforum09*, 9 de diciembre de 2009, https://climateandcapitalism.com/2009/12/14/klimaforum-a-peoples-declaration-on-climate-change/

55 "La tierra es un hogar común para todas las especies. Por lo tanto, buscamos afirmar nuestro papel y responsabilidades como guardianes de los ecosistemas de nuestro planeta y la delicada red de

de la administración, cuidado y contemplación del ambiente. El punto de partida y llegada es la gratitud y el disfrute de lo recibido, que mueve a disfrutar y a comprometerse . A partir de y empeño por procurar para todos unas condiciones de vida dignas.[56] Desde esta perspectiva, en la que el ambiente tiene siempre una condición material y trascendente a la vez, el desarraigo (entendido como el alejamiento de la tierra natal que nos procura los recursos vitales) es percibido como un mal, no solo porque dificulta nuestras condiciones de vida sino porque nos aparta del hogar en el que somos acogidos. Son muchas las tradiciones culturales, religiosas y filosóficas que ven así la tierra. Un ejemplo de ello es la Pachamama, la Madre Tierra andina, que ha sido mencionada en las Constituciones de Ecuador y Bolivia. Pero también podemos referirnos a otras: la visión sobre la naturaleza ofrecida por el jefe indio Seattle en su famosa, aunque quizá apócrifa, carta dirigida al Presidente de los Estados Unidos Franklin Pierce en 1855, en la que afirmaba que "cada pedazo de esta tierra es sagrado para mi pueblo" [57], haciéndose eco del sentir de muchos de los pueblos indígenas[58]; la concepción franciscana acerca de la relación fraternal entre el ser humano y los animales, la naturaleza y el

---

vida que lo sostiene"; CLIMATE JUSTICE CHARTER MOVEMENT (South Africa), *Climate Justice Charter*, 2020, https://cjcm.org.za/the-charter/en. "Requerimos forjar un nuevo sistema que restablezca la armonía con la naturaleza y entre los seres humanos. Sólo puede haber equilibrio con la naturaleza si hay equidad entre los seres humanos"; CONFERENCIA MUNDIAL DE LOS PUEBLOS SOBRE EL CAMBIO CLIMÁTICO Y LOS DERECHOS DE LA MADRE TIERRA, 22 de abril de 2010, Cochabamba, Bolivia, https://cmpcc.wordpress.com/acuerdo-de-los-pueblos/

56 BALLESTEROS, J., *Ecologismo personalista*, Tecnos, Madrid, 1995.

57 CHIEF SEATTLE'S LETTER, http://www.csun.edu/~vcpsy00h/seattle.htm

58 RAMÍREZ-GARCÍA, H.S., "Formas de vida de los pueblos originarios y el medio ambiente: una reivindicación desde el ecofeminismo", *Cuadernos de Bioética*, vol. 31, no. 103, 2020, pp. 331-342.

cosmos en su conjunto[59]; o la filosofía del arraigo sostenida por Heidegger[60].

2. *Justicia ecofeminista*

De acuerdo con lo que acabo de indicar, la naturaleza tal como nos fue dada, no es un simple conjunto de materias primas sobre las que el poder técnico del ser humano puede intervenir hasta desfigurarlas por completo y convertirlas en medios exclusivamente orientados a satisfacer las demandas potencialmente ilimitadas del ser humano. La naturaleza es un bien colectivo esencial, que provee a las necesidades materiales y espirituales, individuales y colectivas, de las generaciones presentes y futuras. La mujer y los valores que históricamente le han atribuido la mayor parte de las culturas, dejan de verse como algo puesto al servicio del varón y de la reproducción y cuidado de la vida, y se convierten en paradigma de la relación con una naturaleza, a la que no cabe violentar sino únicamente cuidar[61]. La acción humanizadora y socializadora por antono-

---

59 FRANCISCO, *Discurso del Santo Padre Francisco a los participantes en el encuentro mundial de movimientos populares*, 28 de octubre de 2014, http://www.vatican.va/content/francesco/es/speeches/2014/october/documents/papa-francesco_20141028_incontro-mondiale-movimenti-popolari.html

60 "La Serenidad para con las cosas y la apertura al misterio nos abren la perspectiva hacia un nuevo arraigo", HEIDEGGER, M., *Serenidad*, Ediciones del Serbal, Barcelona, 2002, p. 80.

61 "Los resultados sugieren que las mujeres y el medio ambiente son dimensiones interconectadas de la explotación, de modo que los daños ecológicos debilitan la condición de la mujer. Por el contrario, encontramos que las naciones con mayor representación femenina en los órganos de gobierno tienen huellas climáticas más bajas... Las conclusiones apuntan al potencial de la igualdad de género y la mejora de la condición de la mujer en todo el mundo para frenar el cambio climático"; MCKINNEY L. y FULKERSON G., "Gender

masia no consiste tanto en la dominación ejercida monopolísticamente por el varón a lo largo de la historia, sino en el cuidado[62]. Ambas tareas deben ser desempeñadas igualmente por mujeres y varones[63]. En consecuencia, los cuidados adquieren una dimensión pública y se comparten, al igual que el dominio técnico, que se pone al servicio de esos cuidados. Y así mujeres y varones alcanzan su pleno desarrollo personal en el hacerse cargo conjuntamente del cuidado de la vida, del trabajo productivo y de la política.

Un ámbito en el que se pone destacadamente de manifiesto la interacción armónica entre el ser humano y la naturaleza es la agricultura. Los movimientos por la justicia climática han hecho de la defensa de la agricultura sostenible, desarrollada por las comunidades locales de acuerdo con sus culturas propias, una exigencia fundamental para su consecución. Puesto que la mujer desempeña un papel protagonista en la agricultura así entendida, se le debe reconocer un papel destacado a la hora de decidir las políticas agrarias y de alimentación[64].

Equality and Climate Justice: A Cross-National Analysis", *Social Justice Research*, vol. 28, 2015, p. 293, https://link.springer.com/article/10.1007/s11211-015-0241-y

62 "Por lo tanto, si la humanidad ha de sobrevivir, necesitamos respetar la integridad de la Madre Tierra y luchar por la armonía con la naturaleza y por la paz interior y entre culturas"; PEOPLES' CLIMATE SUMMIT, *System change – not climate change. A People's Declaration from Klimaforum09*, cit.

63 BALLESTEROS, J., *Ecologismo personalista*, cit., pp. 34-39; MIES, M. y SHIVA, V., *Ecofeminismo. Teoría, crítica y perspectivas*, Barcelona, Icaria, 2016, pp. 465 ss.

64 "Defender el derecho de los pueblos, comunidades y países a establecer sus propios sistemas de producción, incluyendo las políticas de agricultura, pesca, alimentación, bosques y territorio que sean apropiadas para sus circunstancias desde un punto de vista ecológico, social, económico y cultural. Se debe respetar y garantizar el acceso de las personas, especialmente de las mujeres, al control de los recursos productivos tales como la tierra, las semillas y el agua",

3. *Justicia anticapitalista*

Aunque el término "anticapitalista" suele asociarse al marxismo, ideología que solo da cuenta de algunos de los movimientos que alientan tras la justicia climática, he preferido utilizarlo porque refleja con claridad el repudio que la justicia climática hace del sistema capitalista financiero dominante, y porque el anticapitalismo no entraña en sí mismo el rechazo de la libertad de mercado como modo de organizar la actividad económica[65]. Por tanto, la meta de acabar con el capitalismo, como sistema hegemónico que se metamorfosea continuamente para seguir ordenando no solo la economía sino el conjunto de la convivencia humana, no significa manifestarse necesariamente contra el libre mercado sino abogar por un nuevo modelo de organización económica y social en el que la satisfacción de las necesidades básicas de cada ser humano, el cuidado del bien común que es la naturaleza, y la libre iniciativa individual puedan conciliarse.

Cuando el ser humano deja de verse como depositario de un tesoro que tiene que custodiar en favor de las generaciones presentes y futuras, y renuncia a encontrar un significado trascendente a la naturaleza, reducida a mera mercancía, establece una relación puramente instrumental con el ambiente y el clima, que acaba volviéndose contra sí mismo[66]. Así las cosas, el

---

PEOPLES' CLIMATE SUMMIT, *System change – not climate change. A People's Declaration from Klimaforum09*, cit.

65 BALLESTEROS, J., *Domeñar las finanzas, cuidar la naturaleza*, Tirant lo Blanch, Valencia, 2021.

66 "Esta mentalidad depredadora que tiende a presentar la naturaleza como chivo expiatorio no ha conducido a la sociedad idílica soñada por el progresismo de la modernidad, sino que ha llevado a una triple carencia: la desnutrición de una buena parte de la población, la destrucción potencial ilimitada del planeta y el desarraigo respecto al genuino habitar humano"; BALLESTEROS, J., "Hacia un modo ecológico de pensar", *Anuario Filosófico*, vol. 20, 1985, p. 170.

interés de los más pudientes se impone sobre la satisfacción de las necesidades básicas para todos.

La justicia climática entiende que el clima es un bien común esencial (lo que los romanos denominaban una *res communis omnium*), que todos tenemos el mismo derecho de disfrutar y el mismo deber de cuidar. Nadie se puede apropiar de él, ni puede comerciar con él (es una *res extra commercium*). Esta visión se enfrenta radicalmente al capitalismo entendido como aquel modelo económico en el que toda la realidad tiene un carácter venal, el mercado es el único agente de distribución de los bienes, y el objetivo es la dominación y el crecimiento continuo[67]. Esta forma de entender la economía es la causa última de la crisis climática que padecemos. De ahí que, mientras siga vigente la lógica capitalista, resultará inevitable que se imponga el objetivo del crecimiento sostenido y excluyente[68] por más que se hable de desarrollo sostenible e inclusivo. Este modo de proceder, en el que el capitalismo necesita y simultáneamente menosprecia a la naturaleza, es el propio de un caníbal que devora sus propios órganos vitales"[69]

---

[67] La Carta de Sudáfrica sobre Justica Climática tiene, entre sus objetivos, "romper con el pensamiento que provocó la crisis y que refuerza la obsesión por el crecimiento, el progreso y la dominación"; CLIMATE JUSTICE CHARTER MOVEMENT (South Africa), *Climate Justice Charter*, cit.

[68] "Cuando el capital se convierte en ídolo y dirige las opciones de los seres humanos, cuando la avidez por el dinero tutela todo el sistema socioeconómico, arruina la sociedad, condena al hombre, lo convierte en esclavo, destruye la fraternidad interhumana, enfrenta pueblo contra pueblo y, como vemos, incluso pone en riesgo esta nuestra casa común, la hermana y madre tierra"; FRANCISCO, *Discurso en el II Encuentro Mundial de los Movimientos Populares*, Santa Cruz de la Sierra (Bolivia), 9 de julio de 2015, http://www.vatican.va/content/francesco/es/speeches/2015/july/documents/papa-francesco_20150709_bolivia-movimenti-popolari.html

[69] FRASER, N., *Capitalismo caníbal*, Madrid, Siglo XXI, 2023, p. 137.

En el ámbito climático el capitalismo se ha proyectado a través de innumerables propuestas de economía verde, que son sistemáticamente rechazadas desde los movimientos por la justicia climática[70]. La mercantilización de la sociedad que trae consigo el capitalismo se ha concretado en las últimas décadas en una fórmula especialmente letal para el ser humano, sus mismas actividades productivas y culturales, y la naturaleza en su conjunto: la financiarización de la economía, en la que el contacto con los objetos reales y las actividades productivas queda reemplazado por la abstracción especulativa.[71]

Los movimientos por la justicia climática han señalado al capitalismo como causa del desafío al que nos enfrentamos. El Acuerdo de los Pueblos de Cochabamba afirmó: “El sistema capitalista nos ha impuesto una lógica de competencia, progreso y crecimiento ilimitado. Este régimen de producción y consumo busca la ganancia sin límites, separando al ser humano de la naturaleza, estableciendo una lógica de dominación sobre ésta, convirtiendo todo en mercancía (...). Bajo el capitalismo, la Madre Tierra se convierte en fuente sólo de materias primas y los seres humanos en medios de producción y consumidores, en personas que valen por lo que tienen y no por lo que son.

---

70 “Repudiamos y denunciamos la economía verde como una nueva máscara para ocultar mayores niveles de codicia de las corporaciones y del imperialismo alimentario en el mundo y como una forma brutal de lavarle la cara al capitalismo, que sólo impone falsas soluciones como la agricultura climáticamente inteligente, como el comercio de carbono, REDD, la geoingeniería, los transgénicos, los agrocombustibles, el biocarbono y todas las soluciones de mercado a la crisis ambiental”; Vía Campesina, *Posicionamiento Político de La Vía Campesina: Justicia Climática y Ambiental, YA!*, 4 de diciembre de 2014, https://viacampesina.org/es/posicionamiento-politico-de-la-via-campesina-justicia-climatica-y-ambiental-ya/

71 BALLESTEROS, J., *Domeñar las finanzas, cuidar la naturaleza*, cit.; BALLESTEROS, J., “El futuro del derecho como lucha contra la idolatría tecnológica”, *Persona y Derecho*, vol. 79, no. 2, 2018, pp. 37-50.

La humanidad está frente a una gran disyuntiva: continuar por el camino del capitalismo, la depredación y la muerte, o emprender el camino de la armonía con la naturaleza y el respeto a la vida"[72]. La PanAfrican Climate Justice Alliance no denuncia directamente al capitalismo pero reivindica la existencia de una deuda climática de los países desarrollados hacia los países en desarrollo que no se sostiene sobre los parámetros del mercado sino de la equidad[73]. En Europa, la red *Climate Justice Alliance* aprobó una declaración titulada *What does Climate Justice mean in Europe?* En la que proclamaba: "La justicia climática significa reconocer que el paradigma de crecimiento capitalista, que conduce a la sobreextracción, sobreproducción y sobre-

---

72 CONFERENCIA MUNDIAL DE LOS PUEBLOS SOBRE EL CAMBIO CLIMÁTICO Y LOS DERECHOS DE LA MADRE TIERRA, *Acuerdo de los Pueblos*, 22 de abril de 2010, cit.

73 "Los países desarrollados han emitido casi tres cuartas partes de todas las emisiones históricas, pero representan menos de un quinto de la población del planeta. En función de sus emisiones excesivas, esta minoría rica se ha apropiado de la mayoría del espacio atmosférico de la Tierra, que pertenece de manera igualitaria a todos los habitantes y que debe ser justamente repartido. Por su contribución desproporcionada a las causas del cambio climático, al negarles a los países en desarrollo la cuota parte que justamente les corresponde de espacio atmosférico, los países desarrollados han contraído una "deuda de emisiones". Sus emisiones excesivas, a su vez, son la principal causa de los actuales efectos negativos que experimentan los países en desarrollo, en particular los países africanos. Por su contribución desproporcionada a los efectos del cambio climático, al causar costos y daños crecientes a nuestros países que ahora deben adaptarse al cambio climático, los países desarrollados han contraído una "deuda de adaptación". En conjunto, la suma de ambas deudas -la deuda de emisiones y la deuda de adaptación- constituye la deuda climática"; PAN AFRICAN CLIMATE JUSTICE ALLIANCE –PACJA, *Declaración de PACJA sobre cambio climático*, 2 de junio de 2009.

consumo, contrasta profundamente con los límites biofísicos del planeta y la lucha por la justicia social"[74].

4. *Justicia universal*

Resulta obvio que el impacto del cambio climático es muy distinto en función de la región del planeta y de los recursos de que dispongan las personas para afrontarlo. El movimiento por la justicia ambiental ya puso de manifiesto en los Estados Unidos la desproporcionada exposición a los riesgos ambientales de los colectivos más desfavorecidos de la sociedad, que eran y siguen siendo las minorías afroamericana y latina[75]. Así siguió sucediendo cuando empezaron a manifestarse los efectos asociados al cambio climático: tanto a nivel global como local los impactos repercutían de forma desigual, perjudicando desproporcionadamente a los excluidos de la sociedad por el sistema. Sin agotar la cuestión, entre ellos estarían las minorías raciales, los pueblos indígenas, los agricultores tradicionales, los desplazados climáticos y, con carácter general, las mujeres[76], los niños, las personas con discapacidad[77] y las personas mayores dependientes[78].

---

74 CLIMATE JUSTICE ALLIANCE, *What does Climate Justice mean in Europe?*, 2010, https://ejcj.orfaleacenter.ucsb.edu/wp-content/uploads/2017/04/Climate-Justice-Action-What-does-climate-justice-mean-in-Europ-2010.pdf

75 BELLVER CAPELLA, V., "El movimiento por la justicia ambiental. Entre el ecologismo y los derechos humanos", *Anuario de Filosofía del Derecho*, no.13-14, 1996-1997, pp. 327-348.

76 KOGGEL, C., BISMAN, C. (Eds.), *Gender Justice and Development: Local and Global* (vol. I), New York, Routledge, 2016.

77 STEIN, P., STEIN, M., "Disability, Human Rights, and Climate Justice", *Human Rights Quarterly*, 44, 2022, pp. 81-120.

78 CHARVERIAT, C, et alt., *Climate justice in an ageing world*, Help Age International, 2023, https://www.helpage.org/wp-content/uploads/2023/11/Climate-justice-in-an-ageing-world.pdf

Para que las minorías raciales no queden más expuestas que el resto de la población a los efectos del cambio climático urge acabar con toda forma de discriminación racial pues, al impedir el acceso a los recursos en igualdad de condiciones con respecto a los demás, les priva de las capacidades para adaptarse a los efectos del cambio climático. El huracán Katrina devastó la ciudad de Nueva Orleans y buena parte de la costa sudeste de los Estados Unidos a lo largo del Golfo de México en 2005. Es uno de los huracanes que más víctimas mortales ha provocado en la historia de ese país, y el que más daños económicos produjo. El cambio climático antropogénico parece estar detrás del incremento de la intensidad de estos fenómenos atmosféricos. La población más afectada por esta calamidad estaba mayoritariamente integrada por afroamericanos. Una vez más, las minorías raciales y los más pobres fueron los más perjudicados[79]. El huracán Katrina fue un desastre natural, pero su brutal impacto sobre la comunidad afroamericana fue consecuencia de la acción humana; no solo por la secular dejadez de las autoridades públicas con respecto a las condiciones en las que vivían sino también por la deficiente asistencia pública tras el huracán de la que fueron objeto los barrios en los que habitaban: "La lenta e inepta respuesta de emergencia tras Katrina provocó un desastre que eclipsó el de la propia tormenta mortal"[80]. Katrina fue el punto de arranque del movimiento por la justicia climática en Estados Unidos, que venía a ser una concreción del movimiento por la justicia ambiental generado tres décadas antes.

---

79 BYRNES, W.N., "Climate Justice, Hurricane Katrina, and African American Environmentalism", *Journal of African American Studies*, vol. 18, no. 3, 2014, pp. 305-314.

80 BULLARD, R. D., & WRIGHT, B., "Introduction", In BULLARD, R. D., & WRIGHT, B. (eds.), *Race, place and environmental justice after hurricane Katrina: struggles to reclaim, rebuild and revitalize New Orleans and the Gulf Coast*, Westview, Boulder, 2009, p. 3.

Los pueblos indígenas reclaman el derecho a disponer de sus tierras seculares y, en su caso, a participar en los procesos de toma de decisión sobre sus usos: "demandamos a los Estados a que reconozcan jurídicamente la preexistencia del derecho sobre nuestros territorios, tierras y recursos naturales para posibilitar y fortalecer nuestras formas tradicionales de vida y contribuir efectivamente a la solución del cambio climático. Demandamos la plena y efectiva aplicación del derecho a la consulta, la participación y el consentimiento previo, libre e informado de los Pueblos Indígenas en todos los procesos de negociación, así como en el diseño e implementación de las medidas relativas al cambio climático"[81].

Estos derechos a las tierras y a la participación en todos los procesos que les afecten quedaron recogidos en la Declaración de Derechos de los Pueblos Indígenas (2007) aunque están lejos de alcanzar su plena efectividad. Vale la pena recordar que, en esa declaración, se reconoció también que "Los pueblos indígenas tienen derecho a mantener y fortalecer su propia relación espiritual con las tierras, territorios, aguas, mares costeros y otros recursos que tradicionalmente han poseído u ocupado y utilizado y a asumir las responsabilidades que a ese respecto

---

81 CONFERENCIA MUNDIAL DE LOS PUEBLOS SOBRE EL CAMBIO CLIMÁTICO Y LOS DERECHOS DE LA MADRE TIERRA, *Acuerdo de los Pueblos*, cit. En la misma línea, los Principios de Justica Climática de Bali ya proclamaban: "La Justicia Climática reconoce el derecho a la autodeterminación de los Pueblos Indígenas, y su derecho a controlar sus tierras, incluidas las tierras, territorios y recursos subterráneos, y el derecho a la protección contra cualquier acción o conducta que pueda resultar en la destrucción o degradación de sus territorios y forma de vida cultural", INTERNATIONAL CLIMATE JUSTICE NETWORK, *Bali Principles of Climate Justice*, 2002, https://www.corpwatch.org/article/bali-principles-climate-justice. Un testimonio gráfico impagable de la violación de esos derechos y su impacto en el cambio climático en SACCO, J., *Un tributo a la tierra*, Reservoir Books, Madrid, 2020.

les incumben para con las generaciones venideras" (art. 25). Llama la atención que la única referencia a la relación espiritual del ser humano con la naturaleza que se recoge en instrumentos jurídicos internacionales esté acotada a los pueblos indígenas, lo que evidencia la desacralización que han sufrido los países desarrollados. ¿Cabe pensar que los pueblos indígenas tengan algo que decirnos a los pueblos presuntamente desarrollados sobre el modo en que deberíamos articular una relación más armónica con la naturaleza? ¿Acaso no sería una relación de este tipo la mejor salvaguarda del ambiente, incluida la atmósfera?[82]

Los agricultores tradicionales acuñaron el término soberanía alimentaria[83] para exigir no solo unas condiciones de seguridad alimentaria sino la protección de los procesos de cultivo

---

[82] Vivimos ya en una nueva era geológica, el Antropoceno, en la que la huella humana se manifiesta en todos los elementos de la tierra. Esta nueva situación obliga a la humanidad a hacerse cargo de la evolución de unos procesos naturales sobre los que históricamente no ejercía influjo alguno y, en los dos últimos siglos, ha alterado completamente con su acción tecnológica. Dejar a la naturaleza en paz ya no parece la solución (aunque el confinamiento por la pandemia, más bien, puso de manifestó lo contrario); ARIAS MALDONADO, M., *Antropoceno. La política en la era humana*, Madrid, Taurus, 2018, p. 226. En cualquier caso, imitar a los pueblos indígenas en la consideración sagrada de su relación con la tierra, podría ser una buena base para refundar una relación con la naturaleza que contribuyera a la justicia climática.

[83] La soberanía alimentaria ha sido definida como "el derecho de los pueblos a alimentos saludables y culturalmente autóctonos, producidos por medios ecológicamente sanos y sostenibles, y su derecho a definir sus propios sistemas alimentarios y agrícolas. Pone las aspiraciones y necesidades de quienes producen, distribuyen y consumen alimentos en el centro de los sistemas y políticas alimentarios, en lugar de las demandas de los mercados y las corporaciones"; FORO PARA LA SOBERANÍA ALIMENTARIA, Declaración de Nyéléni, 2007, https://nyeleni.org/IMG/pdf/DeclNyeleni-en.pdf

y alimentación que respondían a sus respectivas idiosincrasias. Esa forma de cultivar la tierra y alimentarse es vista por ellos, con razón, como una forma sumamente eficaz de combatir el cambio climático: "El inmenso desafío que enfrentamos como humanidad para detener el calentamiento global y enfriar el planeta sólo se logrará llevando adelante una profunda transformación en la agricultura hacia un modelo sustentable de producción agrícola campesino e indígena/originario, y otros modelos y prácticas ancestrales ecológicas que contribuyan a solucionar el problema del cambio climático y aseguren la Soberanía Alimentaria"[84]. Poner los medios para garantizar la soberanía alimentaria se convierte, por tanto, en una exigencia básica de justicia climática.

Una de las consecuencias más directas y dramáticas de estar indefenso frente a los reveses provocados por el cambio climático es el incremento de los flujos de personas que ya no encuentran en sus tierras las condiciones necesarias para vivir. Los migrantes climáticos proliferan en todas las regiones del mundo y todo apunta a que su número crecerá notablemente en los años por venir. Una atención especial requieren "las personas que se mueven por motivos climáticos permanentes, que por sus especiales circunstancias no van a poder volver a

---

84 CONFERENCIA MUNDIAL DE LOS PUEBLOS SOBRE EL CAMBIO CLIMÁTICO Y LOS DERECHOS DE LA MADRE TIERRA, *Acuerdo de los Pueblos*, cit. En esa misma línea, la carta africana de justicia climática afirma: "El sistema de alimentación industrial actual produce hambre, usa el agua de manera ineficiente, destruye la naturaleza, libera carbono y, por lo general, no es saludable. La pesca comercial ha destruido los ecosistemas marinos y socavado los derechos de los pescadores de subsistencia. Las comunidades deben priorizar la agricultura agroecológica a pequeña escala para satisfacer sus necesidades... y garantizar que los alimentos nutritivos y culturalmente apropiados estén disponible para todos"; CLIMATE JUSTICE CHARTER MOVEMENT (South Africa), *Climate Justice Charter*, cit.

sus Estados de origen, y para las que no se contempla un estatuto jurídico específico en ninguna disposición internacional. Dichas personas son consideradas como migrantes, cuando en realidad, lo que necesitan es protección internacional"[85]. Pero, además de reconocer que su estatuto jurídico es el de personas necesitadas de protección internacional, se debería igualmente reconocer la responsabilidad de los países desarrollados "por los cientos de millones que tendrán que migrar por el cambio climático que han provocado y que eliminen sus políticas restrictivas de migración y ofrezcan a los migrantes una vida digna y con todos los derechos en sus países"[86].

Estos colectivos –desde las comunidades indígenas a los campesinos- han promovido los movimientos sociales en pro de la justicia climática, y han hecho propuestas que no suelen ser acogidas en los acuerdos internacionales aprobados para luchar contra el cambio climático. Su punto de partida es el reconocimiento de la deuda climática, sobre la cual los países desarrollados no están dispuestos ni siquiera a hablar[87]. También han impulsado demandas de responsabilidad ante órganos jurisdiccionales internacionales con parecidos resultados.

Una excepción sumamente valiosa, que constituye un importante antecedente para futuras fallos de tribunales internacionales sobre demandas de justicia climática, es la sentencia del Tribunal Europeo de Derechos Humanos que condenó a Suiza en abril de 2024 por no adoptar las medidas necesarias

---

85 SOLANES, Á., "Desplazados y refugiados climáticos. La necesidad de protección por causas medioambientales", *Anales de la Cátedra Francisco Suárez*, vol. 55, 2021, p. 434.

86 CONFERENCIA MUNDIAL DE LOS PUEBLOS SOBRE EL CAMBIO CLIMÁTICO Y LOS DERECHOS DE LA MADRE TIERRA, *Acuerdo de los Pueblos*, cit.

87 BORRÀS, S., "Movimientos para la justicia climática global: replanteando el escenario internacional del cambio climático", *Relaciones Internacionales*, n. 33, 2016, pp. 97-119.

para cumplir con sus objetivos climáticos. La sentencia *Verein KlimaSeniorinnen and Others v. Switzerland* es la primera condena del TEDH a un estado por no proteger suficientemente a sus ciudadanos ante el cambio climático.

La demanda, presentada por una asociación de mujeres mayores de 65 años, acusaba al Gobierno federal suizo por no haber aplicado una política climática coherente con el objetivo establecido en el Acuerdo de París de que la temperatura no aumentase más de 2 grados con respecto a los niveles preindustriales. La asociación consideraba que la inacción del gobierno constituía una violación del derecho al respeto a la vida privada y familiar (contemplado en el art. 8 del Convenio Europeo de Derechos Humanos), ya que las frecuentes e intensas olas de calor habían afectado a la salud de estas mujeres.

Las demandantes sostenían que, al ser personas que por su edad eran más vulnerables a las consecuencias del cambio climático, la inacción del gobierno había tenido un impacto mayor sobre ellas. El TEDH consideró que el artículo 8 del Convenio reconoce a los ciudadanos el derecho a la protección frente a los efectos adversos que el cambio climático pueda tener en su vida, salud, bienestar y calidad de vida, y que los estados tienen el deber de adoptar y aplicar medidas que los mitiguen, dentro del amplio margen de discrecionalidad con el que cuentan para hacerlo. Partiendo de ello, el TEDH entendió que las autoridades suizas habían incumplido sustancialmente sus compromisos climáticos y que, por ello, habían violado el artículo 8 del Convenio[88].

---

88 EUROPEAN NETWORK OF HUMAN RIGHTS INSTITUTIONS, *The Grand Chamber of the European Court of Human Rights issues groundbreaking judgment on climate change and human rights*, 12 de abril de 2024, https://ennhri.org/news-and-blog/the-grand-chamber-of-the-european-court-of-human-rights-issues-groundbreaking-judgment-on-climate-change-and-human-rights/

En resumen, la justicia climática es universal porque debe garantizar a todas las personas unas condiciones climáticas adecuadas para que puedan desarrollar su vida. En la medida en que la acción humana ha alterado esas condiciones, dificultando o impidiendo el desarrollo de las personas, y existe un conocimiento de la causalidad de esa acción, existe una responsabilidad que debe ser atendida por los causantes del daño. Los colectivos más vulnerables son, lógicamente, los más expuestos a esos riesgos. Por ello, merecen una mayor protección y, cuando no ha existido y sufren un daño causado por las alteraciones climáticas, deberán ser reparados y compensados.

5. *Justicia intergeneracional*

Aunque la urgencia del movimiento por la justicia climática es reparar las injusticias sufridas por aquellos grupos de población de las generaciones presentes más expuestos al cambio climático y menos responsables de su origen, y conseguir un reparto equitativo de las cargas en la lucha contra el mismo, no pierde de vista que la justicia climática afecta de modo decisivo a las futuras generaciones. En esa línea, la Carta sobre Justicia Climática de Sudáfrica proclama la justicia intergeneracional como uno de los principios hacia una justa transición: "8 Justicia intergeneracional: el cuidado de nuestros ecosistemas y bienes comunes planetarios es crucial para la justicia intergeneracional; para asegurar un futuro para nuestros hijos, los jóvenes y los que aún no han nacido"[89].

Parece razonable sostener que el primer deber hacia las futuras generaciones es que el que tenemos hacia los niños, es decir, hacia la generación que ya existe pero que todavía no ha podido desarrollar su vida, ni asumir las responsabilidades

---

89 CLIMATE JUSTICE CHARTER MOVEMENT (South Africa), *Climate Justice Charter*, cit.

sobre sus acciones. En 2017, la Oficina del Alto Comisionado de las Naciones Unidas para los Derechos Humanos elaboró, a solicitud del Consejo de Derechos Humanos, un estudio sobre la relación entre el cambio climático y el disfrute pleno y efectivo de los derechos del niño. En él se señalaban las siguientes amenazas para sus derechos causadas por el cambio climático: la exposición a desastres naturales, la falta de agua, la inseguridad alimentaria, la contaminación atmosférica, los problemas de salud mental, las enfermedades infecciosas y transmitidas por vectores, y el impacto desproporcionado en los niños expuestos a una mayor vulnerabilidad. El estudio concluía que "para adoptar un enfoque del cambio climático basado en los derechos del niño, todos los actores competentes deben tomar medidas para velar por la coherencia de la política relativa a esos derechos, empoderar a los niños para que participen en la formulación de políticas de acción climática, garantizar a los niños el acceso a recursos jurídicos para reparar los perjuicios ocasionados por el clima, entender mejor los efectos que tiene el cambio climático en los niños y movilizar recursos suficientes para sufragar la acción climática basada en esos derechos"[90].

Pero los deberes hacia las futuras generaciones alcanzan no solo a los niños ya presentes en nuestro mundo. Y, por ello, la Asamblea General de Naciones Unidas aprobó en 2022 una resolución sobre protección del clima mundial para las generaciones presentes y futuras que comienza manifestando su preocupación porque las EGEI no disminuyen al ritmo necesario para evitar el incremento de la temperatura por encima de 1.5 grados con respecto a la etapa preindustrial. Por ello, insiste en que se cumplan los compromisos que más directamente pue-

90 Oficina del Alto Comisionado de las Naciones Unidas para los Derechos Humanos, *Estudio analítico de la relación entre el cambio climático y el disfrute pleno y efectivo de los derechos del niño*, A/HRC/35/13, 4 de mayo de 2017.

den contribuir a la protección de las generaciones presentes y futuras, y que se pueden resumir básicamente en tres.

1. Financiación para mitigar. El objetivo es movilizar al menos 100.000 millones de dólares anuales para financiar medidas de mitigación significativas, especialmente en países vulnerables. Este objetivo está lejos de conseguirse en este momento.
2. Reducir y afrontar los daños y pérdidas. El cambio climático ocasiona ya muy diversos daños y pérdidas. El objetivo es evitarlos o, al menos reducirlos, y afrontarlos cuando tengan lugar. El principal instrumento para lograrlo es el Mecanismo Internacional de Varsovia para las Pérdidas y los Daños relacionados con las Repercusiones del Cambio Climático. Este mecanismo se adoptó en la COP 19 de Varsovia de 2013 y su misión es hacer frente, de forma integrada y coherente, a las pérdidas y daños asociados a los impactos del cambio climático. Tales impactos incluyen fenómenos extremos, como huracanes y olas de calor, pero también fenómenos que se manifiestan de forma gradual, como el aumento del nivel del mar y la desertificación. La acción sobre las pérdidas y los daños afecta principalmente a los países en desarrollo, que son especialmente vulnerables a los efectos del cambio climático.
3. Transferir capacidades y tecnología para la adaptación al cambio climático. Como señala la mencionada resolución, se trata de "ampliar la acción y el apoyo, incluida la financiación, la creación de capacidad y la transferencia de tecnología, para mejorar la capacidad de adaptación, fortalecer la resiliencia y reducir la vulnerabilidad al cambio climático en consonancia con los mejores conocimientos científicos disponibles, teniendo en cuenta las

prioridades y necesidades de los países en desarrollo que son parte en la Convención"[91].

Como se ve, todas las acciones van dirigidas a mitigar los efectos del cambio climático y potenciar las capacidades de adaptación al mismo. El problema es que la mitigación se centra sobre todo en descarbonizar la economía, lo que tiene un impacto enorme en muchos colectivos, que ven su vida y su trabajo gravemente afectados. Son los grandes perjudicados por la transición ecológica. ¿Tiene sentido que estas personas, que no tienen una particular responsabilidad en las EGEI y que generalmente ocupan posiciones económicas modestas o precarias sufran desproporcionadamente los costes de la mitigación? Si damos por bueno el principio que rige la Agenda 2030 de no dejar a nadie atrás, la respuesta es claramente negativa. Por tanto, ni tiene sentido que las jóvenes generaciones, que apenas han contribuido al calentamiento del planeta con sus EGEI sean en el futuro los más afectados por sus efectos negativos, ni tampoco que los trabajadores de hoy pierdan sus trabajos y sustentos por causa de la transición ecológica y la descarbonización de la economía.

Ciertamente el desafío es imponente porque, a primera vista, los intereses de ambos colectivos son contrarios. Por ello, como decía al inicio del capítulo, es importante que la prudencia rija la adopción de políticas basado en un planteamiento socio-ecológico de amplias miras[92]. Se trata de llevar a cabo ajustados ejercicios de ponderación para reducir al mínimo los perjuicios que debe soportar la generación adulta frente a la

---

91 Asamblea General de Naciones Unidas, *Resolución sobre Protección del clima mundial para las generaciones presentes y futuras*, 2022, A/RES/77/165.

92 Leach M. et alt., "Equity and sustainability in the Anthropocene: a social–ecological systems perspective on their intertwined futures", *Global Sustainability*, n. 1, e13, 2018, pp. 1-13. https://doi.org/10.1017/sus.2018.12

infantil y para garantizar, al mismo tiempo, a los niños de hoy y a las futuras generaciones que no sufrirán un incremento de la temperatura que las condene a unas existencias penosas. Vale la pena recordar que un incremento superior a 2 grados de la temperatura de la tierra, además de abrir un escenario de riesgos catastróficos, aboca a los niños de hoy a una vida adulta nada atractiva[93].

V. CONCLUSIONES

La lucha contra el cambio climático requiere tanto de políticas públicas como de la transformación de la cultura hegemónica, que mantiene un modelo socio-económico que conduce al colapso climático y desconoce los deberes generados por la justicia climática. La transformación de esa cultura hegemónica consiste en abrazar una visión del desarrollo sostenible que integre las capacidades productiva y contemplativa, pues la existencia humana es un actuar contemplativo o una contemplación activa. Para alcanzar ese desarrollo sostenible es imprescindible superar tres desafíos: el epistémico, para no caer ni en la simplificación de un problema sumamente complejo, ni en la perplejidad paralizante; el reto moral, para superar tanto la actitud arrogante de quien desprecia el problema como la miedosa que conduce a la parálisis; y el reto político, para reconocer las insuficiencias tanto de los planteamientos fundamentalistas como de los hipócritas u oportunistas.

Desde esa perspectiva superadora de los reduccionismos epistémico, moral y política, se alumbra una visión de la justicia climática que tiene cinco caracteres definitorios. Es una justi-

---

93 IPCC, *AR6 Synthesis Report. Climate Change*, 2023, https://www.ipcc.ch/report/ar6/syr/figures/summary-for-policymakers/figure-spm-1/

cia ontológica, porque reconoce en la naturaleza una realidad valiosa y significativa que provee al ser humano no solo bienes para su desarrollo físico sino apertura a la belleza y la trascendencia. Es ecofeminista, porque reconoce que los valores del cuidado, históricamente atribuidos a las mujeres y sistemáticamente invisibilizados, tienen relevancia pública, deben ser compartidos por varones y mujeres y son fuente de realización personal para ambos. Es anticapitalista, porque sostiene que los bienes más valiosos no son venales y están destinados para el bienestar de todos los seres humanos. Es universal, porque debe garantizar a todos los seres humanos, en su especificidad y vulnerabilidad, las condiciones climáticas para que puedan desarrollar sus vidas. Y es intergeneracional, porque debe garantizar a las futuras generaciones unas condiciones climáticas que no pongan en riesgo su propio desarrollo.

Una propuesta con estas características cuenta solo con un consenso parcial porque existen resistencias insuperables para aceptar que debamos llevar a cabo un giro radical en nuestro modo de relacionarnos con el plantea y con los demás. La historia, además, no ofrece antecedentes en los que la humanidad haya sido capaz de advertir un riesgo existencial y corregir el rumbo para sortearlo. Nos enfrentamos, pues, ante un desafío de alcance inédito y con escasa voluntad para afrontarlo desde la justicia. Por ello, no es exagerado decir que la justicia climática es una utopía imposible, pero necesaria[94] porque en su consecución muchos pensamos que está no provocar un sufrimiento indebido a las generaciones presentes más vulnerables y a las futuras generaciones, empezando por los niños y niñas del presente. El futuro nos dirá si era exagerado hablar de riesgos existenciales o no. Si los riesgos eran reales, el futuro nos

---

94 Tomo la expresión del título de uno de los libros de Javier Gomá porque me parece especialmente expresiva, aunque en ese libro no se ocupe de los temas relacionados con la justicia climática; GOMÁ, J., *Imposible, pero necesario*, Madrid, Taurus, 2013.

dirá si fuimos capaces de confrontarlos o no. Y si realmente conseguimos confrontarlos, el futuro nos dirá si lo conseguimos aplicando una visión de la justicia climática entendida en los términos aquí expuestos o no.

VI. BIBLIOGRAFÍA

ARIAS MALDONADO, M., *Antropoceno. La política en la era humana*, Madrid, Taurus, 2018.

ASAMBLEA GENERAL DE NACIONES UNIDAS, *Resolución acerca de la Solicitud de una opinión consultiva a la Corte Internacional de Justicia sobre las obligaciones de los Estados con respecto al cambio climático*, 29 de marzo de 2023, A/RES/77/276, https://documents.un.org/doc/undoc/ltd/n23/094/55/pdf/n2309455.pdf?token=PWMh3J1byMgC99ukgf&fe=true

ASAMBLEA GENERAL DE NACIONES UNIDAS, *Transformar nuestro mundo: la Agenda 2030 para el Desarrollo Sostenible*, 25 de septiembre de 2015, A/RES/70/1, https://unctad.org/system/files/official-document/ares70d1_es.pdf

ASAMBLEA GENERAL DE NACIONES UNIDAS, *Resolución sobre Protección del clima mundial para las generaciones presentes y futuras*, 2022, A/RES/77/165.

BALLESTEROS, J., *Domeñar las finanzas, cuidar la naturaleza*, Tirant lo Blanch, Valencia, 2021.

BALLESTEROS, J., "El futuro del derecho como lucha contra la idolatría tecnológica", *Persona y Derecho*, vol. 79, no. 2, 2018, pp. 37-50.

BALLESTEROS, J., "Por un ecofeminismo personalista: más allá de la oposición entre androcentrismo individualista y feminismo biologista"; en: NUÉVALOS, C., Y BELLVER, V. (eds.), *Una mirada diferente. La mujer y la conservación del medio ambiente*, Valencia, EDETANIA, 1999, pp. 19-20.

BALLESTEROS, J., *Ecologismo personalista*, Madrid, Tecnos, 1995.

BALLESTEROS, J., "Hacia un modo ecológico de pensar", *Anuario Filosófico*, vol. 20, 1985, pp. 169-177.

BEA, E., *Los deberes en la edad de los derechos*, Madrid, Dykinson, 2023 .

BELLVER CAPELLA, V., *Derechos al final de la vida*, Madrid, REUS, 2023.

BELLVER CAPELLA, V., "La Declaración Universal de Derechos Humanos y la educación para el desarrollo sostenible"; en: ARENAS-DOLZ, F., DE TIENDA PALOP, L., GRACIA CALANDÍN, J. (eds.), *Retos de la educación ante la Agenda 2030. Los ODS entre el humanismo y la ecología*, Valencia, Tirant lo Blanch, 2020, pp. 29-42.

BELLVER CAPELLA, V., "El Derecho frente al cambio climático: ascenso y decadencia del Protocolo de Kioto", en: FERNÁNDEZ RUIZ-GÁLVEZ, E., GARIBO PEYRÓ, A.P. (eds.), *El futuro de los derechos humanos*, Valencia, Tirant lo Blanch, 2016, pp. 208-238.

BELLVER CAPELLA, V., "El movimiento por la justicia ambiental, entre ecologismo y los derechos humanos", *Anuario de Filosofía del Derecho*, nn. 12-13, 1996-1997, pp. 327-348.

BELLVER CAPELLA, V., *Ecología: de las razones a los derechos*, Granada, Comares, 1994, pp. 101-115.

BENATAR, D., *Better Never to Have Been: The Harm Of Coming Into Existence*, New York, Oxford, 2006.

BORRÀS, S., "Movimientos para la justicia climática global: replanteando el escenario internacional del cambio climático", *Relaciones Internacionales*, n. 33, 2016, pp. 97-119.

BULLARD, R. D., & WRIGHT, B., "Introduction", In BULLARD, R. D., & WRIGHT, B. (eds.), *Race, place and environmental justice after hurricane katrina: struggles to reclaim, rebuild and revitalize New Orleans and the Gulf Coast*, Westview, Boulder, 2009, p. 3.

BYRNES, W.N., "Climate Justice, Hurricane Katrina, and African American Environmentalism", *Journal of African American Studies*, vol. 18, no. 3, 2014, pp. 305-314.

CAPARRÓS, M., *Contra el cambio*, Barcelona, Anagrama, 2010.

CHARVERIAT, C, et alt., *Climate justice in an ageing world*, Help Age

International, 2023, https://www.helpage.org/wp-content/uploads/2023/11/Climate-justice-in-an-ageing-world.pdf

CHESTERTON, G. K., *Ortodoxia*, Barcelona, Acantilado, 2013.

CHIEF SEATTLE'S LETTER, http://www.csun.edu/~vcpsy00h/seattle.htm

CLIMATE JUSTICE ALLIANCE, *What does Climate Justice mean in Europe?*, 2010, https://ejcj.orfaleacenter.ucsb.edu/wp-content/uploads/2017/04/Climate-Justice-Action-What-does-climate-justice-mean-in-Europ-2010.pdf

CLIMATE JUSTICE CHARTER MOVEMENT (South Africa), *Climate Justice Charter*, 2020, https://cjcm.org.za/the-charter/en

CONFERENCIA MUNDIAL DE LOS PUEBLOS SOBRE EL CAMBIO CLIMÁTICO Y LOS DERECHOS DE LA MADRE TIERRA, *Acuerdo de los Pueblos*, 22 de abril de 2010, Cochabamba, Bolivia,

https://cmpcc.wordpress.com/acuerdo-de-los-pueblos/

DE PRADA, J.M., "Fanáticos e hipócritas", XL Semanal, 15 de diciembre de 2019, p. 11.

EUROPEAN NETWORK OF HUMAN RIGHTS INSTITUTIONS, *The Grand Chamber of the European Court of Human Rights issues groundbreaking judgment on climate change and human rights*, 12 de abril de 2024, https://ennhri.org/news-and-blog/the-grand-chamber-of-the-european-court-of-human-rights-issues-groundbreaking-judgment-on-climate-change-and-human-rights/

ELIOT, T.S., *Choruses from The Rock*, 1934.

FERRAJOLI, L., *Por una Constitución de la tierra. La humanidad en la encrucijada*, Madrid, Trotta, 2023.

FORO PARA LA SOBERANÍA ALIMENTARIA, Declaración de Nyéléni, 2007, https://nyeleni.org/IMG/pdf/DeclNyeleni-en.pdf

FRASER, N., *Capitalismo caníbal*, Madrid, Siglo XXI, 2023.

FRANCISCO, Encíclica *Laudato si'*, 2015.

FRANCISCO, *Discurso en el II Encuentro Mundial de los Movimientos Popula-*

res, Santa Cruz de la Sierra (Bolivia), 9 de julio de 2015,

http://www.vatican.va/content/francesco/es/speeches/2015/july/documents/papa-francesco_20150709_bolivia-movimenti-popolari.html

FRANCISCO, *Discurso del Santo Padre Francisco a los participantes en el encuentro mundial de movimientos populares*, 28 de octubre de 2014,

http://www.vatican.va/content/francesco/es/speeches/2014/october/documents/papa-francesco_20141028_incontro-mondiale-movimenti-popolari.html

GLOBAL CARBON PROJECT, *Fossil CO2 emissions at record high in 2023*, 4 de diciembre de 2023, https://globalcarbonbudget.org/fossil-co2-emissions-at-record-high-in-2023/

GOMÁ, J., *Imposible, pero necesario*, Madrid, Taurus, 2013.

INTERNATIONAL CLIMATE JUSTICE NETWORK, *Bali Principles of Climate Justice*, 2002, https://www.corpwatch.org/article/bali-principles-climate-justice

INTERNATIONAL COURT OF JUSTICE, *Obligations of States in respect of Climate Change*, 2024, https://www.icj-cij.org/case/187

KIRSCH, A., *The Revolt Against Humanity: Imagining a Future Without Us*, New York, Columbia Global Reports, 2023.

KOGGEL, C., BISMAN, C. (Eds.), *Gender Justice and Development: Local and Global* (vol. I), New York, Routledge, 2016.

KULKARNI, S., "Reversing Climate Change with Geoengineering", *Science in the News*, 3 de enero de 2022, https://sitn.hms.harvard.edu/flash/2022/reversing-climate-change-with-geoengineering/

KRZNARIC, R., *El buen antepasado. Cómo pensar a largo plazo en un mundo cortoplacista*, Madrid, Capitán Swing, 2022.

HAN, B-Ch., *Infocracia*, Madrid, Taurus, 2022.

HAN, B.-Ch., *Vida contemplativa*, Madrid, Tecnos, 2023.

HEIDEGGER, M., *Serenidad*, Ediciones del Serbal, Barcelona, 2002.

HULME, M., "Climate Change and Virtue: An Apologetic", *Humanities*, 3, 2014, pp. 299-312; https://doi.org/10.3390/h3030299

IPCC, *AR6 Synthesis Report: Climate Change 2023*, https://www.ipcc.ch/report/sixth-assessment-report-cycle/

LEACH M. et alt., "Equity and sustainability in the Anthropocene: a social–ecological systems perspective on their intertwined futures", *Global Sustainability*, n. 1, e13, 2018, pp. 1-13. https://doi.org/10.1017/sus.2018.12

LEFSTAD, L., PAAVOLA, J., "The evolution of climate justice claims in global climate change negotiations under the UNFCCC", *Critical Policy Studies*, 2023, pp. 1–26. https://doi.org/10.1080/19460171.2023.2235405

LEHMANN, L. S., "Is Editing the Genome for Climate Change Adaptation Ethically Justifiable?", *AMA J Ethics, vol.* 19, n. 12, pp. 1186-1192.

MACHADO, A., *Cantares y proverbios*, 1ª parte, n. XV.

MARCOS, A., "Aprender haciendo: paideia y phronesis en Aristóteles", *Educação*, vol. 34, n. 1, 2011, pp. 13-24.

MCKIBBEN, B., *El fin de la naturaleza*, Barcelona, Ediciones B, 1990.

MCKINNEY L. y FULKERSON G., "Gender Equality and Climate Justice: A Cross-National Analysis", *Social Justice Research*, vol. 28, 2015, p. 293, https://link.springer.com/article/10.1007/s11211-015-0241-y

MIES, M. y SHIVA, V., *Ecofeminismo. Teoría, crítica y perspectivas*, Barcelona, Icaria, 2016.

MISHRA, N., "Social Engineering and Sustainability: Revisiting Popper's "Piecemeal Approach""; en: SURAMPALLI, R., ZHANG, T., GOYAL, M., BRAR, S., TYAGI, R., (eds.) *Sustainability: Fundamentals and Applications*, London, Wiley, 2020, pp. 207-227.

NORGAARD, K.M., *Living in Denial: Climate Change, Emotions, and Everyday Life*, MIT-Press, London, 2011.

OFICINA DEL ALTO COMISIONADO DE LAS NACIONES UNIDAS PARA LOS DERECHOS HUMANOS, *Estudio analítico de la relación entre el cambio climático y el disfrute pleno y efectivo de los derechos del niño*, A/

HRC/35/13, 4 de mayo de 2017.

ORTEGA Y GASSET, J., *La rebelión de las masas,* Madrid, Espasa-Calpe, 1937.

PAN-AFRICAN CLIMATE JUSTICE ALLIANCE –PACJA, *Declaración de PACJA sobre cambio climático,* 2 de junio de 2009.

PEOPLES' CLIMATE SUMMIT, *System change – not climate change. A People's Declaration from Klimaforum09,* 9 de diciembre de 2009, https://climateandcapitalism.com/2009/12/14/klimaforum-a-peoples-declaration-on-climate-change/

PNUD, *¿Cómo una transición justa puede ayudar a cumplir el Acuerdo de París?,* 2022, https://climatepromise.undp.org/es/research-and-reports/como-una-transicion-justa-puede-ayudar-cumplir-el-acuerdo-de-paris

PÖRTNER, H.-O., ROBERTS, D.C., TIGNOR, M., POLOCZANSKA, E.S., MINTENBECK, K., ALEGRÍA, A. CRAIG, M., LANGSDORF, S., LÖSCHKE, S., MÖLLER, V., OKEM, A. RAMA, B. (eds.) *Climate Change 2022: Impacts, Adaptation, and Vulnerability. Contribution of Working Group II to the Sixth Assessment Report of the Intergovernmental Panel on Climate Change,* Cambridge, Cambridge University Press, pp. 3-33, https://www.ipcc.ch/report/ar6/wg2/chapter/summary-for-policymakers/

RAMÍREZ-GARCÍA, H.S., "Formas de vida de los pueblos originarios y el medio ambiente: una reivindicación desde el ecofeminismo", *Cuadernos de Bioética,* vol. 31, no. 103, 2020, pp. 331-342.

REPRISK, *ESG Report: Spotting greenwashing with ESG data,* 2022, https://www.reprisk.com/news-research/reports/spotting-greenwashing-with-esg-data

ROCA JUSMET, J., *La economía del cambio climático de William Nordhaus, premio Nobel 2018,* https://www.revoprosper.org/2018/12/22/la-economia-del-cambio-climatico-de-william-nordhaus-premio-nobel-2018/

ROMERO-WENZ, L., *La paradoja de Chesterton como pensamiento abierto,* Madrid, Dykinson, 2023.

ROSA, H., *Lo indisponible,* Barcelona, Herder, 2021.

SACCO, J., *Un tributo a la tierra,* Reservoir Books, Madrid, 2020.

SOLANES, Á., "Desplazados y refugiados climáticos. La necesidad de protección por causas medioambientales", *Anales de la Cátedra Francisco Suárez*, vol. 55, 2021, p. 434.

SOVACOOL, B. K., BAUM, C. M., & LOW, S., "Risk–risk governance in a low-carbon future: Exploring institutional, technological, and behavioural tradeoffs in climate geoengineering pathways", *Risk Analysis*, 43, 2023, pp. 838–859. https://doi.org/10.1111/risa.13932

STEIN, P., STEIN, M., "Disability, Human Rights, and Climate Justice", *Human Rights Quarterly*, 44, 2022, pp. 81-120.

STEPHENSON, J., NEWMAN, K., MAYHEW, S., "Population dynamics and climate change: what are the links?", *Journal of Public Health*, vol. 32, n. 2, 2010, pp. 150–156.

UNESCO, *Report of the World Commission on the Ethics of Scientific Knowledge and Technology (COMEST) on the ethics of climate engineering*, 2023, https://unesdoc.unesco.org/ark:/48223/pf0000386677

VÍA CAMPESINA, *Posicionamiento Político de La Vía Campesina: Justicia Climática y Ambiental, YA!*, 4 de diciembre de 2014, https://viacampesina.org/es/posicionamiento-politico-de-la-via-campesina-justicia-climatica-y-ambiental-ya/

Los movimientos de justicia climática: de las propuestas a las protestas

SUSANA BORRÀS-PENTINAT

Profesora de Derecho Internacional Público y Relaciones Internacionales. Postdoc. Fellow Marie Skłodowska-Curie (H2020-MSCA-IF-2020), PROYECTO CLIMOVE (nº 101031252)8, Universidad de Macerata (Italia).*

ORCID: 0000-0002-8264-1252.

"No me preocupa el grito de los violentos, de los corruptos, de los deshonestos, de los sin ética. Lo que más me preocupa es el silencio de los buenos".

Martin Luther King[9]

"I want you to act as if our house is on fire. Because it is"

Greta Thunberg[10].

---

8 *Este proyecto ha recibido financiación del programa de investigación e innovación Horizonte 2020 de la Unión Europea. Este artículo refleja únicamente la opinión del autor y la REA (Research Executive Agency) no se hace responsable del uso que pueda hacerse de la información que contiene.

9 Luther King M. Jr. (2001), The Autobiography of Martin *Luther King,* Edited by Clayborne Carson, New York.

10 Thunberg, G. (2019), No one is too small to make a difference. Penguin, 2019, p. 24.

Resumen

A medida que los fenómenos meteorológicos extremos se hacen más frecuentes y graves, los riesgos del cambio climático se hacen dramáticamente más evidentes. Por este motivo, en los últimos años, la demanda de medidas de mayor alcance a escala internacional para limitar las emisiones de gases de efecto invernadero, la demostrada incapacidad gubernamental de dar una respuesta ambiciosa al reto climático, así como los consiguientes riesgos creados hacia las personas más vulnerables, ha desencadenado una gran movilización social sin precedentes, liderada especialmente por las personas más jóvenes.

El objetivo de este capítulo es realizar un análisis general de la evolución de los movimientos de justicia climática a lo largo de las negociaciones del clima y de las circunstancias que han motivado, que en los últimos años hayan alcanzado un mayor protagonismo. Así lo largo de este estudio se observa como el régimen internacional del cambio climático se ha erigido al margen de los fundamentos de la justicia climática, lo que ha propiciado la creación de unos movimientos sociales, plurales y reivindicativos, que consiguen ir va más allá de los episodios efímeros de las negociaciones del clima.

Palabras clave

Movimientos de justicia climática; justicia climática; juventud; emergencia climática; protesta; activismo climático.

Abstract

As extreme weather events become more frequent and severe, the risks of climate change become dramatically more evident. For this reason, in recent years, the demand for more far-reaching international action to limit greenhouse gas emissions, the demonstrated failure of governments to respond ambitiously to the climate challenge, and the consequent risks created for the most vulnerable people, has triggered an unprecedentedly large social mobilisation, led especially by young people.

The aim of this chapter is to carry out a general analysis of the evolution of climate justice movements throughout the climate negotiations and the circumstances that have led them to become more prominent in recent years. This study shows how the international climate change regime has been built on the fringes of the foundations of climate justice, which has led to the creation of pluralistic and vindictive social movements that are able to go beyond the ephemeral episodes of climate negotiations.

Keywords

Climate justice movements; climate justice; youth; climate emergency; protest; climate activism.

SUMARIO

I. INTRODUCCIÓN

El cambio climático es un reto mundial crítico, con implicaciones ecosociales, que exigen medidas inmediatas[11]. Los movimientos de justicia climática (en adelante, MJC) comprenden el conjunto de acciones colectivas, lideradas no solo por organizaciones de la sociedad civil, sino por un amplio espectro de

---

11 IPCC (2019), Strengthening and implementing the global response. En *Special report on global warming of 1.5 C.*

participación social, que defiende la realización de la acción y la justicia climática. Es decir, denunciar la destrucción de la Naturaleza, la exigencia de cambios drásticos en las políticas climáticas y la promoción de un activismo climático, que en los últimos años ha sido protagonizado y liderado por los colectivos más jóvenes de la sociedad.

Si bien los movimientos de justicia climática no son representativos de toda la sociedad civil, sí que surge de ella y se nutre de su experiencia en la escena internacional, desarrollada específicamente en el ámbito de las grandes conferencias internacionales relativas al medio ambiente. La sociedad civil constituye, según Pereyra, "(…) una diversidad de organismos a través de los cuales los miembros de la sociedad se integran en la actividad política y en el debate ideológico"[12]. Sin embargo, desde que en 1989 se creara la "Red de Acción por el Clima", para coordinar la respuesta de las organizaciones no gubernamentales, los MJC han cambiado mucho en los últimos años, tendiendo a una cierta radicalización del discurso[13] con el fin de contrarrestar a las retóricas falsas e inconsistentes de las Conferencias de las Partes (en adelante, COPs) en el marco de la Convención Marco de las Naciones Unidas sobre el Cambio Climático (en adelante, CMNUCC)[14] y en donde

---

12 Pereyra, C. (1988), Gramsci: Estado y sociedad civil. *Cuadernos políticos*, 54(55), pp. 52-60.

13 Busby, Joshua W. (2010), Moral Movements and Foreign Policy. Cambridge, Cambridge University Press, p. 107. También Russell, B. (2015), Beyond activism/academia: Militant research and the radical climate and climate justice movement (s). *Area*, vol. 47, no 3, pp. 222-229.

14 Convención Marco de Naciones Unidas sobre Cambio Climático (CMNUCC), aprobada en la Sede de las Naciones Unidas, en Nueva York, el 9 de mayo de 1992. Entró en vigor el 21 de marzo de 1994, de acuerdo con su artículo 23.1. United Nations, Treaty Series, vol. 1771. Actualmente son 195 Estados Partes de la CMNUCC.

las acciones no se corresponden con la realidad de la urgencia que requiere el cambio climático.

Además, la reducida representación social en las negociaciones oficiales, junto con esta inacción ha derivadoen actividades de protesta no solo en las calles, sino también en sede judicial, a través de lo que se ha conocido como "litigio climático estratégico"[15], o incluso ha derivado en acciones de desobediencia civil. En este sentido, la aproximación del movimiento social a la justicia climática se produce cuando se constata que la crisis climática global tendrán implicaciones en términos de justicia social afectando, muy especialmente, a las poblaciones en contextos de vulnerabilidad y que son las más expuestas a los efectos del cambio climático.

En este orden de ideas, el objetivo de este trabajo es explicar cómo el fenómeno de los movimientos socialessurgen como una fuerza social que reclama la acción y la justicia climáticas, reforzando así los esfuerzos de las organizaciones no gubernamentales (en adelante, ONGs) y diplomáticos para dar una respuesta justa y necesaria a la crisis climática. En concreto, se analiza cómo los movimientos sociales, a pesar de poder contribuir a la adopción de decisiones y a conciliar las posiciones de la sociedad civil del Norte y del Sur Global, se han visto con la necesidad de reformular sus propuestas con las acciones de protesta, que en muchas ocasiones han sido reprimidas y criminalizadas, a pesar de ejercer legítimamente sus derechos civiles y políticos en defensa de los derechos económicos, sociales, culturales y ambientales comunes.

---

15 Borràs, S. (2016), Movimientos para la justicia climática global: replanteando el escenario internacional del cambio climático. *Relaciones Internacionales*, (33), pp. 97-119.

II. UN LEGADO DE RESISTENCIA Y DE DESIGUALDAD SOCIOAMBIENTAL

Los MJC son un modo de gobernanza ciudadana, herederos de los movimientos ambientales y sociales surgidos en los años 60-70 del siglo pasado[16] y que se han ido alimentando de las organizaciones de base, evolucionando e incluyendo nuevos colectivos y organizaciones, como son: las marchas y/o protestas de personas jóvenes en forma de huelgas y movimientos vinculados a la dimensión social de lo que el profesor Martínez Alier denomina la "ecología de los pobres"[17], asociados a las resistencias territoriales de las comunidades. Todos ellos se coordinan a nivel mundial denunciando la injusticia climática.

En efecto, aunque a veces se considera un fenómeno reciente, tiene su origen en los estudios y el activismo sobre justicia medioambiental que se iniciaron en Estados Unidos, en el contexto del racismo ambiental, la contaminación racializada y la protección desigual que reciben las comunidades de color[18]. Estas movilizaciones, centradas en la resistencia de la desigualdad, injusticia y la discriminación, sufridos por colectivos racializados y vulnerabilizados socialmente e institucionalmente, se vieron magnificadas por los movimientos antiglobalización, con la presencia de organizaciones sindicales y ambientales

---

16 Sobre los movimientos de justicia ambiental ver Bellver Capella, V. (1997), El movimiento por la justicia ambiental entre ecologismo y los derechos humanos, *Anuario de filosofía del derecho*, Nº 13-14, 1996-1997, pp. 327-348.

17 Martínez Alier, J. (2004), *Ecologismo de los pobres: conflictos ambientales y lenguajes de valoración*, ICARIA Antrazit-FLACSO Ecología, Barcelona.

18 Bullard, B. (1994), *Unequal Protection: Environmental Justice and Communities of Color*. New York: Random House.

con el intento no solo de abordar las consecuencias del sistema, sino también sus causas[19].

Las protestas ambientales, especialmente las generadas desde principios de la década de 2000, se van a caracterizar por ser expresiones de oposición local a los elevados impactos ambientales de algunos usos de los territorios.

Así los actuales MJC se han nutrido de toda la experiencia y trayectoria de estos grandes movimientos, contribuyendo a su expansión en diferentes partes del mundo. No obstante, en general, se ha advertido cierta diversidad de discursos en relación a los movimientos predecesores. En el Norte, la sociedad civil ha focalizado su mensaje en el cambio climático, específicamente como una cuestión ambiental y se ha centrado en las soluciones científicas y técnicas, como es, por ejemplo, el control créditos de carbono. En las sociedades del Sur, sin embargo, el cambio climático se entiende como una cuestión de desarrollo sostenible, cuyas soluciones deben pasar por considerar la pobreza, el comercio y la globalización[20].

En consecuencia, algunos de los movimientos sociales están articulando sus mensajes en torno al tema de la antiglobalización, relacionando el cambio climático con las injustas relaciones económicas entre el Norte y el Sur. Mientras otros se basan en la idea de "justicia ambiental", preocupados por el desproporcionado peso de la contaminación y la degradación ecológica que soportan las comunidades más empobrecidas . A pesar de estas diferencias, estas fuerzas sociales, aparentemente polarizadas, han adoptado la idea de "justicia climática", como principal eje de reivindicación, lo que ha producido que se hable de los "movimientos de justicia climática", como

---

19 Ortega Cerdà, M. (2011), Origen y evolución del movimiento de justicia ambiental, *Ecología política*, Núm. 41, pp. 17-24.

20 Newell, P. (2000), *Climate for Change: Non-State Actors and the Global Politics of the Greenhouse*, Cambridge: Cambridge University Press.

un fenómeno global, pero a su vez plural. En cierto modo, el liderazgo de las nuevas generaciones de todo el mundo, como se analizará más adelante, ha conseguido especialmente este objetivo, revitalizando y actualizando los movimientos sociales de base.

III. LA JUSTICIA CLIMÁTICA Y LOS MOVIMIENTOS SOCIALES

Según Kopnina, la noción de justicia "se refiere fundamentalmente a igualar las relaciones entre los que tienen poder y los que no lo tienen"[21]. En el ámbito climático, los movimientos de justicia ambiental y antiglobalización identificaron sus resistencias convergiendo en el concepto de "justicia climática", el cual se menciona, por primera vez, en 1999, en un informe del grupo Corporate Watch[22]. Este informe proponía abordar las causas del calentamiento global, pedir cuentas a las corporaciones responsables de las emisiones, principalmente de las empresas petroleras, y planteaba la necesidad de una transición energética. Así, el concepto de justicia climática sugiere no solo una política de equidad, sino también de trato justo, es decir, de reconocimiento y participación política de los sectores afectados, así como la reparación y el acceso a la justicia.

Con posterioridad, la Asociación Internacional de Abogados adoptó la siguiente definición de justicia en materia de cambio climático:

---

[21] Kopnina, H. (2014), Debating ecological justice: Implications for critical environmental education. *Chin. J. Popul. Resour. Environ.* 12, p. 291.

[22] *Greenhouse Gangsters vs. Climate Justice, TRAC/CorpWatch,* November 1999. Disponible en: <https://www.corpwatch.org/sites/default/files/Greenhouse%20Gangsters.pdf> (consultado el 3 de mayo de 2023).

"Garantizar que las comunidades, los individuos y los gobiernos tengan derechos legales y procesales sustantivos relacionados con el disfrute de un medio ambiente seguro, limpio, saludable y sostenible y los medios para adoptar o hacer que se adopten medidas dentro de sus sistemas legislativos y judiciales nacionales, cuando sea necesario, a nivel regional e internacional, para mitigar las fuentes del cambio climático y prever la adaptación a sus efectos de una manera que respete los derechos humanos"[23].

En el caso concreto de los actuales MJC, liderados principalmente por personas jóvenes activistas climáticas, (que a menudo aún no tienen reconocidos la plenitud de todos sus derechos, porque son demasiado jóvenes), reclaman también una justicia climática, pero desde la perspectiva intergeneracional. Si se entiende, que las futuras generaciones son las que tendrán que convivir con los impactos de la crisis climática, parece ciertamente lógica y legitima su participación en el proceso de toma de las decisiones que afectarán su futuro.

En este sentido, los tres elementos fundamentales de la justicia ambiental y, por ende, de la climática son: la justicia distributiva, el reconocimiento y la justicia procedimental. A estos tres elementos, posteriormente, se han añadido las capacidades, como cuarto elemento de la justicia ambiental[24].

---

23 International Bar Association (2014), Achieving Justice and Human Rights in an Era of Climate Disruption, en *International Bar Association Climate Change Justice and Human Rights Task Force Report.* Disponible en: <https://www.ibanet.org/MediaHandler?id=0f8cee12-ee56-4452-bf43-cfcab196cc04>, (consultada el 3 de mayo 2023).

24 Ver Fraser, N. (1999), Social justice in the age of identity politics: Redistribution, recognition and participation. En *Culture and Economy after the Cultural Turn*; Ray, L., Sayer, A., Eds.; Sage: London, UK. También a Schlosberg, D. (2004), Reconceiving environmental justice: Global movements and political theories. Environ. *Politics*, 13, pp. 517-540.

El primer elemento, la justicia distributiva, trata del reparto injusto de costes y beneficios tras las intervenciones medioambientales. Existen varios principios de justicia distributiva, incluidas las dimensiones de vulnerabilidad, necesidad y responsabilidad. La vulnerabilidad implica que algunas personas se ven más afectadas por los daños medioambientales que otras y pueden tener también menos capacidad de recuperación . El criterio de necesidad varía entre las distintas comunidades y debe tenerse en cuenta a la hora de distribuir los beneficios y las cargas. Responsabilidad, en cambio, significa que los causantes de los problemas ambientales también deben reparar los daños o compensar a quienes han soportado los costes. Así, los MJC suelen hacer hincapié en el principio de responsabilidad y afirman que quienes han causado los problemas deben pagar por ello. Es decir, toda la persona debe asumir las consecuencias de sus actuaciones, especialmente si genera un daño individual y/o colectivo[25].

Respecto a esta dimensión distributiva, los movimientos antes mencionados, el de la justicia ambiental y los movimientos antiglobalización, convergen involucrando aquella población que ya ha soportado la carga dañina de la extracción de los combustibles, de su transporte y su producción y ahora estas comunidades se enfrentan a las peores consecuencias del cambio climático, incrementando aún más las desigualdades sociales. Esta es la realidad a la que se exponen los pueblos originarios, que son los responsables de cuidar el 80% de la biodiversidad mundial y por esto están en la primera línea del cambio climático, pero que, sin embargo, se encuentran excluidos de los espacios de negociación[26]. Entre los MJC existe el convencimiento de que las respuestas no van a venir de los

---

25 Borràs, S. (2016), *cit. supra.*

26 Minority Rights Group International (2021), *Minority and Indigenous Trends 2021.* Disponible en: <https://minorityrights.org/programmes/library/trends2021/>, (consultada el 5 de mayo 2023).

países que no están dispuestos a perder su poder económico, sino de la colectividad.

En la dimensión procedimental, las tendencias evolutivas de las últimas COPs del clima han demostrado como las grandes empresas han adquirido un mayor protagonismo en las negociaciones, incidiendo en un espacio que debería ser de la sociedad civil. Esto es porque, en primer lugar, la narrativa dominante es ignorar la relación entre las empresas extractivas, el cambio climático y las desigualdades. Y, en segundo lugar, porque las decisiones o no decisiones se ven condicionadas por la coyuntura socioeconómica mundial del momento, siendo determinantes las reuniones que se celebran antes de cada COP del G20, cuyos miembros, por cierto, tienen una responsabilidad colectiva del 75% de emisiones de gases de efecto invernadero[27].

En su dimensión del reconocimiento, la justicia climática pretende visibilizar cómo algunos grupos sociales son marginados y poco reconocidos en comparación con otros en la distribución y reparto de las cargas y los beneficios. Esta marginación, según Svarstad y Benjaminsen, se considera una dimensión de la justicia en sí misma, pero también una causa subyacente de la distribución desigual[28].

27 Ver Höhne, N., Fransen, T., Hans, F., Bhardwaj, A., Blanco, G., den Elzen, M., Hagemann, M., Henderson, C., Keesler, D., Kejun J., Kuriyama, A., Sha, F., Song, R., Tamura, K., Wills, W. (2019). *Bridging the Gap: Enhancing Mitigation Ambition and Action at G20 Level and Globally. An Advance Chapter of the Emissions Gap Report 2019.* United Nations Environment Programme. Nairobi. Disponible en: <https://www.unenvironment.org/emissionsgap>, (consultada el 5 de mayo 2023).

28 Svarstad, H., Benjaminsen, T.A. (2020), Reading radical environmental justice through a political ecology lens. *Geoforum* 108, pp. 1-11.

Estas dimensiones de la justicia permiten constatar como la situación de "injusticia climática" genera la necesidad de dar una respuesta articulada socialmente, de carácter multisectorial y plural a la emergencia climática, amplificando su actuación y repercusión, a la vez que garantizando su visibilidad en los espacios gubernamentales de exclusión social.

En sus reclamos de justicia climática, estos MJC ejercen derechos fundamentales vinculados a la defensa del medio ambiente, como es el derecho a la libertad de expresión (Artículo 13); el derecho a la libertad de pensamiento, conciencia y religión (Artículo 14); el derecho a la libertad de asociación y reunión pacífica (Artículo 15); el derecho a la intimidad (Artículo 16) y el derecho a la variedad de medios de comunicación (Artículo 17). Derechos todos ellos incluidos en el Pacto Internacional de Derechos Civiles y Políticos[29]. No obstante, en el ejercicio de estos derechos, muchas personas, especialmente las jóvenes de Asia y el Pacífico, se enfrentan no solo a los efectos del cambio climático, sino también a situaciones de intimidación, acoso, criminalización, estigmatización y ataques violentos, que tienen como fin el de eliminar protestas y resistencias[30].

Así, en la actualidad, a pesar de las divergencias antes mencionadas, la configuración de los MJC incluye tanto los movimientos del Sur Global, pueblos indígenas, feministas, organizaciones de agricultores, seguridad alimentaria y salud, como el sector juvenil a través de Jóvenes por el Clima, Fridays for Future, Extinction Rebellion o Alianza por el Clima, aunque estos últimos, como se analiza a continuación, han adquirido

29 1966, 999 UNTS 171.

30 En 2020, Global Witness documentó 227 ataques letales contra personas defensoras. Ver "Última línea de defensa". Disponible en: <https://www.globalwitness.org/es/last-line-defence-es/>, (consultado el 3 de mayo de 2023).

un mayor protagonismo gracias a su liderazgo internacional en la agenda climática[31].

IV. LOS MOVIMIENTOS SOCIALES Y SU PARTICIPACIÓN EN LA AGENDA CLIMÁTICA

La participación de la sociedad civil en la agenda internacional del medio ambiente se institucionalizó en la década de los setenta del siglo pasado en el sistema de las Naciones Unidas, con la Conferencia de Estocolmo de 1972[32] y la Conferencia de Río de Janeiro de 1992[33], en las que participaron más de 400 organizaciones y 17.000 personas, respectivamente. La importancia y volumen de participación de la sociedad civil, especialmente, en la Conferencia de Río, permitió establecer diferentes categorías de grupos de interés a través de organizaciones no gubernamentales ambientalistas y otras con una cobertura más amplia, como las de defensa de los derechos humanos, además de la representación del sector privado, la academia, los sectores sociales, los sindicatos, las mujeres, los pueblos indígenas, las comunidades campesinos, los y las jóvenes y las autoridades locales[34]. La participación tan amplia de

---

31 Svampa, M., ¿Hacia dónde van los movimientos por la justicia climática?. *Nueva Sociedad* No 286, marzo-abril de 2020, ISSN: 0251-3552.

32 Ver Informe de la Conferencia de las Naciones Unidas sobre el Medio Humano, Estocolmo, 5 a 16 de junio de 1972, A/CONF.48/14/Rev.1.

33 La Conferencia de las Naciones Unidas sobre el Medio Ambiente y el Desarrollo (CNUMAD), también conocida como la 'Cumbre para la Tierra', se celebró en Río de Janeiro, Brasil, del 3 al 14 de junio de 1992. Ver A/RES/44/228 y A/CONF.151/26/Rev.1(vol.I)+ Corr. 1.

34 Ver "Non-Governmental Organization Constituencies. What Are Constituencies?", en <http://unfccc.int/files/parties_and_observers/ngo/application/pdf/constituency_2011_english.pdf> (consultado el 3 de mayo de 2023).

organizaciones no gubernamentales fue propiciada por su inclusión formal en el proceso preparatorio de la Conferencia de las Naciones Unidas sobre el Medio Ambiente y el Desarrollo (Conferencia de Río de 1992)[35].

El Principio 10 de la Declaración de Rio de Janeiro de 1992, adoptada en la Conferencia de Río, oficializará la necesidad de promover la participación pública en los asuntos ambientales. En concreto, este Principio busca asegurar que toda persona tenga acceso a la información, participe en la toma de decisiones y acceda a la justicia en asuntos ambientales, con el fin de garantizar el derecho a un medio ambiente sano y sostenible para las generaciones presentes y futuras[36].

---

35 En concreto, a pesar de no tener un papel activo en el proceso negociador, se les permitirá presentar exposiciones por escrito en el proceso preparatorio. Además, aquellas ONG, acreditadas con el estatus consultivo en el Consejo Económico y Social, podrían realizar intervenciones en las sesiones plenarias del Comité Preparatorio y solicitar el uso de la palabra en las reuniones, siguiendo la práctica habitual de Naciones Unidas. Ver el Informe del Comité Preparatorio de la Conferencia de las Naciones Unidas sobre el Medio Ambiente y el Desarrollo, Decisión 1/1 "Papel de las organizaciones no gubernamentales en el proceso preparatorio de la Conferencia de las Naciones Unidas sobre el Medio Ambiente y el Desarrollo", par. 4. Doc. A/46/16, Suplemento No. 46: de 25 de enero de 1991.

36 Report of the United Nations Conference on Environment and Development (Rio de Janeiro, 3-14 June 1992), Annex I Rio Declaration on Environment and Development, A/CONF.151/26 (Vol. I). Disponible en: <https://www.un.org/en/development/desa/population/migration/generalassembly/docs/globalcompact/A_CONF.151_26_Vol.I_Declaration.pdf> (consultada el 5 de mayo 2023). El Programa 21 reafirma el principio 10 de la "Declaración de Río" al señalar que: "Uno de los requisitos fundamentales para alcanzar el desarrollo sostenible es la amplia participación de la opinión pública en la adopción de decisiones". Organización de Naciones Unidas (1992), Programa 21, Sección 3ª: "Fortalecimiento del papel de los grupos principales", capítulo 23°, párrafo 23,3.

Esta previsión, junto con la repercusión de los problemas ambientales compartidos y el creciente despliegue de las telecomunicaciones propiciaron, poco a poco, un mayor protagonismo de la sociedad civil en la escena internacional[37]. Así, se fueron abriendo progresivamente los espacios gubernamentales, que tradicionalmente se habían vetado al público. Desde entonces, la sociedad civil y las organizaciones no gubernamentales han demostrado ser actores claves en la gobernanza multinivel en la agenda ambiental en general, pero muy particularmente en relación a las negociaciones climáticas. Su participación ha sido de gran valor para las organizaciones intergubernamentales y sus procesos, ya sea en las agendas y en las negociaciones, ejerciendo influencia y presión para incrementar la transparencia y los niveles de ambición de los objetivos comunes, como en la implementación de los compromisos internacionales contraídos por los Estados, desarrollando así una función de control social muy importante.

La sociedad civil se ha convertido, consecuentemente, en un actor internacional abierto a la construcción de formas asociativas independientes del control gubernamental y que ejercen o pretenden ejercer influencia en el diseño de las políticas gubernamentales.

Tal y como se analiza a continuación, en las negociaciones climáticas la participación de la sociedad civil se concentra el marco institucional de la Convención Marco de las Naciones Unidas sobre Cambio Climático (CMNUCC)[38]. Así, en los últimos años, se ha incrementado su presencia y su capacidad de incidencia, a pesar de que, paradójicamente, los espacios gubernamentales abiertos a la participación social se han ido

---

37 Vázquez Ortiz, Y. B. (2021), Neoliberalismo, sociedad civil y dominación político-ideológica en el siglo XXI. *Economía y Desarrollo*, 165(1).

38 *Cit. Supra.*

reduciendo. Esto no ha impedido, por otra parte, la presencia de la sociedad civil, la cual, incluso, ha trascendido a estos espacios , ampliándose con otros colectivos y aportando una perspectiva diferente a la que se desarrolla en las negociaciones climáticas, y que se basa, principalmente, en la defensa de los derechos humanos, la dignidad y la igualdad.

4.1. La Convención Marco de las Naciones Unidas sobre Cambio Climático y el mandato de la participación pública

En el marco de la Convención Marco de las Naciones Unidas sobre Cambio Climático de 1992[39], los Estados se comprometen a promover y cooperar en la educación, formación y la sensibilización del público en relación con el cambio climático y a fomentar la amplia participación de la sociedad civil en el proceso (art. 4.i y art. 6)[40]. Así, la CMNUCC reconoce que el

---

39 *Ibid.*

40 El artículo 4.1 i) establece que todas las Partes deberán "[p]romover y apoyar con su cooperación la educación, la capacitación y la sensibilización del público [...] y estimular la participación más amplia posible [...], incluida la de las organizaciones no gubernamentales". En el artículo 6 se dan más pormenores de esta disposición; en su apartado a) se estipula que las Partes promoverán y facilitarán, en el plano nacional y, según proceda, en los planos subregional y regional: La elaboración y aplicación de programas de educación y sensibilización del público sobre el cambio climático y sus efectos; el acceso del público a la información sobre el cambio climático y sus efectos; la participación del público en el estudio del cambio climático y sus efectos y en la elaboración de las respuestas adecuadas; y la formación de personal científico, técnico y directivo. Estas actividades deben realizarse de conformidad con las leyes y reglamentos nacionales y con arreglo a las posibilidades de las Partes. En este sentido, la educación, la formación y la sensibilización del público regulados en la CMNUCC se desarrolló en el programa de trabajo de Nueva Delhi para la aplicación del artículo 6 de la Convención

éxito de las estrategias para abordar el cambio climático depende de la participación plena de los individuos y las comunidades, los grupos de interés y las partes interesadas, incluidos el mundo empresarial y los responsables de la formulación de políticas locales. En este sentido, pues, la Convención aborda no solo la educación, la formación y la sensibilización del público, sino también el acceso a la información, la participación del público y la cooperación internacional en esas esferas.

En el ámbito de las negociaciones climáticas, la participación pública, más allá de la estrictamente gubernamental, se ha articulado a través de la Conferencia de las Partes, que es el órgano supremo de la CMNUCC y que reúne a todos los Estados parte con el objetivo de lograr la estabilización de las concentraciones de gases de efecto invernadero (GEI) en la atmósfera a fin de impedir riesgos en el sistema climático, tal y como regula el artículo 2 de la Convención[41]. En estas reuniones anuales participan personas expertas en medio ambiente, ministros, jefes de Estados y ONGs. Para que las ONGs puedan ser formalmente admitidas en calidad de observadoras, deben realizar una solicitud a la Secretaría de la CMNUCC y cumplir con los siguientes criterios de elegibilidad: que su actividad se

---

(decisión 11/CP.8), donde se reconoce que muchas Partes, organizaciones intergubernamentales, ONG y organizaciones de base comunitaria, así como los sectores privado y público, ya trabajan activamente para crear mayor conciencia y dar a conocer mejor las causas y los efectos del cambio climático y las posibles soluciones. Por lo tanto, el programa alienta a las Partes y a otras entidades a cooperar en la promoción, la facilitación, el desarrollo y la aplicación a todos los niveles de programas de sensibilización del público sobre el cambio climático y sus efectos. También se alienta a realizar actividades que faciliten el acceso del público a la información sobre el cambio climático y sus efectos y que promuevan la participación de la ciudadanía en la lucha contra el cambio climático y sus efectos y en la elaboración de respuestas adecuadas.

41 *Ibid.*

relacione con los asuntos abarcados por la Convención, no tener una finalidad lucrativa y estar exentas de impuestos, tener una base internacional, una personalidad jurídica y haber completado, por lo menos, un año contable completo. Así, como se puede observar, la única posibilidad de participación de la sociedad civil es la indirecta, a través de las ONGs acreditadas convenientemente.

En la primera de las COPs, celebrada en Berlín en 1995, se insist en lo establecido en la Convención en términos de participación pública, pero también añade que debería hacerse hincapié "en mejorar la sensibilidad pública y la educación nacionales sobre el cambio climático y las medidas de respuesta" (Decisión 11/COP.1)[42]. En esta COP, además, se aprueba el "Reglamento de la Conferencia de las Partes y de sus órganos subsidiarios", que reproduce lo establecido en la Convención y añade que el Presidente de la COP tiene la potestad de invitar a los observadores en las deliberaciones, sin que tengan derecho a voto y siempre que no se hayan opuesto al menos un tercio de las Partes presentes[43].

En los años siguientes, la necesidad de promover la participación pública se reafirmaría en la COP4 de Buenos Aires de 1998 (Decisión 2/COP.4), en la COP7 de Marrakech de 2001 (Decisión 6/COP.7), en que también se mencionó la participación de la comunidad en las cuestiones del cambio climático, y en la COP9 de Milán de 2003 (Decisión 4/COP.9). Sin embargo, esta cuestión adquirió particular relieve en la COP8, celebrada en la India, en 2002, con la aprobación del "Programa

---

42 Informe de la Conferencia de las Partes sobre su primer período de sesiones, celebrada en Berlín del 28 de marzo al 7 de abril de 1995, Doc. FCCC/CP/1995/7, de 24 de mayo de 1995.

43 Doc. A/AC.237/L.22/Rev.2, de 15 de febrero de 1995, Cuestiones de procedimiento, institucionales y jurídicas. Reglamento de la Conferencia de las Partes y de sus órganos subsidiarios (Art. 7.2).

de trabajo de Nueva Delhi" para la aplicación del artículo 6 de la Convención (Decisión 11/COP.8)[44].

En el Programa de trabajo de Nueva Delhi se alienta a las Partes a que realicen actividades en seis categorías, los llamados "seis pilares", que reflejan los elementos principales del artículo 6, a saber: la cooperación internacional; la educación; la capacitación; la sensibilización del público; la participación del público; y el acceso del público a la información. En este sentido, es particularmente relevante es el artículo 6.iii, que establece que "La participación del público en el estudio del cambio climático y sus efectos y en la elaboración de las respuestas adecuadas".

Años después, en la COP21 de París, se afirma que para una acción climática más ambiciosa es preciso tener en cuenta a los Estados Parte, pero también aquellos actores interesados que no son Partes, entre ellos, la sociedad civil, el sector privado, las instituciones financieras, las ciudades y otras autoridades subnacionales, las comunidades locales y los pueblos indígenas[45].

Así, inicialmente, en las negociaciones sobre el cambio climático había dos grupos de interés, a saber, las organizaciones no gubernamentales de las empresas y la industria (BINGO, por sus siglas en inglés) y las organizaciones no gubernamentales ambientalistas (ENGO, por sus siglas en inglés), pero con posterioridad, el espacio participativo se amplió a otros grupos de interés. En primer lugar, las autoridades municipales y de gobiernos locales (lGMA, por sus siglas en inglés), que fueron incluidas en la COP1; después se integraron las organizaciones de pueblos indígenas (IPO, por sus siglas en inglés) en la COP7; las organizaciones no gubernamentales de inves-

44 Decisión 11/CP.8: Programa de trabajo de Nueva Delhi para la aplicación del artículo 6 de la Convención.

45 Ver Decisión 1/CP.21: Aprobación del Acuerdo de París, Preámbulo.

tigación e independientes (RINGO, por sus siglas en inglés) lo hicieron en la COP9, las organizaciones no gubernamentales de sindicatos (TUNGO, por sus siglas en inglés) en la COP14 y, finalmente, en la COP17 se realizó la última ampliación incluyendo a las organizaciones no gubernamentales de mujeres y géneros y las organizaciones no gubernamentales de jóvenes (YOUNGO, por sus siglas en inglés). Estos grupos de interés aun no integran las organizaciones religiosas y las parlamentarias, ni a las organizaciones no gubernamentales de personas granjeras y agricultoras, cuya solicitud para obtener este estatus está actualmente bajo revisión. Los puntos focales de estos grupos de interés facilitan el intercambio de información entre el secretariado y las organizaciones admitidas como observadoras. [46].

Al margen del reconocimiento oficial de la participación pública, es necesario realizar una valoración de su efectiva inclusión, a través de las diferentes COPs , desde la primera en 1995 hasta la 27, celebrada en 2022 . En este sentido, las COPs más relevantes en términos de resultados y de incidencia de los MJC fueron las que a continuación se proceden a analizar .

4.2. De Kioto a Copenhague: la eclosión de los MJC

La COP3, que tuvo lugar en Kioto (Japón), fue una de las más fructíferas, ya que se adoptó el Protocolo de Kioto[47]. Este

---

[46] Para más Información consultar UNFCCC (2006), Convención Marco de las Naciones Unidas sobre el Cambio Climático: Manual, Bonn (Alemania): Secretaría del Cambio Climático. Editado por la Dependencia de Asuntos Intergubernamentales y Jurídicos de la Secretaría del Cambio Climático, pp. 71 y ss. Disponible en: <https://unfccc.int/resource/docs/publications/handbook_esp.pdf> (consultado el 10 de mayo 2023).

[47] Protocolo de Kioto de la CMNUCC, adoptado en Kioto, el 10 de diciembre de 1997. United Nations, Treaty Series, vol. 2003. De acuer-

fue sin duda un proceso que se logró gracias a la presión de los movimientos sociales y ambientales, a la evidencia científica y al papel de liderazgo desempeñado por la Unión Europea.

El artículo 10 e) del Protocolo de Kioto, basándose en las disposiciones de la CMNUCC, establece lo siguiente:

> "Todas las Partes, teniendo en cuenta sus responsabilidades comunes pero diferenciadas y las prioridades, objetivos y circunstancias concretos de su desarrollo nacional y regional, sinintroducir ningún nuevo compromiso para las Partes no incluidas en el anexo I aunque reafirmando los compromisos ya estipulados en el párrafo 1 del artículo 4 de la Convención y llevando adelante el cumplimiento de estos compromisos con miras a lograr el desarrollo sostenible, teniendo en cuenta lo dispuesto en los párrafos 3, 5 y 7 del artículo 4 de la Convención: cooperarán en el plano internacional, recurriendo, según proceda, a órganos existentes, en la elaboración y la ejecución de programas de educación y capacitación que prevean el fomento de la creación de capacidad nacional, en particular capacidad humana e institucional, y el intercambio o la adscripción de personal encargado de formar especialistas en esta esfera, en particular para los países en desarrollo, y promoverán tales actividades, y facilitarán en el plano nacional el conocimiento público de la información sobre el cambio climático y el acceso del público a ésta. Se deberán establecer las modalidades apropiadas para poner en ejecución estas actividades por conducto de los órganos pertinentes de la Convención, teniendo en cuenta lo dispuesto en el artículo 6 de la Convención.".

A pesar que esta disposición tiene en cuenta el antes mencionado art. 6 de la CMNUCC, es notorio evidenciar la falta de referencias al término "participación pública". En esta línea, en la COP10 (2004) se hizo un examen intermedio de los pro-

---

do con su artículo 24(1), se abrió a la firma desde el 16 de marzo de 1998 a 15 de marzo de 1999. Conforme a su artículo 25, apartados 1 y 3, entró en vigor el 16 de febrero de 2005. Actualmente, son 192 Estados Partes.

gresos realizados en la ejecución del Programa de trabajo de Nueva Delhi, sobre la base de un informe preparado por la secretaría[48]. En su decisión 7/COP.10, la Conferencia de las Partes concluyó que el programa había demostrado ser un marco idóneo para las actividades impulsadas por los países y decidió que dicho programa debía seguir orientando a las Partes en la aplicación del artículo 6 de la Convención.

A todo ello, además, es necesario apuntar que, en general, los logros del Protocolo de Kioto fueron relativos. Primero, los objetivos vinculantes eran para solo los treinta y cinco Estados industrializados y principales emisores de GEI, los cuales debían reducir entre 2008-12, el 5% de sus emisiones respecto a los niveles de 1990. No se incluía a China, India y Brasil, que, si bien aceptaron asumir sus responsabilidades, no incluyeron objetivos cuantificados de reducción de emisiones. Rusia lo ratificó en 2005, lo que permitió la entrada en vigor del Protocolo. Y, en segundo lugar, Estados Unidos, responsable de un tercio de las emisiones, se retiró en 2001, lo cual redundó en la pérdida de eficacia de los compromisos globales.

Otro problema, que surgió fue con la implementación de los mecanismos de flexibilidad, es decir, el comercio de emisiones (el cual permitía la compra directa de cuotas de CO2), el Mecanismo de Desarrollo Limpio y la Aplicación Conjunta, que facilitaban contabilizar reducciones que no se realizaban en el propio territorio, además con importantes repercusiones socioambientales en los territorios donde se implementaban.

A partir de este momento, la participación de la sociedad civil se incrementa, con una mayor presencia de los movimientos

---

[48] Disponible en: <FCCC/SBI/2004/15, http://unfccc.int/resource/docs/spanish/sbi/0415s.pdf> (consultado el 3 de mayo 2023) y Decisión 7/CP.10: Situación de la aplicación del programa de trabajo de Nueva Delhi sobre el artículo 6 de la Convención, y maneras de fomentarla.

ecologistas y organizaciones no gubernamentales ambientalistas, y que en el caso de América Latina se articuló con las llamadas "Cumbres de los Pueblos", como reunión de representantes de organizaciones políticas y movimientos sociales de América Latina y el Caribe, que se celebraban paralelamente a las grandes reuniones oficiales, con el fin de cuestionar, principalmente, sus relaciones con Estados Unidos y establecer posicionamientos sociopolíticos conjuntos[49].

Otra de las COPs que fue significativa en términos de participación de la sociedad civil, fue la celebrada en 2005 en Montreal (COP11) en la que asistieron unos 10.000 participantes[50]. Y, en 2007, se crea la red "Climate Justice Now!" (CJN!), durante la última jornada de la COP13 en Bali, mediante un comunicado de prensa firmado por más de 30 movimientos sociales y ONGs[51]. Además, en esta COP13 se realizó un examen com-

---

49 Reuniones ya realizadas: Mar del Plata, Argentina, 2005; Cochabamba, Bolivia, 2006; Santiago de Chile, Chile, 2007; Lima, Perú, 2008; Posadas, Argentina, 2008; Salvador de Bahía, Brasil, 2008, reunidos a raíz de la histórica realización de cinco cumbres simultáneas de presidentes de MERCOSUR, UNASUR, ALADI, del Grupo de Río y de América Latina y Caribe en Salvador, Bahía; Trinidad, 2009; Cartagena, Colombia, 2012, se reunió la Cumbre de los Pueblos en contraposición a la VI Cumbre de las Américas que se realizó en esas mismas fechas; Río de Janeiro, Brasil, 2012, paralela a Río+20, por la Justicia Social y Ambiental; Ciudad de Panamá, Panamá, 2015, paralela y en contraposición a la VII Cumbre de las Américas que se realizó en esas mismas fechas; Mendoza, Argentina, 2017, paralela a la Cumbre de Presidentes del Mercosur, se realizó en el mes de julio en la Facultad de Artes y Diseño de la Universidad Nacional de Cuyo; Lima, Perú, 2018, paralela y en contraposición a la VIII Cumbre de las Américas que se realizó en esas mismas fechas.

50 Consultar: <https://unfccc.int/event/cop-11> (última consulta 10 de mayo 2023).

51 Se puede consultar este comunicado en: <https://climatejusticenow.org/cjn-founding-press-release/> (última consulta 10 de mayo 2023).

pleto de la aplicación del programa y se enmendó, con el fin de introducir mejoras[52]. Lo que estaba claro era que la si bien los espacios de participación pública se iban ampliando, aun no eran ni suficientes ni significativos, lo cual generaría una mayor frustración social, que culminó con la COP15, celebrada en Copenhague.

4.3. *De la frustración de Copenhague 2009 a la revitalización de la participación pública*

La COP15 de Copenhague de 2009 es considerada, en general, como **un fracaso y un retroceso en el proceso mundial de las negociaciones climáticas, contribuyendo a** reforzar el posicionamiento de los movimientos sociales , cada vez más reaccionarios, ante la falta de voluntad política. Tras varios borradores elaborados por unos pocos países (Estados Unidos, China y otras economías emergentes), con contenidos cada vez más vagos y menos ambiciosos, se adoptó el "Acuerdo de Copenhague" y se presentó al resto de países (más de 100), con solo una hora de margen para analizarlo y aprobarlo. Esta situación demostró el intento de exclusión de los demás países, especialmente del Sur, más afectados por el cambio climático.

La falta de transparencia y de un acuerdo ambicioso jurídicamente vinculante, junto con la escasa ambición en la reducción de emisiones, puso de manifiesto la negativa de las principales economías mundiales de emprender un cambio de patrones de producción y un cambio de modelo productivo. Además, la exclusión de la sociedad civil de la reunión oficial fue determinante para impulsar el movimiento mundial en torno al cambio climático. Prueba de ello fue la movilización

52 Programa de trabajo de Nueva Delhi enmendado para la aplicación del artículo 6 de la Convención, FCCC/SBI/2007/L.29/Add.1 10 de diciembre de 2007.

en el “Klimaforum09”, donde ya comenzaron a alzarse voces reclamando un profundo cambio de paradigmas.

De esta forma, Copenhague fue el catalizador de un gran movimiento global, que a riesgo de perder lo que se había conseguido en Kioto, provocó que Bolivia convocara a una Cumbre de los Pueblos en Cochabamba sobre cambio climático y los derechos de la Madre Tierra, con el fin de debatir agendas comunes antes de la COP 16 a celebrarse en Cancún a finales del 2010. En esta cumbre asistieron más de 30.000 personas de 140 países.

La COP16 de Cancún (2010) garantizó la vigencia del Protocolo de Kioto, aplazando su continuidad en la siguiente cumbre de Durban de 2011 (COP 17). Este fue uno de los únicos puntos de coincidencia entre movimientos sociales y posiciones gubernamentales, además de la adopción del Fondo Verde, operado bajo la supervisión del Banco Mundial. No obstante estos avances, no se llegaron a recoger todos los reclamos de la Cumbre de los Pueblos[53].

Aunque los fracasos de la cumbre oficial de la CMNUCC de 2009 en Copenhague y de su sucesora en Doha (2012) suscitaron frustración entre las ONGs ecologistas ylos grupos de justicia climática, que aprovecharon las oportunidades para socializar una nueva generación de activistas[54].

53 Ver Informe de la Conferencia de las Partes sobre su 16º período de sesiones, celebrado en Cancún del 29 de noviembre al 10 de diciembre de 2010, Doc. FCCC/CP/2010/7, de 15 de marzo de 2011. También IISD, Conferencia de las Naciones Unidas sobre el Cambio Climático: 29 de noviembre al 10 de diciembre de 2010, Boletín de Negociaciones de la Tierra, Vol. 12, No. 487, 2010, p. 4.

54 De Moor, J., Wahlström, M. (2019), Narrating political opportunities: explaining strategic adaptation in the climate movement. *Theory & Society* 48, pp. 419-451.

A partir de entonces, los MJC promoverán acciones y redes de protesta, con movilizaciones, bloqueo de rutas y calles, ocupación de los territorios y otras formas de resistencia civil. Este momento representará una oportunidad histórica para los movimientos sociales para convertirse en un movimiento de masas global. Especialmente, las resistencias de América Latina serán las que van a protagonizar los movimientos contra los neoextractivismos, liderando los movimientos de justicia ambiental contra la expansión de la frontera hidrocarburifera y agropecuaria, de biocombustibles, megarepresas, pasivos ambientales y la expansión de las llamadas "zonas de sacrificio". Pero, además, estas movilizaciones se reproducen en las zonas de sacrificio del Norte Global, con la movilización contra los conductos de transporte del gas fracking y que atraviesan territorios indígenas (como es el caso del Dakota Access Pipeline)[55]. Incluso en Europa, se reproducen estas movilizaciones para protestar contra las minas de carbón (Alemania), el fracking (Reino Unido, Bulgaria o Francia) y otras acciones de bloqueo contra el transporte de combustibles fósiles. En 2014 en Estados Unidos se produce la "Marcha de los Pueblos" con la participación de unas 400.000 personas demandando una política climática activa. Este episodio no se entiende sin el Huracán Katrina de 2005 y el Huracán Sandy de 2012, cuando también afloraron las consecuencias de las desigualdades sociales del Norte Global vinculadas al cambio climático. A partir de entonces se generalizan y se visibilizan las movilizaciones por el clima.

---

55 Lakhani, (2020), 'Dakota Access Pipeline: Court Strikes Down Permits in Victory For Standing Rock Sioux' The Guardian, 26 Mar 2020. Disponible en: <https://www.theguardian.com/us-news/2020/mar/25/dakota-access-pipeline-permits-court-standing-rock> (consultado 5 mayo 2023).

4.4. Surgimiento del activismo climático: las marchas por el clima y las falsas esperanzas puestas en el Acuerdo de París

En 2015, con la COP21 de París, las marchas multitudinarias se inician, alcanzando las 785.000 personas, en 2300 marchas en 175 países[56]. A pesar de la adopción del Acuerdo de París[57], la COP no tuvo en cuenta lo que estas marchas reclamaban, es decir: cuestionar el crecimiento económico y el sistema de comercio mundial; el que no se incluyera la aviación civil y el transporte marítimo, que a pesar de representar el 10% de las emisiones de GEI quedaron fuera del Acuerdo de París, así como también con las subvenciones a los combustibles fósiles y dejar el 80% de las reservas en el subsuelo. Todo ello considerando que, el Acuerdo de París, siguiendo a la CMNUCC, reconoce, en su artículo 12, la necesidad de que las Partes cooperen en la adopción de las medidas que correspondan para mejorar la educación, la formación, la sensibilización y participación del público y el acceso público a la información sobre el cambio climático, con el fin de mejorar la acción climática[58].

Pero no será hasta 2018, en la antesala de la COP25 de Madrid, que las movilizaciones sobre el cambio climático adquieran una mayor importancia. En este momento, los MJC se des-

---

56 De Moor, J. (2018), The 'efficacy dilemma' of transnational climate activism: the case of COP21, *Environmental Politics*, vol. 27, no 6, p. 1079-1100.

57 Acuerdo de París de la CMNUCC, adoptado en París, el 12 de diciembre de 2015. United Nations, Treaty Series, No. 54113. De acuerdo con su artículo 20, se abrió a la firma desde el 22 de abril de 2016 hasta el 21 de abril de 2017. Conforme al artículo 21(1), entró en vigor el 4 de noviembre de 2016. Actualmente son 198 Estados Partes. Ver: <https://treaties.un.org> (última consulta, el 10 de mayo de 2023).

58 Ver también Reglamento de la Conferencia de las Partes en calidad de reunión de las Partes en el Acuerdo de París. Propuesta del Presidente, 16 noviembre 2016, FCCC/CP/2016/L.3.

prenden de la agenda diplomática, trascienden los espacios de negociación y empiezan a organizarse en las calles, a través de marchas que se van a producir en muchas partes del mundo. A partir de ese momento, se constata, cada vez más, que las COPs ya no son un foro propicio de respuesta a la emergencia climática y mucho menos de "acción climática", evidenciando, además, la falta de transparencia, la monopolización de las decisiones en las élites políticas y económicas y la disminución de los espacios de participación de los observadores de la sociedad civil.

Especialmente importante fue en a**gosto de 2018**, cuando Greta Thunberg, una joven sueca de 15 años, inicia las protestas de todos los viernes frente al Parlamento de Estocolmo exigiendo acciones más concretas frente al cambio climático. Su ejemplo inspirará al movimiento Fridays For Future (FFF)[59]. El mes siguiente, el **8 septiembre 2018 se lleva a cabo la m**archa "En pie por el clima" ("Rise Up for climate") y en o**ctubre 2018 se constituye** "Extinction Rebellion" (XR) en el Reino Unido y se inician las primeras acciones directas no violentas en Londres.

En este contexto, se desarrolla una nueva ola de protestas por la justicia climática en todo el mundo, con las huelgas y movilizaciones, principalmente del FFF, ganando impulso y representando un giro potencialmente histórico en el activismo climático[60]. Así, el **15 marzo 2019** se realiza la primera gran "Huelga Mundial por el clima", promovida por FFF, quien logra reunir a más de un millón y medio de personas

---

59 Doolen, J. (2020), Protest Movements and the Climate Emergency Declarations of 2019: A New Social Media Logic to Connect and Participate in Politics. Master's Thesis, Uppsala Universitet, Uppsala, Sweden.

60 Ver Fridays for Future Website, Strike Statistics: List of Countries. Disponible en: <https://fridaysforfuture.org/what-we-do/strikestatistics/list-of-countries/> (consulta, el 10 de mayo de 2023).

jóvenes y resto de ciudadanía, en más de dos mil marchas, en 123 países[61]. El éxito de esta movilización, tanto en términos de participación como de resonancia, representó un punto de inflexión histórico en el activismo medioambiental y aumentó significativamente la relevancia de las cuestiones climáticas en la sociedad en general.

La segunda "Huelga Mundial por el clima" se lleva a cabo el 24 de mayo de 2019, reuniendo de nuevo a más de un millón de personas, en manifestaciones en más de 125 países[62]. Y en septiembre de ese mismo año, "Juventud por el clima" celebra la "Semana global por el clima", del 20 al 27 de septiembre, organizando dos grandes huelgas mundiales: una el 20 de septiembre, tres días antes de la "Cumbre sobre la Acción Climática" de Naciones Unidas, que se celebró en Nueva York, y otra la semana siguiente, el día 27, en conmemoración del aniversario de la publicación de *Silent Spring* en 1962, de Rachel Carson. El primer día de huelga, según estimaciones, se llegó a movilizar a unos 4 millones de personas de 185 países y el segundo día a unos dos millones de 2400 localidades, convirtiéndose así en unas de las manifestaciones más importantes de la historia[63].

---

61 Fridays for Future (FFF). List of Countries. Disponible en línea en: <https://fridaysforfuture.org/what-we-do/strike-statistics/list-of-countries> (consultado el 20 de abril 2023). Ver Wahlström, M, Kocyba, P, de Vydt, M., de Moor, J. (eds) (2019), Protest for a future: composition, mobilization and motives of the participants in Fridays For Future climate protests on 15 March 2019 in 13 European cities. Disponible en: <https://gup.ub.gu.se/publication/283193> (consulta el 27 mayo 2023).

62 De Moor, J, de Vydt, M, Uba, K., Wahlström, M. (2021), New kids on the block: taking stock of the recent cycle of climate activism. Social Movement Studies 20, pp. 619-625.

63 De Moor, J., Uba, K., Wahlstrom, M., Wennerhag, M., De Vydt, M. (2019), Protest for a Future II: Composition, Mobilization and Motives of the Participants in Fridays for Future Climate Protests on

La cuarta "Huelga Mundial por el clima" se produce antes de la celebración de la COP25 en Madrid, el 29 de noviembre de 2019 y son convocadas a participar 1700 ciudades de todo el mundo[64]. Durante la COP, el 6 de diciembre se realiza una manifestación masiva, con la asistencia estimada de medio millón de personas[65]. En este contexto, surge el movimiento "Feministas por el Clima", formado por mujeres de diferentes edades, procedentes del feminismo y ecologismo y que van a contribuir con la introducción de la perspectiva feminista a los reclamos de justicia climática[66], centrando sus propuestas en las crisis interconectadas vinculadas con la crisis climática. Según Ana Álvarez, propuestas basadas en "(...) la centralidad social del trabajo de cuidados, a terminar con el racismo y las violencias de todo tipo, y en definitiva a acabar con las relaciones de poder que causan opresión y exclusión social"[67].

Las últimas movilizaciones, con el paréntesis de la pandemia provocada por la COVID-19, se realizaron el 13 de enero de 2021, cuando FFF convoca una nueva protesta, que llevó por lema "No más promesas vacías"[68].

La "Huelga Mundial por el Clima" se retoma el 24 de septiembre de 2021, con protestas en más de 80 países, especial-

---

20–27 September 2019, in 19 Cities around the World. 2020. Disponible en: <https://osf.io/asruw/> (consultado el 15 de abril 2023).

64 Fridays for Future (FFF), *cit. supra.*

65 *Ibidem.*

66 Ver Herrero, Y. (2022), "La lucha por la justicia climática necesita propuestas feministas que enfrenten la cultura de la guerra", en *CTXT*, n. 291. Disponible en: <https://ctxt.es/es/20221201/Politica/41541/Yayo-Herrero-entrevista-feminismo-ecologismo-clima-activismo.htm>, (consultado el 15 de mayo 2023).

67 *Ibid.*

68 Fridays for Future (FFF), *cit. supra.*

mente de Europa y América, siendo uno de los lemas "Uproot the system" ("Desarraigar el sistema")[69].

El año siguiente, en 2022, y con el lema "People Not Profit", se organizaron dos huelgas globales más por el clima , una el 25 de marzo y otra el 23 de septiembre, con protestas en todos los continentes.

A partir de ese año, prolifera un movimiento de resistencia y desobediencia civil en torno a obras de arte en muchos museos de Europa y Australia, con el fin de atraer la atención de los medios de comunicación, de crear consciencia sobre los efectos del cambio climático y, sobre todo, seguir presionando sobre las autoridades públicas para superar su pasividad climática. La mayor parte de estas acciones tienen su origen en la red internacional A22[70], una coalición de grupos ecologistas que actúan de forma concertada. En este sentido, sin ser representativos de todos los MJC (puesto que organizaciones, como FFF, no se han identificado con estas acciones) ni tener como objetivo la confrontación con la cultura, han logrado llamar la atención pública internacional, denunciando la indiferencia general ante la destrucción de la vida. No obstante, la información negativa, propagada por los medios de comunicación, de esta desobediencia civil, ha podido generar rechazo entre el público, disminuyendo así su conexión emocional y su apoyo a todos los MJC[71]. Algunos de estos grupos son "Just Stop Oil" o "Última Generación" con acciones en muchas partes de Europa o "Futuro Vegetal", en el caso de España.

---

69 *Ibidem.*

70 Para más información consultar: <https://a22network.org/es/> (consultado el 3 de mayo de 2023).

71 Feinberg, M., Willer, R., Kovacheff, C. (2020), The activist's dilemma: Extreme protest actions reduce popular support for social movements. *Journal of Personality and Social Psychology*, p. *119*.

La deriva de parte del MJC a las acciones de protesta de personas jóvenes ha puesto de manifiesto, especialmente, la dimensión intergeneracional de la justicia climática, pero también el intento desesperado por mantener el debate vivo, mientras se sigue naturalizando la situación de crisis y su irreversibilidad. El llamado "dilema del activista" en los MJC se baraja entre: las acciones moderadas de protesta que pasan relativamente desapercibidas o las acciones protesta más extremas, de desobediencia civil, que consiguen llamar la atención pública[72]. Especialmente, estas últimas han generado una respuesta, no precisamente, a atender los reclamos de los MJC, sino más bien una tendencia creciente a reprimir cualquier intento de cuestionamiento del sistema.

V. DE LAS PROPUESTAS DE LOS MOVIMIENTOS DE JUSTICIA CLIMÁTICA A LA REPRESIÓN DEL DERECHO A LA PROTESTA

Como se ha podido observar, desde 2019 los MJC se concentran en las protestas de las personas más jóvenes en todo el mundo. En efecto, las marchas se convierten en huelgas, que serán lideradas por personas jóvenes de núcleos urbanos de todo el mundo, para significar la desobediencia civil pacífica respecto a las irresponsabilidades climáticas gubernamentales. Este activismo contrasta con los numerosos documentos y mecanismos de supervisión de la ONU, que tienden a hacer más hincapié en la "protección" de los niños y las niñas que en su condición de individuos activos y potencialmente políticos[73]. Sin embargo, como se ha podido comprobar en estos últimos

72 *Ibidem.*

73 Nishiyama (2020), 'Between Protection and Participation: Rethinking Children's Rights to Participate in Protests on Streets, Online Spaces, and Schools', 19 *Journal of Human Rights*, p. 501.

años, la crisis climática ha reposicionado a los menores y personas jóvenes como destacados activistas y litigantes públicos, a escala mundial. De esta forma, el activismo climático está transformando y empoderando a una generación de niños y niñas[74].

Este activismo intergeneracional se explica, principalmente, porque en 2030 casi el 60% de la población mundial vivirá en ciudades y, de esa cifra, el 60% tendrá menos de 18 años[75]. Las ciudades también representan una media de entre el 60 y el 80 por ciento del consumo mundial de energía, y las estimaciones sugieren que hasta el 70 por ciento de las emisiones antropocéntricas de gases de efecto invernadero están relacionadas con el consumo urbano de combustibles fósiles para el suministro de energía y el transporte[76].

Esta actividad política de los niños, las niñas y las personas jóvenes viene avalada por la Convención de la ONU sobre los Derechos del Niño[77], que es el tratado internacional de derechos humanos que establece todo el espectro de sus derechos , incluidos tanto casi todos los derechos de carácter civil y político , tomados en gran parte del Pacto Internacional de Derechos Civiles y Políticos[78], como los de carácter procedimental,

---

74 Bowman, G. (2021), Research Report: British Council, Not (Just) a Protest: The Youth Strike for Climate as Cultural Exchange and Collaborative Text.

75 Nissen, S., Prendergast, K., Aoyagi, M., Burningham, K., Hasan, M. M., Hayward, B., et al. (2020), Young People and Environmental Affordances in Urban Sustainable Development: Insights into Transport and green and Public Space in Seven Cities. *Sustain. Earth* 3, 1.

76 UN Habitat (2016). *World Cities Report Summary*. Nairobi: UN Habitat. Disponible en: <https://unhabitat.org/un-habitat-launches-the-world-cities-report-2016> (consultado el 3 de mayo de 2023).

77 1989, 1577 UNTS 3.

78 1966, 999 UNTS 171.

mencionados anteriormente, y que protegen el derecho de defensa del medio ambiente[79].

A pesar de su poder de movilización, la principal crítica versada a estos movimientos por el clima, especialmente desde los movimientos contraculturales y del Sur Global, es que las narrativas de la huelga climática han estado dominadas por personas jóvenes "principalmente blancas, de clase media y privilegiadas"[80] y que las conferencias internacionales sobre el clima suelen promover preocupaciones genéricas, principalmente eurocéntricas, de las personas "jóvenes" de forma que se ocultan los riesgos climáticos a los que se enfrentan las personas jóvenes indígenas, de color y las personas representantes de comunidades minoritarias, incluidas las personas con discapacidad[81]. En este sentido, se podría pensar que el movimiento juvenil reproduce el racismo ambiental[82], foco principal de la injusticia ambiental. No obstante, la realidad es que no existen estudios sobre las protestas juveniles en diversos contextos cul-

---

79 Borrás, S. (2013). El derecho a defender el medio ambiente: la protección de los defensores y defensoras ambientales. *Derecho PUCP*, (70), pp. 291-324. https://doi.org/10.18800/derechopucp.201301.014.

80 Bennett, A. (2012), Reappraising «Counterculture». *Volume!*, pp. 20–31. También consultar a Cleveland, J. (2003), Does the New Middle Class Lead Today's Social Movements? *Crit. Sociol.* 29, pp. 163-188. También consultar a Della Porta, D., Portos, M. (2023), Rich kids of Europe? Social basis and strategic choices in the climate activism of Fridays for Future. *Italian Political Science Review/Rivista Italiana Di Scienza Politica, 53*(1), pp. 24-49 y Pickard, S., Bowman, B., Arya, D. (2020), "We Are Radical in Our Kindness": The Political Socialisation, Motivations, Demands and Protest Actions of Young Environmental Activists in Britain. *Youth Glob.* 2 (2), pp. 251–280.

81 Bullon-Cassis, L. (2021), Beware of Generationalism: The Structural (In)visibility of BIPOC Youths in Global Climate Summits. *NEOS* 13 (1), pp. 16-18.

82 Bullard, B., *Unequal Protection: Environmental Justice and Communities of Color, cit. supra.*

turales[83]. Además, muy probablemente la exposición directa a los efectos del cambio climático ha justificado precisamente su amplificación a escala mundial, influyendo en el compromiso de las personas jóvenes con las protestas y el activismo ambiental en general[84].

Con el ánimo de desacreditar el movimiento, otros de los reproches se han centrado en considerar que el ejercicio del derecho de protesta ha ido faltado de un discurso propositivo de alternativas. Pero, al contrario, es precisamente la falta de consideración de sus propuestas, a lo largo de las diferentes COPs, lo que ha incrementado aún más estas movilizaciones, derivando en acciones no solo de protesta, sino también, como ya se ha comentado, en acciones de desobediencia civil. La respuesta gubernamental, lejos de ampliar los espacios de participación pública en la toma de decisiones sobre el clima, ha derivado en una mayor reducción de estos espacios, además de una mayor represión de la protesta. Esta tendencia, a su vez, ha incrementado, que grupos como "Extinction Rebellion", consideren la desobediencia civil como una alternativa a la protesta "legal". Es decir, tanto el acto original de desobediencia como su posterior compromiso con el sistema legal pueden ser tácticas de protesta, que ofrecen oportunidades continuas para justificar sus acciones y, de este modo, implicar a múltiples interlocutores en el debate sobre el clima.

Así, en los últimos años se ha producido un repunte de las restricciones gubernamentales al derecho de protesta, incrementando su securización. Por ejemplo, en el Reino Unido se ha adoptado la Ley de Policía, Delincuencia, Condenas y

---

83 Tam, K.-P., Milfont, T. L. (2020), Towards Cross-Cultural Environmental Psychology: A State-Of-The-Art Review and Recommendations. *J. Environ. Psychol.* 71, 101474.

84 Strazdins, L., Skeat, H. (2011), *Weathering the Future: Climate Change, Children and Young People, and Decision Making.* Canberra: Australian Research Alliance for Children and Youth.

Tribunales de 2022[85], que ha introducido medidas con la finalidad de disuadir las protestas y otorgar amplios y arbitrarios poderes al Ministerio del Interior y a la policía para determinar lo que es aceptable. En Estados Unidos esta tendencia se ha relacionado con un esfuerzo concertado financiado por grupos vinculados al sector de los combustibles fósiles y por sus defensores.

La represión de la protesta impide, precisamente, que las propuestas puedan ser oídas y tenidas en cuenta en los espacios de toma de decisión. Protestar no solo un derecho fundamental, sino que, además, a través de él se ejercen y defienden otros derechos humanos universalmente reconocidos. Además del derecho a la libertad de expresión, de participación y de reunión pacífica, se incluyen otros derechos que son esenciales para ejercer la protesta pacífica, como el derecho a la vida, a la libertad de asociación, a la privacidad y a no sufrir detención y reclusión arbitrarias ni tortura y otras penas o malos tratos.

Con el fin de atajar esta represión de la protesta, el Programa de las Naciones Unidas para el Desarrollo y la Oficina del Alto Comisionado de las Naciones Unidas para los Derechos Humanos, junto con organizaciones asociadas y Suecia han establecido la llamada "Plataforma de Empoderamiento de los Jóvenes en la Acción Climática (YECAP)"[86] con el objetivo de capacitar a personas jóvenes defensoras de los derechos humanos sobre sus derechos y cómo defenderlos.

---

85 Police, Crime, Sentencing and Courts Act 2022, UK Public General Acts, 2022 c. 32. Disponible en: <https://www.legislation.gov.uk/ukpga/2022/32/contents/enacted> (consultada el 5 de mayo 2023).

86 Ver Youth Empowerment in Climate Action Platform. Para más información visitar: <https://www.yecap-ap.org/>, (consultada el 5 de mayo 2023).

VI. REFLEXIONES FINALES

La desigual responsabilidad en la generación del cambio climático y el desigual impacto de sus efectos ha centrado las reivindicaciones de los movimientos sociales en torno a los reclamos de "justicia climática".

La "justicia climática" constituye el hilo conductor de todos los movimientos sociales, que no solo contestan la falta de medidas efectivas resultantes de las negociaciones climáticas, sino que además entienden como la inacción gubernamental incrementa, aún más, la situación de crisis global ecosocial.

Así, a lo largo de las negociaciones climáticas, y después de casi treinta COPs, se ha evidenciado como la falta de voluntad política y de compromiso firme para reducir las emisiones por parte de los países que más contaminan han alimentado, en todo el mundo, la protesta climática a través de los movimientos sociales, que convergen "desde abajo" y que se multiplican a escala mundial. En este sentido, además, se ha puesto de manifiesto la existencia de una gran asimetría en los procesos de negociación climática, donde la gran mayoría de sociedad civil se involucra activamente, a pesar de ser excluida de los procesos oficiales de toma de decisión y no poder plantear propuestas alternativas, ante la falta de ambición de los Estados.

Las movilizaciones climáticas, en diferentes formas y momentos de intensidad en las reivindicaciones y en su seguimiento, han demostrado la capacidad de la sociedad civil de actuar, de mantener el debate vivo. La notoriedad alcanzada por los MJC ha sido especialmente importante a partir de las movilizaciones de las personas más jóvenes, las cuales mediante acciones de protesta y de desobediencia civil, en ocasiones reprimidas, han logrado atraer la atención de los medios de comunicación, legitimando sus reclamos.

A pesar de las críticas versadas sobre ellas, sin duda, la participación de niños, niñas y personas jóvenes ha permitido una amplificación del activismo climático en todo el mundo, demostrando que son una pieza clave para la transición ecosocial, la cual pasa necesariamente por el reconocimiento de la participación y movilización local y global de la sociedad civil en el logro de la justicia climática.

VII. REFERENCIAS BIBLIOGRÁFICAS

Allan, J. I. (2020), New climate activism: NGO authority and participation in climate change governance, University of Toronto Press.

Bellver Capella, V. (1997), El movimiento por la justicia ambientalentre ecologismo y los derechos humanos. *Anuario de filosofía del derecho,* N° 13-14, 1996-1997, pp. 327-348.

Bennett, A. (2012), Reappraising «Counterculture». *Volume!,* pp. 20-31.

Bond, P., Dorsey, M. K. (2010), Anatomies of Environmental Knowledge and Resistance: Diverse Climate Justice Movements and Waning Eco-neoliberalism. The Journal of Australian Political Economy, (66), pp. 286-316.

Borrás, S. (2013). El derecho a defender el medio ambiente: la protección de los defensores y defensoras ambientales. *Derecho PUCP,* (70), pp. 291-324. https://doi.org/10.18800/derechopucp.201301.014.

Borràs, S. (2016). Movimientos para la justicia climática global: replanteando el escenario internacional del cambio climático. *Relaciones Internacionales,* (33), pp. 97-119.

Bullon-Cassis, L. (2021), Beware of Generationalism: The Structural (In) visibility of BIPOC Youths in Global Climate Summits. *NEOS* 13 (1), pp. 16-18.

Chatterton P., Featherstone D., Routledge P. (2013), Articulating climate justice in Copenhagen: Antagonism, the commons, and solidarity. *Antipode,* 45, pp. 602-620.

De Moor, J. (2018), The 'efficacy dilemma' of transnational climate activism: the case of COP21, *Environmental Politics,* vol. 27, n. 6, pp. 1079-1100.

De Moor, J., Wahlström, M. (2019), Narrating political opportunities: explaining strategic adaptation in the climate movement. *Theory & Society* 48, pp. 419–451.

De Moor, J., Uba, K., Wahlstrom, M., Wennerhag, M., De Vydt, M. (2020), Protest for a Future II: Composition, Mobilization and Motives of the Participants in Fridays for Future Climate Protests on 20–27 September 2019, in 19 Cities around the World.

De Moor, J, de Vydt, M, Uba, K., Wahlström, M. (2021), New kids on the block: taking stock of the recent cycle of climate activism. *Social Movement Studies* 20, pp. 619-625.

Doolen, J. (2020), Protest Movements and the Climate Emergency Declarations of 2019: A New Social Media Logic to Connect and Participate in Politics. Master's Thesis, Uppsala Universitet, Uppsala, Sweden.

Feinberg, M., Willer, R., Kovacheff, C. (2020), The activist's dilemma: Extreme protest actions reduce popular support for social movements. *Journal of Personality and Social Psychology*.

Fraser, N. (1999) Social justice in the age of identity politics: Redistribution, recognition and participation. *Culture and Economy after the Cultural Turn*; Ray, L., Sayer, A., Eds.; Sage: London, UK.

Herrero, Y. (2022), "La lucha por la justicia climática necesita propuestas feministas que enfrenten la cultura de la guerra". *CTXT*, n. 291. Disponible en: <https://ctxt.es/es/20221201/Politica/41541/Yayo-Herrero-entrevista-feminismo-ecologismo-clima-activismo.htm>, (consultado el 15 de mayo 2023).

Höhne, N., Fransen, T., Hans, F., Bhardwaj, A., Blanco, G., den Elzen, M., Hagemann, M., Henderson, C., Keesler, D., Kejun J., Kuriyama, A., Sha, F., Song, R., Tamura, K., Wills, W. (2019). *Bridging the Gap: Enhancing Mitigation Ambition and Action at G20 Level and Globally. An Advance Chapter of the Emissions Gap Report 2019.* United Nations Environment Programme. Nairobi.

IPCC (2019), Strengthening and implementing the global response. *Special report on global warming of 1.5 C.*

Kopnina, H. (2014), Debating ecological justice: Implications for critical environmental education. *Chin. J. Popul. Resour. Environ.* 12.

Luther King M. Jr (2001), The Autobiography of Martin *Luther King*, Edited by Clayborne Carson, New York.

Martínez Alier, J. (2004), Ecologismo de los pobres: conflictos ambientales y lenguajes de valoración, ICARIA Antrazit-FLACSO Ecología, Barcelona.

Newell, P. (2000), Climate for Change: Non-State Actors and the Global Politics of the Greenhouse, Cambridge: Cambridge University Press.

Nishiyama (2020), 'Between Protection and Participation: Rethinking Children's Rights to Participate in Protests on Streets, Online Spaces, and Schools'. *Journal of Human Rights*, 19, p. 501.

Nissen, S., Prendergast, K., Aoyagi, M., Burningham, K., Hasan, M. M., Hayward, B., et al. (2020), Young People and Environmental Affordances in Urban Sustainable Development: Insights into Transport and green and Public Space in Seven Cities. *Sustain. Earth* 3, 1.

Nulman E. (2015), *Climate change and social movements: Civil society and the development of national climate change policy*. Basingstoke, England: Palgrave Macmillan.

Ortega Cerdà, M. (2011), Origen y evolución del movimiento de justicia ambiental. *Ecología política*, Núm. 41, pp. 17-24.

Pickard, S., Bowman, B., Arya, D. (2020), "We Are Radical in Our Kindness": The Political Socialisation, Motivations, Demands and Protest Actions of Young Environmental Activists in Britain. *Youth Glob.* 2 (2), pp. 251-280.

Russell, B. (2015), Beyond activism/academia: Militant research and the radical climate and climate justice movement (s). *Area*, vol. 47, no 3, pp. 222-229.

Schlosberg, D. (2004), Reconceiving environmental justice: Global movements and political theories. *Environ. Politics*, 13, pp. 517-540.

Schlosberg, D., Collins, L. B. (2014), From environmental to climate justice: climate change and the discourse of environmental justice. *Wiley Interdisciplinary Reviews: Climate Change*, vol. 5, no 3, pp. 359-374.

Strazdins, L., Skeat, H. (2011), *Weathering the Future: Climate Change, Children and Young People, and Decision Making*. Canberra: Australian Research Alliance for Children and Youth.

Sultana, F. (2022), Critical climate justice. *The Geographical Journal*, vol. 188, no 1, pp. 118-124.

Svampa, M., ¿Hacia dónde van los movimientos por la justicia climática? *Nueva Sociedad* No 286, marzo-abril de 2020, ISSN: 0251-3552.

Tam, K.-P., Milfont, T. L. (2020), Towards Cross-Cultural Environmental Psychology: A State-Of-The-Art Review and Recommendations. *J. Environ. Psychol.* 71, 101474.

Thunberg, G. (2019), No one is too small to make a difference. Penguin.

UNFCCC (2006), Convención Marco de las Naciones Unidas sobre el Cambio Climático: Manual, Bonn (Alemania): Secretaría del Cambio Climático. Editado por la Dependencia de Asuntos Intergubernamentales y Jurídicos de la Secretaría del Cambio Climático. Disponible en: <https://unfccc.int/resource/docs/publications/handbook_esp.pdf> (consultado el 10 de mayo 2023).

Wahlström, M, Kocyba, P, de Vydt, M., de Moor, J (eds)(2019), Protest for a future: composition, mobilization and motives of the participants in Fridays For Future climate protests on 15 March 2019 in 13 European cities. Disponible en: <https://gup.ub.gu.se/publication/283193> (consulta el 27 mayo 2023).

Welton M. (1993), Social revolutionary learning: The new social movements as learning sites. *Adult Education Quarterly*, 43, pp. 152-164.

Retos y oportunidades de la participación ciudadana en la justicia climática. Experiencias desde el Pacto Europeo por el Clima

Challenges and opportunities of citizen participation in the climate justice. Experiences from the european climate pact

KARLA ZAMBRANO GONZÁLEZ[1]

Profesora del Máster Universitario en Derecho Ambiental de la Universidad Internacional de la Rioja (UNIR)

ORCID: 0000-0002-0284-355X

RESUMEN: Desde la Conferencia de las Naciones Unidas sobre el Medio Humano en 1972, la sociedad civil internacional ha demostrado ser una de las piezas clave en la exigencia de medidas normativas más contundentes para hacer frente al desafío del cambio climático y la degradación medioambiental. La lucha por un medio

---

1 Profesora del Máster Universitario en Derecho Ambiental de la Universidad Internacional de la Rioja (UNIR). Email: karla.zambrano@unir.net ORCID: 0000-0002-0284-355X. Trabajo realizado en el marco del Proyecto I+D+i, código DER2017-85443-P, contrato PRE2018-084715 (MINECO/AEI/FEDER, UE).

ambiente sano como parte del catálogo de los derechos humanos emergentes ha dado, en ocasiones, sus frutos como medida de presión a los poderes públicos, aunque no en todos los escenarios. Es así como en el contexto de emergencia climática actual, además, están surgiendo más movimientos sociales dispuestos a establecer una acción por el clima cohesionada e integral que busca el apoyo y la implicación de los poderes públicos como es el caso de los Embajadores del Pacto Europeo por el Clima. El presente capítulo tiene por objeto hacer un recorrido sobre la incidencia de la participación ciudadana como motor y eje de la acción en un contexto de crisis climática.

Palabras clave: Derecho Internacional del Medio Ambiente, Pacto Verde Europeo, Pacto Europeo por el Clima, cambio climático, acción por el clima.

ABSTRACT: Since the United Nations Conference on the Human Environment in 1972, international civil society has proven to be one of the key players in demanding stronger policy measures to address the challenge of climate change and environmental degradation. The struggle for a healthy environment as part of the catalogue of emerging human rights has sometimes borne fruit as a means of putting pressure on public authorities, although not in all scenarios. Thus, in the context of the current climate emergency, more social movements are also emerging that are willing to establish a cohesive and comprehensive climate action that seeks the support and involvement of public authorities, as is the case of the European Climate Pact Ambassadors. The purpose of this chapter is to look at the impact of citizen participation as a driver and focus for action in the context of the climate crisis.

Keywords: International Environmental Law, European Green Deal, EU Climate Pact, climate change, climate action.

SUMARIO. I. INTRODUCCIÓN. II. LA PARTICIPACIÓN DE LA SOCIEDAD CIVIL EN EL DERECHO INTERNACIONAL DEL MEDIO AMBIENTE: MIRADAS A LA CONFERENCIA DE NACIONES UNIDAS SOBRE EL MEDIO HUMANO. 1. Referencias al Convenio de Aarhus, de 1988, sobre el acceso a la información, la participación del público en la toma de decisiones y el acceso a la justicia en asuntos ambientales. III. RETOS Y OPORTUNIDADES DE LA PARTICIPACIÓN CIUDADANA EN LA CONFIGURACIÓN DE LA JUSTICIA CLIMÁTICA. 1. El movimiento de la ciudadanía como parte de la acción por el clima: un vistazo a la iniciativa *World's Youth for Climate Justice*. 2. El Pacto Europeo por el Clima desde dentro: el rol de las y los Embajadores. 3. La Asamblea Ciudadana por el Clima en España. IV. REFLEXIONES FINALES. Bibliografía.

I. INTRODUCCIÓN

Abordar los efectos del calentamiento global desde la dimensión social no sólo es un reto sino un compromiso con la Humanidad. La variabilidad del clima, palmaria en la actualidad, constituye una seria amenaza para las presentes y futuras generaciones que habitarán la Tierra y pone en riesgo sus necesidades e intereses más esenciales. De ahí a que surja la imperiosa necesidad de exigir reformas más contundentes en la política de medio ambiente a nivel político e institucional en el plano internacional, regional y nacional[2].

Tampoco es posible ignorar el incremento de la preocupación de la sociedad civil por las cuestiones medioambientales. Concretamente, en los cien últimos años, han surgido diferentes movimientos eco-sociales que han ido configurando progresivamente la participación ciudadana en la adopción de políticas climáticas. Podría decirse que la aparición de estos movimientos surge como respuesta o reacción a la evidencia de una degradación medioambiental ecosistémica que ha desplegado sus efectos adversos sobre la población civil.

2 Tremmel, J. & Robinson, K. (2014). *Climate Ethics: Environmental Justice and Climate Change*. Bloomsbury Academic.

Como apunta Borrás Pentinat (2017), «los desafíos que plantea el cambio climático demuestran una clara desigualdad: mientras que el cambio climático lo producen los más ricos y poderosos, los riesgos y consecuencias más serias los sufren los más pobres y vulnerables»[3]. Estamos ante un fenómeno intrínsecamente discriminatorio que se ceba con los colectivos más vulnerables, amenaza gravemente los derechos humanos y que requiere de una gobernanza inclusiva y participativa en todos los aspectos: económico, jurídico, político y social.

Teniendo en cuenta las consideraciones previamente mencionadas, las próximas líneas se dedican a realizar una somera descripción del progreso de la participación de la sociedad civil en las cuestiones medioambientales, especialmente en lo que respecta a las cumbres por el clima. Asimismo, analizo la transformación de esa gobernanza en el seno de la comunidad internacional, pero desde un enfoque real y práctico de mi experiencia como miembro activo de la Red Española de Embajadores del Pacto Europeo por el Clima, activista por el clima e investigadora.

II. LA PARTICIPACIÓN DE LA SOCIEDAD CIVIL EN EL DERECHO INTERNACIONAL DEL MEDIO AMBIENTE: MIRADAS A LA CONFERENCIA DE NACIONES UNIDAS SOBRE EL MEDIO HUMANO

Con el surgimiento de la ola del ecologismo contemporáneo[4], apareció una corriente «medioambientalista» unida a la

---

[3] Borrás Pentinat, S. (2017). "Movimientos para la justicia climática global: replanteando el escenario internacional del cambio climático". Grupo de Estudios de Relaciones Internacionales, 33, pp. 1-24.

[4] Caride, J. A., & Meira, P. A. (2018). "Del ecologismo como movimiento social a la educación ambiental como construcción históri-

necesidad de empezar a posicionar jurídicamente la protección del medio ambiente en el plano internacional. En este sentido, las preocupaciones de la comunidad internacional al respecto se vieron especialmente intensificadas durante el período de 1962 a 1970, vistos los impactos dejados por el Agente Naranja[5] y otros herbicidas utilizados por las tropas británicas y estadounidenses como mecanismos para abrirse paso y reconocer así las posiciones y rutas de movimiento del *Viet Cong* durante la guerra de Vietnam.

Con motivo de paliar el deterioro de los ecosistemas y de frenar sus impactos, la Comunidad internacional acordó la celebración de la Primera Conferencia de Naciones Unidas sobre

---

ca". Historia de la educación, 37, pp. 165-197, p. 169.

5 Martini, E. A. (2012). *Agent Orange: History, Science and the politics of uncertainty*. University of Massachussetts Press, 2. El Agente Naranja fue una mezcla 1:1 de los herbicidas 2,4-D y 2,4,5-T que contenían niveles peligrosos de dioxina, específicamente 2,3,7,8-Tetraclorodibenzo-p-dioxina (TCDD), una de las toxinas más mortales jamás creadas. Esta mezcla fue utilizada por las tropas estadounidenses como parte de su estrategia de guerra ambiental durante la operación Ranch Hand. Los nombres completos del 2,4-D y 2,4,5-T son ácido 2,4-diclorofenoxiacético y ácido 2,4,5-triclorofenoxiacético, respectivamente. La 2,3,7,8-tetraclorodibenzo-paradioxina, más comúnmente conocida como 2,3,7,8-TCDD, o simplemente TCDD, es una de las docenas de toxinas conocidas colectivamente como dioxinas. Su nombre se deriva de la ubicación de los átomos de cloro en la molécula (posiciones 2, 3, 7 y 8), y su posición relativa a los átomos de benceno y oxígeno. La configuración de estos componentes en la molécula de TCDD hace que la 2,3,7,8-TCDD sea con mucho la forma más tóxica de la dioxina, miles de veces más tóxica que otras dioxinas policloradas. La TCDD puede ser producida por varios procesos, incluyendo la fabricación de herbicidas como el 2,4,5-T. Véase también, Stellman, J., Stellman, S., Christian, R., Weber, T., & Tomasallo, C. (2003). "The extent and patterns of usage of Agent Orange and other herbicides in Vietnam". Nature, 422, pp. 681–687, p. 682.

el Medio Humano (en adelante, CNUMH) en Estocolmo de 1972. El eco mediático que tuvo el anuncio de la celebración de la Conferencia en Estocolmo, caló en la ciudadanía y la ciudad se convirtió en el radio de acción de varios movimientos populares jalonados por activistas ecológicos, en ocasiones, con una vehemencia extrema. Entre los hechos más destacados de estas revueltas, despunta un enfrentamiento entre los movimientos populares y las fuerzas de seguridad en mayo de 1971, a escasos 200 metros de la sala de conferencias de la ONU[6].

La celebración de la CNUMH tuvo tal expectación, que a ella comparecieron un total de 113 Estados representados e invitados. De conformidad con la resolución 2850 (XXVI) de la AG[7], el Secretario General de la ONU, representantes tan-

---

6 Association Aktivism.info. (2012). Challenging Western Environmentalism. (1972). At the United Nations Conference on Human Environment in Stockholm 1972. *RIO+20-STH+40, II, 1-60, 7.* https://www.daybyday.press/IMG/pdf/challengingun72.pdf.

7 Según consta en el informe de participación y organización de los trabajos, asistieron como participantes los representantes de los siguientes Estados: Afganistán, Argelia, Argentina, Australia, Austria, Bahrein, Bangladesh, Bélgica, Bolivia, Botswana, Brasil, Burundi, Camerún, Canadá, Ceilán, Colombia, Congo, Costa de Marfil, Costa Rica, Chad, Chile, China, Chipre, Dahomey, Dinamarca, Ecuador, Egipto, El Salvador, Emiratos Arabes Unidos, España, Estados Unidos de América, Etiopía, Fiji, Filipinas, Finlandia, Francia, Gabón, Ghana, Grecia, Guatemala, Guinea, Guyana, Haití, Honduras, India, Indonesia, Irak, Irán, Irlanda, Islandia, Israel, Italia, Jamaica, Japón, Jordania, Kenia, Kuwait, Lesotho, Líbano, Liberia, Liechtenstein, Luxemburgo, Madagascar, Malasia, Malawi, Malta, Marruecos, Mauricio, Mauritania, México, Monaco, Nepal, Nicaragua, Niger, Nigeria, Noruega, Nueva Zelandia, Países Bajos, Pakistán, Panamá, Perú, Portugal, Reino Unido de Gran Bretaña e Irlanda del Norte, República Arabe Libia, República Arabe Siria, República Centroafricana, República de Corea, República Dominicana, República Federal de Alemania, República Unida de Tanzania, República de Viet-Nam, Rumania, San Marino, Santa Sede, Senegal, Singapur, Sudáfrica, Su-

to del Consejo Económico y Social (ECOSOC), como de las comisiones económicas regionales. Asimismo, asistieron 13 organismos especializados, siendo destacable la presencia de la Organización Meteorológica Mundial, observadores de organizaciones intergubernamentales y la representación de muchas organizaciones no gubernamentales invitadas.

Los debates de las sesiones de la CNUMH estuvieron divididos en sesiones plenarias y especiales, en la *"Folkets Hus"* o «Casa del Pueblo», y contaron con grandes oradores como: Ingemund Bengtsson, Maurice F. Strong u Olof Palme. Este último, manifestó que «la enorme destrucción ocasionada por los importantes bombardeos sin distinción, por la utilización a gran escala de bulldozers y venenos tóxicos para plantas era un ultraje, a menudo descrito como 'ecocida', que ineludiblemente exigía la atención de todo el mundo»[8].

Podría decirse que, indiscutiblemente, la CNUMH es el precedente más remoto de las cumbres celebradas a instancias de los compromisos asumidos por las Partes en la Convención Marco de Naciones Unidas sobre el Cambio Climático (CMNUCC). La CNUMH fue el epicentro de la participación de la sociedad civil en 1972, donde, como indica Fajardo del Castillo (2022, p.170)[9], se dieron cita hasta 1300 ONG, contribuyen-

---

dán, Suecia, Suiza, Swazilandia, Tailandia, Togo, Trinidad y Tabago, Túnez, Turquía, Uganda, Uruguay, Venezuela, Yemen, Yugoslavia, Zaire y Zambia. https://documents-dds-ny.un.org/doc/UNDOC/GEN/N73/039/07/PDF/N7303907.pdf?OpenElement.

8 Schori, P. (2008). *Los años de la semilla del mal: 11-S, la guerra de Iraq y el mundo después de Bush (1ª ed.).* Icaria, p. 169.

9 Fajardo del Castillo, T. (2022). "La sociedad civil internacional y el multilateralismo inclusivo en la COP26 de Glasgow". En Fernández Egea, R. & Macía Morillo, A. (Dirs.). *El Derecho en la encrucijada: los retos y oportunidades que plantea el cambio climático.* Anuario de la Facultad de Derecho de la Universidad Autónoma de Madrid, 26(2022). Boletín Oficial del Estado (BOE) y Universidad Autónoma de Madrid, p. 170.

do a la toma de conciencia sobre los problemas ambientales. Como parte de su legado, la CNUMH, adoptó la Declaración sobre el Medio Humano (DNUMH), cuyos párrafos sexto y séptimo del preámbulo, indican que la defensa y el mejoramiento del medio humano para las generaciones presentes y futuras es una meta imperiosa de la humanidad, al tiempo que lo son otras como la paz y el desarrollo económico y social. Alcanzar estas metas, indicaba la DNUMH «requerirá la aceptación de responsabilidades por parte de la ciudadanía, el sector empresarial e institucional, con la finalidad de fomentar una participación equitativa en la labor común»[10]. Esta reivindicación resulta alarmantemente significativa, teniendo en cuenta el contexto en el que se produce y, sobre todo, porque para el período de tiempo en el que tiene lugar, es notablemente avanzado.

Sin duda alguna, tras la CNUMH, la historia nos ha ido dejando una serie de acontecimientos en los que la sociedad civil internacional ha liderado iniciativas y presionado política y públicamente a los Estados, en los foros internacionales, sobre múltiples cuestiones arraigadas al medio ambiente. Todo ello, con el objetivo de influir en las negociaciones climáticas y ganarse una posición en dichas negociaciones hasta formar parte de lo que hoy se concibe como «multilateralismo inclusivo»[11]. La sociedad civil internacional, además, ha participado activamente en todas las conferencias internacionales sobre el clima[12], brindando aportes técnicos, científicos y propuestas

---

10 Informe de la Conferencias de las Naciones Unidas sobre el Medio Humano, Estocolmo, del 5 al 16 de junio de 1972, A/CONF.48/14/Rev.1. https://documents-dds-ny.un.org/doc/UNDOC/GEN/N73/039/07/PDF/N7303907.pdf?OpenElement.

11 Fajardo del Castillo, T. (2022), *op. cit.*, p. 173.

12 Tras la CNUMH, la presencia de la sociedad civil internacional se ha sentido en: la Conferencia Mundial sobre el Clima de 1979; la Conferencia de las Naciones Unidas sobre el Medio Ambiente y De-

para abordar el problema. En este sentido, se han organizado protestas, marchas y campañas de sensibilización para poner en agenda el cambio climático, así como también se han creado coaliciones y organizaciones dedicadas a la gobernanza por el clima, presionando a los Estados y promoviendo soluciones para transitar hacia la era del desarrollo sostenible. Esta evolución natural desde la primitiva –pero necesaria– CNUMH, ha configurado el surgimiento de una gobernanza medioambiental que teje una red de cooperación entre los distintos actores sociales en favor de un interés común.

Como vemos, la «acción climática» no es una gesta estéril sin trascendencia. De hecho, la lucha por el clima ha sido evidenciada por distintos autores[13], que no han permanecido impa-

---

sarrollo (CNUMAD) de Río de Janeiro de 1992. Tras ésta última, y con la entrada en vigor de la Convención Marco de las Naciones Unidas sobre el Cambio Climático (CMNUCC), la presencia de la sociedad civil internacional ha adquirido mayor relevancia con la celebración anual de las Conferencias de las Partes (COPs) que acaparan la atención de un número significativo de personas y representantes de todas las regiones del mundo. De hecho, después de 27 COPs, la misma Secretaría de la CMNUCC se ha encargado de establecer una serie de directrices para permitir una participación más ordenada –o limitativa– de los observadores y agencias especializadas o debidamente acreditadas.

13 En este sentido: De Moor, J. (2018). "The 'efficacy dilemma' of transnational climate activism: The case of COP21". Environmental Politics, 27(6), pp. 1079–1100; De Moor, J., & Wahlström, M. (2019). "Narrating political opportunities: Explaining strategic adaptation in the climate movement". Theory and Society, 48(3), pp. 419–451; Gereke, M., & Brühl, T. (2019). "Unpacking the unequal representation of Northern and Southern NGOs in international climate change politics". Third World Quarterly, 40(5), 870–889; Giugni, M. (1999). "How social movements matter: Past research, present problems, future developments". En Giugni, M., McAdam, D., & Tilly, C. (Eds.), *How social movements matter (pp. xiii–xxxiii).* University of Minnesota Press.

sibles al desafío del cambio climático. Ciertamente, la presión social no siempre arroja los resultados deseados y éstos, en ocasiones, ocultan intereses de carácter político y económico. Precisamente en este contexto, surge la necesidad de dar cabida al Convenio de Aarhus que regular el acceso a la información, la participación ciudadana y el acceso a la justicia en asuntos ambientales y al que haré referencia en el próximo epígrafe.

1. *Referencias al Convenio de Aarhus, de 1988, sobre el acceso a la información, la participación del público en la toma de decisiones y el acceso a la justicia en asuntos ambientales*

Con carácter previo a abordar el Convenio de Aarhus, es conveniente hacer una somera cronología por su génesis y evolución en el marco del Derecho Internacional del Medio Ambiente (DIMA). Si bien la DNUMH en su principio decimonoveno hace mención, por primera vez, al reconocimiento de una «opinión pública bien informada, (...), inspirada en el sentido de su responsabilidad en cuanto a la protección y mejoramiento del medio en toda su dimensión humana», lo cierto es que la participación de la ciudadanía y la «democracia ambiental» en la gestión de los asuntos ambientales se consagró como un principio fundamental del Derecho ambiental desde la Declaración de Río sobre Medio Ambiente y Desarrollo (DRMAD), en 1992, a través del que se contempla no sólo el «acceso adecuado a la información sobre el medio ambiente» de que dispongan las autoridades públicas, sino también la «oportunidad de participar en los procesos de adopción de decisiones» en las cuestiones que afecten con carácter directo e indirecto a la ciudadanía; así como el acceso efectivo a los procedimientos judiciales o administrativos que tengan por objeto el resarcimiento de daños.

Analizando el principio de forma más concienzuda, es posible detectar ciertos elementos que ya resonaban en el emergente DIMA como, por ejemplo, la alusión a «las generaciones presentes y futuras», tomada como referencia desde el Informe «Nuestro Futuro Común»[14], también conocido como *«Informe Brundtland»* que alumbró el concepto precursor de «desarrollo sostenible». Asimismo, destaca la existencia de ambigüedades en la redacción del principio 10 DRMAD; cuestión, indiscutiblemente frecuente, en los textos emanados del DIMA. En este punto, cabía preguntarse qué se entiende por un «acceso adecuado» y, sobre todo, ¿quién determina, como autoridad, la adecuación de dicho acceso?

Con posterioridad a la DRMAD, el principio de participación de la ciudadanía en cuestiones ambientales ha sido incorporado en los distintos instrumentos jurídicos del DIMA. En este contexto, y más concretamente en lo que respecta al marco jurídico del clima, cabe mencionar su aparición en la Convención Marco de las Naciones Unidas sobre el Cambio Climático[15], en el Protocolo de Kyoto[16] y en el Acuerdo de París[17], aunque de forma muy somera, pues no hace referencia a cómo debe ser esa «participación».

Con el ánimo de desarrollar las deficiencias del principio de participación ciudadana, surge el Convenio de Aarhus de 1998. Sin duda, se trata de uno de los Tratados más representativos en materia de derechos procesales medioambientales, pues prevé la participación de la ciudadanía en la elaboración de políticas y la toma de decisiones sobre el medio ambiente,

---

14 Para mayores detalles, véase, *Informe de la Comisión Mundial sobre el Medio Ambiente y el Desarrollo.* Cuadragésimo segundo período de sesiones. Tema 83 e) del programa provisional. En: NU Doc. A/41/427, de 04 de agosto de 1987.

15 Artículo 4 i); artículo 6 a).

16 Artículo 10 e) del Protocolo de Kyoto.

17 Artículo 12 del Acuerdo de París.

así como el acceso a la justicia en cuestiones medioambientales. Es un instrumento jurídicamente vinculante, con vocación de desarrollo y seguimiento[18] y su impacto, ha trascendido las fronteras nacionales, influyendo en la configuración de políticas y prácticas ambientales a nivel global, fomentando un enfoque más inclusivo y transparente hacia la protección del medio ambiente. Es un Tratado Internacional, acorde a lo estipulado en la Convención de Viena sobre el Derecho de los Tratados de 1969 (CVDT), que cuenta con un preámbulo, veintidós artículos y dos anexos.

Según se extrae del tenor literal del artículo 1 del Convenio de Aarhus, el objetivo principal del Convenio es garantizar a cualquier persona –de las generaciones presentes y futuras–, los derechos de acceso a la información de carácter medioambiental, a fin de «contribuir» a la tutela del derecho que tiene dicha persona a vivir en un medio ambiente que le permita garantizar su salud y bienestar, reconociéndole, además, su participación en la toma de decisiones y el acceso a la justicia. Aquí, varias cuestiones a tener en cuenta. La primera, la obligación del Estado Parte a asumir el compromiso de permitir el acceso a la información en materia de medio ambiente que, en ocasiones, choca con las múltiples excepciones previstas en el artículo 4, apartados 3 y 4 del propio Convenio que indica que:

> «3. Podrá denegarse una solicitud de información sobre el medio ambiente si:
>
> a) La autoridad pública de la que se soliciten no dispone de las informaciones solicitadas;

---

18 Pigrau i Solé, A. & Borrás Pentinat, S. (2008). "Diez años del Convenio de Aarhus sobre el acceso a la información, la participación y el acceso a la justicia en materia de medio ambiente". En Pigrau i Solé, A. (Dir.). *Acceso a la información, participación pública y acceso a la justicia en materia de medio ambiente: diez años del Convenio de Aarhus*. Atelier, p. 42.

b) la solicitud es claramente abusiva o está formulada en términos demasiado generales; o

c) la solicitud se refiere a documentos que estén elaborándose o concierne a comunicaciones internas de las autoridades públicas, siempre que esta excepción esté prevista en el derecho interno o en la costumbre, habida cuenta del interés que la divulgación de las informaciones solicitadas tenga para el público.

4. Podrá denegarse una solicitud de información sobre el medio ambiente en caso de que la divulgación de esa información pudiera tener efectos desfavorables sobre:

a) El secreto de las deliberaciones de las autoridades públicas, cuando ese secreto esté previsto en el derecho interno;

b) las relaciones internacionales, la defensa nacional o la seguridad pública;

c) la buena marcha de la justicia, la posibilidad de que toda persona pueda ser juzgada equitativamente o la capacidad de una autoridad pública para efectuar una investigación de índole penal o disciplinaria;

d) el secreto comercial o industrial cuando ese secreto esté protegido por la ley con el fin de defender un interés económico legítimo. En ese marco deberán divulgarse las informaciones sobre emisiones que sean pertinentes para la protección del medio ambiente;

e) los derechos de propiedad intelectual;

f) el carácter confidencial de los datos y de los expedientes personales respecto de una persona física si esa persona no ha consentido en la divulgación de esas informaciones al público, cuando el carácter confidencial de ese tipo de información esté previsto en el derecho interno;

g) los intereses de un tercero que haya facilitado las informaciones solicitadas sin estar obligado a ello por la ley o sin que la ley pueda obligarle a ello y que no consienta en la divulgación de tales informaciones; o

h) el medio ambiente a que se refieren las informaciones, como los lugares de reproducción de especies raras.

En segundo lugar, la obligación del Estado Parte de «contribuir» a la tutela del derecho que tiene dicha persona a vivir en un medio ambiente que le permita garantizar su salud y bienestar. Aquí conviene matizar algunos aspectos: el primero que, en el año de adopción del Convenio de Aarhus, no se contemplaba tan siquiera un derecho a disfrutar de un medio ambiente sano, lo que en el contexto actual sí empieza a tener gran acogida por parte de la Comunidad internacional[19]. Por otro lado, la definición de salud y bienestar ha adquirido una dimensión mayor, que indiscutiblemente abarca cuestiones arraigadas a la mente y el espíritu de las personas y; en tercer lugar, el reconocimiento del medio ambiente sano y equilibrado como un derecho humano está expresamente incluido en algunos tratados de Derecho internacional[20], si bien parece haberse definido más ampliamente por el Consejo de Derechos Humanos, a partir de un conjunto de elementos de carácter

---

19 En este sentido, es preciso destacar que la Asamblea General de la ONU, reconoció expresamente el derecho a un medio ambiente limpio, saludable y sostenible como un derecho humano, según lo establecido en su resolución A/RES/76/300 de 28 de julio de 2022. Esta aprobación sigue a la resolución A/HRC/48/L.23/Rev.1 del Consejo de Derechos Humanos de las Naciones Unidas, que previamente había reconocido este derecho en octubre de 2021.

20 Informe del Relator Especial sobre la cuestión de las obligaciones de derechos humanos relacionadas con el disfrute de un medio ambiente sin riesgos, limpio, saludable y sostenible. En NU Doc. A/HRC/43/53, de 30 de diciembre de 2019. https://documents-dds-ny.un.org/doc/UNDOC/GEN/G19/355/17/PDF/G1935517.pdf?OpenElement. Según este informe, «el derecho a un medio ambiente sano está expresamente incluido en los tratados regionales ratificados por 126 Estados. Esto incluye 52 Estados que son partes en la Carta Africana de Derechos Humanos y de los Pueblos, 45 Estados que son partes en la Convención sobre el Acceso a la Información, la Participación del Público en la Toma de Decisiones y el Acceso a la Justicia en Asuntos Ambientales (Convención de Aarhus), 16 Estados que son partes en el Protocolo Adicional a la Convención Americana sobre Derechos Humanos en materia de Derechos Económicos, Sociales y Culturales (Protocolo de San Salvador) y 16 Estados que son partes en la Carta Árabe de Derechos Humanos».

sustantivo y otros procedimentales (A/HRC/43/53). En la primera categoría hallamos aspectos como el aire limpio, un clima seguro, acceso al agua potable, alimentación saludable, espacios libres de contaminación; mientras que, en la segunda categoría, estarían incluidas cuestiones como el acceso a la información, la participación ciudadana o el acceso a la justicia ambiental (Kron, A, 2023, p.1626).

En tercer lugar, y no por ello menos importante, es preciso indicar que el artículo 1 sitúa en calidad de tutelada a personas de las generaciones presentes y futuras, reconociendo por tal, un estatus jurídico a los *nasciturus* y sentando las bases del principio de equidad intergeneracional, uno de los grandes ejes sobre los que pivota el concepto de desarrollo sostenible. En este caso concreto es, igualmente, posible reflejar la inconsistencia entre el régimen jurídico implícitamente otorgado al «no nacido» como persona de las «generaciones futuras» y el estatus jurídico de la persona de conformidad con el ordenamiento jurídico español, cuyas disposiciones determinan la personalidad del concebido no nacido, una vez se ha producido el entero desprendimiento del seno materno en el nacimiento[21]. En sí misma, la responsabilidad primordial del ser humano de preservar y mejorar el medio ambiente en beneficio de las generaciones presentes y futuras fue inicialmente articulada en el principio 6 de la DNUMH. No obstante, el Convenio de Aarhus se erigió como el primer instrumento legal internacional que expande este concepto.

Continuando con las referencias al Convenio de Aarhus, a destacar que el artículo 5 se encarga de establecer los modos en los que se debe producir la recogida y difusión de la información sobre el medio ambiente por las Partes y sus autoridades, mientras que su artículo 6 reconoce la participación del

21 Véase, artículos 29 y 30 del Real Decreto de 24 de julio de 1889 por el que se publica el Código Civil.

público en las decisiones relativas a actividades específicas, estableciéndose una clara distinción entre las disposiciones aplicables al «público interesado» como al «público», en términos generales[22], lo que podría conllevar a la idea de una participación del público «no universal» y limitada, constreñida a un público determinado. Por su parte, el artículo 7 se alza sobre los principios de transparencia y equidad en la elaboración de los planes y programas relativos al medio ambiente, manteniendo una coherencia con sus propios objetivos.

El artículo 9, titulado «el acceso a la justicia», tiene por objeto principal garantizar el acceso a la tutela judicial para impugnar acciones y/u omisiones de las administraciones o poderes públicos o de cualquier particular, que vulnere las normas ambientales. Muy posiblemente este precepto se constituye como el núcleo del Convenio, toda vez que otorga al público el acceso a una amplísima gama de procedimientos administrativos o judiciales, así como confiere a las Partes un abanico de posibilidades para elegir tanto el órgano competente para conocer del asunto, así como el tipo de procedimiento y el orden jurisdiccional a través del que cabría instar una acción específica. Ahora bien, como es común en el DIMA, el propio Convenio establece un marco institucional sobre el que se alza un mecanismo en aras de salvaguardar el cumplimiento de las disposiciones del Convenio: el «Comité de cumplimiento». Si bien, su objetivo principal es conocer de las violaciones de las disposiciones convencionales, lo más destacable de su labor es que permite la comunicación de demandas individuales por

---

22 De conformidad con el artículo 2, apartados 4 y 5, por «público» se entiende «una o varias personas físicas o jurídicas y, con arreglo a la legislación o la costumbre del país, las asociaciones, organizaciones o grupos constituidos por esas personas», mientras que el término «público interesado» es aquel público que «resulta o puede resultar afectado por las decisiones adoptadas en materia medioambiental o que tiene un interés que invocar en la toma de decisiones».

parte del público, lo que amplía su legitimación administrativa/procesal en este sentido.

III. RETOS Y OPORTUNIDADES DE LA PARTICIPACIÓN CIUDADANA EN LA CONFIGURACIÓN DE LA JUSTICIA CLIMÁTICA

1. El movimiento de la ciudadanía como parte de la acción por el clima: un vistazo a la iniciativa World's Youth for Climate Justice

A lo largo del presente estudio, se ha puesto en evidencia la interseccionalidad de distintos conceptos como parte del tejido jurídico sobre el que descansa la participación ciudadana en la configuración de la justicia climática. De este modo, habiendo realizado, muy someramente, un recorrido por la evolución del primitivo principio 10 de la DNUMAD, además de reflejar las distintas conexiones con otros principios inspiradores en el DIMA, como el de equidad generacional, en este punto, conviene señalar que son cuantiosas las agrupaciones civiles que han decidido buscar el acceso a justicia climática ante distintos Tribunales internacionales y que, como indica Martínez Pérez (2022), aunque todos los litigios por el clima tienen elementos novedosos, recogen una serie de elementos reiterativos y comunes en sus reclamaciones, vinculados a la salvaguarda de los derechos humanos[23]. Sin embargo, tenien-

---

23 Martínez Pérez, E. (2022). "Las condiciones de admisibilidad de las demandas climáticas en el ámbito de los sistemas regionales y universales de protección de los derechos humanos", en Fernández Egea, R. M. & Macía Morillo, A. *El derecho en la encrucijada: los retos y oportunidades que plantea el cambio climático [Anuario de la Facultad de*

do en cuenta su magnitud, novedad y capacidad de estrategia jurídica, en este apartado procederé a alzar la voz por la iniciativa internacional *World's Youth for Climate Justice* (en adelante, WYCJ) que está realizando una importante acción por el clima en el foro internacional.

Esta iniciativa juvenil internacional surge de la precursora Alianza de Estudiantes de las Islas del Pacífico contra el Cambio Climático (en adelante, PISFCC) cuyo objetivo se ha centrado en vincular la protección medioambiental y la justicia climática con la salvaguarda de los derechos humanos desde el año de su creación, en 2019. En ese mismo año, la PISFCC organizó una campaña, durante el Foro de las Islas del Pacífico (FIP), cuya propuesta inicial consistía en instar a sus Estados miembros en elevar una opinión consultiva a la Corte Internacional de Justicia (CIJ) que determine las obligaciones de los Estados para la protección de los derechos humanos y el cambio climático. Sorprendentemente, la propuesta fue acogida por el Gobierno de Vanuatu, quien lideró su presentación ante la Asamblea General de las Naciones Unidas (AGNU, (véase, AGNU A/77/L.58)), con el beneplácito de los 18 Estados miembros que conforman el FIP. De esta manera, el 29 de marzo de 2023, según resolución A/RES/77/276 y de conformidad con el artículo 96 de la Carta de las Naciones Unidas, la AGNU decide solicitar a la CIJ la emisión de una opinión consultiva sobre la siguiente cuestión:

> «Teniendo especialmente en cuenta la Carta de las Naciones Unidas, el Pacto Internacional de Derechos Civiles y Políticos, el Pacto Internacional de Derechos Económicos, Sociales y Culturales, la Convención Marco de las Naciones Unidas sobre el Cambio Climático, el Acuerdo de París, la Convención de las Naciones Unidas sobre el Derecho del Mar, el deber de diligencia debida, los derechos reconocidos en la Declaración

---

Derecho de la Universidad Autónoma de Madrid (AFDUAM) 26]. Boletín Oficial del Estado, Universidad Autónoma de Madrid.

Universal de Derechos Humanos, el principio de prevención de daños significativos al medio ambiente y el deber de proteger y preservar el medio marino:

¿Cuáles son las obligaciones que tienen los Estados en virtud del derecho internacional de garantizar la protección del sistema climático y otros elementos del medio ambiente frente a las emisiones antropógenas de gases de efecto invernadero en favor de los Estados y de las generaciones presentes y futuras?;

¿Cuáles son las consecuencias jurídicas que se derivan de esas obligaciones para los Estados que, por sus actos y omisiones, hayan causado daños significativos al sistema climático y a otros elementos del medio ambiente, con respecto a:

i) Los Estados, incluidos, en particular, los pequeños Estados insulares en desarrollo, que, debido a sus circunstancias geográficas y a su nivel de desarrollo, se ven perjudicados o especialmente afectados por los efectos adversos del cambio climático o son particularmente vulnerables a ellos;

ii) Los pueblos y las personas de las generaciones presentes y futuras afectados por los efectos adversos del cambio climático?»[24].

Como vemos, nuevamente, la historia está posicionando a los movimientos sociales como grandes actores en la configuración de la justicia climática que surgen a partir acciones ciudadanas locales, en este caso regional, para transformarse en toda una alianza mundial que ha conseguido llegar al foro internacional a través de una estrategia jurídica que, o bien supone un hálito de esperanza o podría constituir la catástrofe que muchos auguran. Todo dependerá de lo fallado por la CIJ que, como sabemos, sus opiniones consultivas no son vincu

---

24 Resolución de la Asamblea General de las Naciones Unidas. *Solicitud de una opinión consultiva a la Corte Internacional de Justicia sobre las obligaciones de los Estados con respecto al cambio climático.* En NU Doc. A/RES/77/276, de 4 de abril de 2023. https://undocs.org/A/RES/77/276.

lantes, pero pueden tener una gran capacidad persuasiva para los Estados, lo que no supone, *per se*, un cambio de comportamiento de los Estados *ab initio*. De hecho, muchos Estados pueden sentirse aún menos presionados para realizar cambios significativos en la política nacional en respuesta a una opinión consultiva, que carece de autoridad vinculante, (Bodansky, 2022)[25].

2. El Pacto Europeo por el Clima desde dentro: el rol de sus Embajadores

Con carácter preliminar, cabe indicar que al adoptar la Directiva 2003/4/CE del Parlamento Europeo y del Consejo de 28 de enero de 2003 relativa al acceso del público a la información medioambiental y por la que se deroga la Directiva 90/313/CEE del Consejo, el legislador de la Unión pretendía asegurar la compatibilidad del Derecho de la Unión con el Convenio de Aarhus estableciendo un régimen general que garantice que todo solicitante en el sentido del artículo 2, apartado 5, de esa Directiva tenga derecho de acceso a información medioambiental que obre en poder de las autoridades públicas o de otras entidades en su nombre sin que dicho solicitante esté obligado a invocar un interés determinado[26].

Desde que, en 1972, la UE –entonces, Comunidades Europeas– adoptara su Primer Programa Europeo de Acción Medioambiental (en adelante, PEAM), la agenda climática de

---

25 Bodansky D. (2022). "An ICJ advisory opinion on climate change: Ten questions and answers". Center for climate and energy solutions. October 2022, pp. 1-7. https://www.c2es.org/wp-content/uploads/2022/10/an-icj-advisory-opinion-on-climate-change-ten-questions-and-answers.pdf

26 Véase, en ese sentido, la Sentencia del Tribunal Europeo de Justicia, de 14 de febrero de 2012, Flachglas Torgau, C-204/09 (TJCE 2012, 22), apartado 31.

la Unión se ha ido configurando de forma paulatina y trascendental, hasta culminar con la batería normativa de su actual Octavo Programa. De hecho, la presentación del Pacto Verde Europeo (PVE), en diciembre de 2019, por parte de la Comisión Europea, se configura como un plan de acción integral multisectorial que tiene como objetivo transformar la UE para alcanzar la neutralidad climática en 2050, a través de la descarbonización de las economías de sus Estados miembros.

El PVE está llamado a ser la hoja de ruta de la nueva estrategia de crecimiento destinada a transformar la UE en una sociedad equitativa y próspera[27] que se asienta sobre dos pilares fundamentales: el Mecanismo de Transición Justa (MTJ) y el Pacto Europeo por el Clima (PEC). Este último, representa un instrumento de política de procedimiento (Bali et al., 2021, p. 1)[28] que contribuye a definir y alcanzar objetivos políticos. Como indican Tosun, Pollex y Crumbie (2023)[29], el PEC se trata de una iniciativa ciudadana cuyo objetivo principal es el establecimiento de un marco facilitador de la acción climática en toda la UE centrado en designar, con carácter honorífico, a ciudadanos y ciudadanas de la Unión Europea como Embajadores y Embajadoras del PEC (en adelante, Embajadores del PEC) con el cometido de «aumentar la concienciación, difundir información sobre el impacto del consumo y la producción de energía, los edificios y el cambio climático, y facilitar el in-

27 Zambrano González, K. (2023). *El Derecho internacional y europeo ante el desafío del cambio climático.* Tirant lo Blanch, p. 187.

28 Bali, A., Howlett, M., Lewis, J. M. & Ramesh, M. (2021). "Procedural Policy Tools in Theory and Practice". Policy and Society 40 (3): pp. 295–311.

29 Tosun, J., Pollex, J., & Crumbie, L. (2023). "European Climate Pact Citizen volunteers: strategies for deepening engagement and impact". Policy Design and Practice, 6(3), pp. 344–356.

tercambio de experiencias, soluciones y buenas prácticas» (Comisión Europea, 2020, p. 7)[30].

El lanzamiento del PEC constituye una invitación a la acción climática y a la participación ciudadana en la política de la UE que persigue ampliar el impacto de la lucha contra el cambio climático entre todos los Estados miembros, invitando a los ciudadanos, a las comunidades y las organizaciones a unirse y colaborar en esta transición hacia un modelo de Europa más verde y sostenible (Zambrano González & García Aranda, 2022)[31]. Con la adopción del PEC, la Comisión Europea ha reconocido que las políticas y regulaciones implementadas hasta la fecha no serán suficientes sin un compromiso claro y decidido por parte de la sociedad europea. Ciertamente, los comportamientos cotidianos y los hábitos de los ciudadanos ejercen una influencia directa sobre el modelo económico y social de la Unión Europea, lo que implica que la transición hacia un modelo más ecológico requiere un cambio sustancial en las comunidades locales a lo largo de toda Europa.

En línea con lo anterior, y a pesar de la existencia de diversas organizaciones y colectivos, e incluso ciudadanos y ciudadanas individuales, que se comprometen activamente con la lucha contra el cambio climático y llevan a cabo iniciativas más allá de su ámbito local, promoviendo acciones en sus respectivos municipios y regiones, es imperativo reconocer que aún persiste una parte considerable de la población que no con-

---

30 Comisión Europea. (2020). *El Pacto Europeo por el Clima*. En Doc. COM(2020) 788 Final, de 9 de diciembre de 2020. https://climatepact.europa.eu/system/files/2020-12/20201209%20European%20Climate%20Pact%20Communication.pdf.

31 Zambrano González, K. & García Aranda, C. (2022). "El camino de la Unión Europea hacia la neutralidad climática. Retos de la transición energética y ecológica tras el Pacto Verde Europeo". Quaderns IEE, núm. 1, pp. 1-15.

sidera al cambio climático como una prioridad ni como una amenaza tangible.

Ahora bien, a diferencia de iniciativas europeas anteriores, el PEC descansa sobre el «principio de voluntariedad», siendo la ciudadanía quien se ofrece, libremente, como «agentes sociales de cambio» para participar en sus comunidades y redes. Dicha circunstancia presenta, a menudo, retos y oportunidades en las que conviene reflexionar. En primer lugar, la figura del Embajador o Embajadora del PEC, *a priori*, no goza de una vinculación contractual o laboral asimilable al funcionariado, pero sí que otorga a sus miembros, un reconocimiento distintivo frente a la sociedad civil y las administraciones públicas, es decir, hablamos de voluntariado institucional en estado puro. Por otra parte, las personas embajadoras, pueden no tener experiencia, pero sí deben presentar un «plan o programa» de acción real en la sensibilización a la ciudadanía. Ello podría colisionar con los objetivos y expectativas por la Comisión Europea.

Continuando con los resultados esperados por la Comisión, cabe destacar que ninguna de las personas embajadoras cuenta con financiación institucional para llevar a cabo sus actividades de sensibilización, es decir, su labor es altruista y desinteresada, lo que, en la práctica, se traduce en una falta de recursos institucionales para ejecutar su plan de acción de una forma coherente en el ejercicio natural, ya que es la propia Comisión la que exhorta a los y las embajadores a: (i) establecer contactos con personas y organizaciones aún no implicadas en la acción por el clima; (ii) difundir, inspirar y apoyar la acción por el clima en sus comunidades y redes; (iii) predicar con el ejemplo en la acción por el clima y en la protección del medio ambiente; (iv) hacer de puente entre la sociedad civil, las partes interesadas y la Comisión Europea.

Teniendo en cuenta las cifras oficiales, sólo en España 105 personas han sido nombradas con el título *ad honorem* de Embajador o Embajadora. Estas personas, en principio, han debido presentar su «plan de acción» personal y ejecutarlo de conformidad con su solicitud. La ejecución de dicho plan de acción deberá responder a las directrices emanadas por la entidad que ostente la coordinación del PEC en el Estado miembro en cuestión. En España, desde mediados del año 2023, la Coordinación del PEC ha sido asumida por la Asociación Ecoserveis, si bien, durante el período 2021-2023, la coordinación fue responsabilidad de la entidad Asebio.

Definida la anterior trayectoria, la Red de Embajadores del PEC en España ha germinado desde sus inicios, en el año 2021, celebrándose en la sede de la oficina de representación de la Comisión Europea en Madrid un evento presencial, en diciembre de ese mismo año, que tenía el objetivo de acercar posturas institucionales y sociales en este encuentro. En dicha reunión, se establecieron, por primera vez, los principales ejes de acción para el año 2022, pero cesada la labor de coordinación a finales de ese año, el grupo permaneció «a la deriva» nuevamente desde principios de 2023 hasta el pronunciamiento de la actual coordinadora.

La Red de Embajadores del PEC aglutina un grupo muy diverso y heterogéneo de personas y entidades que muestran cierto compromiso con la cuestión climática. No obstante, y con motivo de que su discurso tenga mayor aplomo en la sociedad, conviene señalar algunas cuestiones que, desde dentro, tal vez, podrían constituir propuestas de mejora, en aras de reforzar los principios inspiradores del Pacto, el compromiso medioambiental y una llamada a la coherencia entre la teoría y la práctica. En este sentido, dado que las personas embajadoras deben ser ejemplo consolidado en su actuación, sería conveniente elaborar una guía común de buenas prácticas, para evitar perjuicios medioambientales mayores durante la organización de seminarios, talleres u otros eventos dirigidos a la sensibilización en materia climática, así como en el caso de los desplazamientos, sobre todo, aquellos que se realizan en transporte aéreo a sabiendas de que se trata de un medio de transporte altamente perjudicial en términos de gases de efecto invernadero (GEI). No hay huella de carbono que compense acciones por el clima que van en su contra.

De igual forma, la planificación de formaciones, tanto a nivel interno como en abierto para la ciudadanía, es una buena manera de reforzar el conocimiento y la actividad divulgativa. En la actualidad, este tipo de acciones se están dirigiendo muy acertadamente desde la coordinación. Sin embargo, la labor de mediación entre los miembros que comprenden el grupo es realmente compleja. Ahora bien, es preciso destacar que ninguna actividad puede desarrollarse con éxito sin dos elementos esenciales: (i) la cooperación institucional y; (ii) un presupuesto acorde para realizar dichas actividades. En el primer caso, existe una gran preocupación e incertidumbre ante la generación de alianzas entre las personas embajadoras y las instituciones públicas y políticas de corriente negacionista; en el segundo caso, el hecho de que las funciones de las personas embajadoras sea desinteresada no implica que deba desembolsar o «cargar» con determinados gastos que exige su labor y cuyo abono debería formar parte de un presupuesto reglado por la Comisión Europea. En todo caso, es muy positivo evaluar que, mayoritariamente, la Red de Embajadores persigue un interés común: la sensibilización sobre la emergencia climática para la transformación social.

3. La Asamblea Ciudadana por el Clima en España

La Asamblea Ciudadana para el Clima (ACC)[32] se erige como iniciativa pionera que supone una oportunidad para

[32] Puede visitarse el sitio web oficial de la Asamblea Ciudadana mediante el siguiente enlace: https://asambleaciudadanadelcambioclimatico.es/

debatir y generar consensos sobre las soluciones a las grandes transformaciones que son necesarias para responder a la ciencia, alcanzar la neutralidad climática en 2050 y ganar seguridad, en un momento crítico en España.

La ACC opera bajo una gobernanza independiente y transparente, cuyo marco institucional comprende:

1) Un Panel de Coordinación independiente, encargado de facilitar la preparación, ejecución y apoyo logístico de la ACC. Este panel, de naturaleza multidisciplinaria, cuenta con una Secretaría de apoyo.

2) Un grupo consultivo de expertos y expertas Independientes, constituido por científicos de reconocido prestigio en áreas clave como el clima, la energía, la biodiversidad, el medio ambiente y la transformación social. Este equipo proporciona apoyo y asesoramiento, siendo tanto multidisciplinario como intergeneracional.

3) Un equipo técnico independiente, responsable de garantizar una selección equitativa y aleatoria de participantes que refleje la diversidad de la población española.

4) Un equipo de Facilitadores, encargado de diseñar el proceso participativo y dirigir las sesiones de manera que todos los miembros de la Asamblea puedan contribuir con sus opiniones y propuestas en un ambiente respetuoso, constructivo y creativo. Estos facilitadores poseen un conocimiento profundo de las herramientas informáticas requeridas para la realización de las actividades.

En este contexto, la ACC refuerza la línea establecida por la Comisión Europea a través del PEC y ha desarrollado un conjunto de recomendaciones vinculadas, prioritariamente a las siguientes áreas: (i) área de vida y sociedad de consumo; (ii) área de vida y sociedad de alimentación y usos del suelo; (iii) área de vida y sociedad de comunidades, salud y cuidados;

(iv) área de vida y sociedad de trabajo; (v) área de vida y sociedad de ecosistemas. Dichas recomendaciones se elaboraron y presentaron durante el año 2022, sin que haya habido más indicadores del comienzo de un segundo mandato de la ACC que permita dar continuidad a un proyecto inspirador de sensibilización ciudadana, apoyado por el Ministerio para la Transición Ecológica y el Reto Demográfico (MITERD) y la Oficina Española de Cambio Climático.

IV. REFLEXIONES FINALES

Según los datos obrantes en el último informe sobre el estado global del Clima, publicado por la Organización Mundial de Meteorología, «la temperatura media global cercana a la superficie en 2023 fue 1,45 ± 0,12 °C superior a la media de 1850-1900»[33]. Esto significa que el año 2023 fue «el año más cálido en los 174 años de registro observacional, superando claramente los anteriores años más cálidos conjuntos, 2016 con 1,29 ± 0,12 °C por encima de la media de 1850-1900 y 2020 con 1,27±0,13 °C»[34].

Los efectos de las altas temperaturas se han venido manifestando a lo largo de los años, de manera significativa en todas, las regiones del mundo, mientras que la preocupación y el esfuerzo continuado de la comunidad científica internacional han incrementado notablemente. De hecho, en el mismo año 2023, el Resumen para Responsables de Políticas, que forma parte del Sexto Informe de Síntesis del Panel Intergubernamental de Expertos sobre el Cambio Climático (IPCC por sus siglas en inglés), señala que «inequívocamente» las emisiones

33 World Meteorological Organization. (2024). *State of Global Climate 2023*. WMO-No. 1347, p. 3.

34 *Ibídem*.

de GEI tienen un origen antropogénico. De igual manera, el último Informe de Riesgos 2024 publicado por el Foro Económico Mundial, los riesgos medioambientales siguen dominando el panorama de los riesgos[35].

La información expuesta en los párrafos precedentes, indudablemente, tiene un calado de forma indiscriminada en la ciudadanía, sin que se aporten respuestas, soluciones o recomendaciones. Se trata de un flujo comunicativo unidireccional, percibido por la ciudadanía y que, lejos de producir un llamamiento a la acción, genera el efecto contrario o el desinterés progresivo.

A lo largo de este estudio, se ha evidenciado el largo recorrido que ha experimentado el acceso a la participación de la ciudadanía en las cuestiones medioambientales, como principio contemplado en la DNUMAD y desarrollado en un instrumento internacional: el Convenio de Aarhus. Asimismo, se ha puesto de relevancia la importancia que están adquiriendo los distintos movimientos ciudadanos en la configuración de la justicia climática, no sólo por su interés en agruparse ante una situación de crisis, sino por los planteamientos estratégicos que persiguen las pretensiones judiciales que se inician en el seno de sus acciones por el clima. Está claro que otro mundo es posible desde la lucha por un desafío de interés común, la resiliencia, la coherencia, la formación e información; un mundo sin odio, que atienda a la evidencia científica y ampare a las generaciones presentes y futuras.

---

35 World Economic Forum. (2024). *The Global Risks Report. 19th edition. Insight report.* World Economic Forum, p. 7.

V. BIBLIOGRAFÍA

Bali, A., Howlett, M., Lewis, J. M. & Ramesh, M. (2021). "Procedural Policy Tools in Theory and Practice". Policy and Society 40 (3): pp. 295–311.

Bodansky D. (2022). "An ICJ advisory opinion on climate change: Ten questions and answers". Center for climate and energy solutions. October 2022

Borrás Pentinat, S. (2017). "Movimientos para la justicia climática global: replanteando el escenario internacional del cambio climático". Grupo de Estudios de Relaciones Internacionales, 33.

Caride, J. A., & Meira, P. A. (2018). "Del ecologismo como movimiento social a la educación ambiental como construcción histórica". Historia de la educación, 37, pp. 165-197.

De Moor, J. (2018). "The 'efficacy dilemma' of transnational climate activism: The case of COP21". Environmental Politics, 27(6), pp. 1079–1100.

De Moor, J., & Wahlström, M. (2019). "Narrating political opportunities: Explaining strategic adaptation in the climate movement". Theory and Society, 48(3).

Fajardo del Castillo, T. (2022). "La sociedad civil internacional y el multilateralismo inclusivo en la COP26 de Glasgow". En Fernández Egea, R. & Macía Morillo, A. (Dirs.). *El Derecho en la encrucijada: los retos y oportunidades que plantea el cambio climático.* Anuario de la Facultad de Derecho de la Universidad Autónoma de Madrid, 26(2022). Boletín Oficial del Estado (BOE) y Universidad Autónoma de Madrid.

Gereke, M., & Brühl, T. (2019). "Unpacking the unequal representation of Northern and Southern NGOs in international climate change politics". Third World Quarterly, 40(5), 870–889;

Giugni, M. (1999). "How social movements matter: Past research, present problems, future developments". En Giugni, M., McAdam, D., & Tilly, C. (Eds.), *How social movements matter* (pp. xiii–xxxiii). University of Minnesota Press.

Martini, E. A. (2012). *Agent Orange: History, Science and the politics of uncertainty.* University of Massachussetts Press.

Pigrau i Solé, A. & Borrás Pentinat, S. (2008). "Diez años del Convenio de Aarhus sobre el acceso a la información, la participación y el acceso a la justicia en materia de medio ambiente". En Pigrau i Solé,

A. (Dir.). Acceso a la información, participación pública y acceso a la justicia en materia de medio ambiente: diez años del Convenio de Aarhus. Atelier.

Schori, P. (2008). *Los años de la semilla del mal: 11-S, la guerra de Iraq y el mundo después de Bush (1ª ed.).* Icaria.

Stellman, J., Stellman, S., Christian, R., Weber, T., & Tomasallo, C. (2003). "The extent and patterns of usage of Agent Orange and other herbicides in Vietnam". Nature, 422.

Tremmel, J. & Robinson, K. (2014). *Climate Ethics: Environmental Justice and Climate Change.* Bloomsbury Academic. Tosun, J., Pollex, J., & Crumbie, L. (2023). "European Climate Pact Citizen volunteers: strategies for deepening engagement and impact". Policy Design and Practice, 6(3), 344–356.

Zambrano González, K. & García Aranda, C. (2022). "El camino de la Unión Europea hacia la neutralidad climática. Retos de la transición energética y ecológica tras el Pacto Verde Europeo". Quaderns IEE, núm. 1.

Zambrano González, K. (2023). *El Derecho internacional y europeo ante el desafío del cambio climático.* Tirant lo Blanch.

Del derecho climático a el derecho al clima. El camino hacia el derecho al clima en el sistema jurídico europeo.

From Climate Law to Climate Rights. The Path toward the rights to climate in the European Legal System.

ATTILIO PISANÒ

Universidad del Salento (Italy), Departamento de Ciencias Jurídicas

ORDID: 0000-0002-9510-6144

Resumen. El cambio climático se convierte en un problema para el derecho a partir del Convenio Marco de las Naciones Unidas sobre el Cambio Climático (1992). Desde entonces, el enfoque del derecho ha sido estado-céntrico y de derecho objetivo. En los últimos años la situación ha cambiado radicalmente, gracias a la expansión de los litigios climáticos. Los litigios se han multiplicado en la última década con el objetivo de afectar a los objetivos de mitigación de los Estados, utilizando el argumento de los derechos para obligar a los responsables políticos a tomarse en serio la emergencia climática. El artículo analiza el camino que va del enfoque 'objetivo' al 'subjetivo' en la lucha contra el cambio climático, sentando las bases para el reconocimiento de un nuevo derecho humano: el derecho al clima.

Palabras clave: cambio climático; derechos humanos; derecho al clima; Urgenda; litigios climáticos.

Abstract Climate change became a legal problem at the beginning in the 90s. with the adoption ot the *United Nations Framework Convention on Climate Change* (1992). Since then, the overall juridical approach to the anthropogenic climate change has been state-centric and inspired by objective law. In recent years, the situation has radically changed, thanks to the explosion worldwide of the climate change litigation with the aim of affecting the mitigation objectives of the States, using the rights argument to force policymakers to take the climate emergency seriously, by taking the most appropriate measures to reduce greenhouse emissions. The article analyses the path that goes from the 'objective' to the 'subjective' approach in the fight against climate change, laying the foundations for the recognition of a new human right: the right to climate.

Keywords climate change; human rights; right to climate; Urgenda; climate change litigation

SUMARIO.

I. EL CAMBIO CLIMÁTICO COMO DESVALOR JURÍDICO. EL CONVENIO MARCO SOBRE EL CAMBIO CLIMÁTICO.

Desde la década de 1980, la cuestión climática ha puesto de manifiesto, siempre con mayor claridad, los riesgos del cambio climático y del calentamiento global como consecuencia de las emisiones antrópicas de gases de efecto invernadero en la atmósfera.

En consecuencia, el Derecho ha empezado a interesarse por la cuestión climática, tratando de definir los objetivos políticos y los instrumentos normativos más adecuados para limitar los riesgos de efectos nocivos causados por el cambio climático antropogénico[1].

El punto de inflexión llegó con la adopción en 1992 del Convenio Marco de las Naciones Unidas sobre el Cambio Climático, quizá el resultado más significativo de la Conferencia sobre Medio Ambiente y Desarrollo Humano, celebrada en 1992 por iniciativa de las Naciones Unidas, en Río de Janeiro.

Ante todo, el Convenio Marco pretendía definir los elementos que caracterizaban la cuestión climática desde un punto de vista jurídico[2].

Una cuestión muy compleja porque la especie humana es parte integrante del sistema climático y contribuye (como siempre ha contribuido), con sus acciones, al equilibrio climático.

A raíz de las pruebas científicas que fueron apareciendo en la década de los años ochenta sobre el efecto invernadero, el agujero de la capa de ozono y el cambio climático antropogénico (el primer informe del *Grupo Intergubernamental de Expertos sobre el Cambio Climático*, IPCC, es del 1990; el mismo IPCC fue instituido en el 1988) las Naciones Unidas decidieron abordar la cuestión climática con el Convenio Marco, posteriormente aplicada por el Protocolo de Kioto (1997) y el Acuerdo de París (2015).

---

1 Di Paola M. (2015), *Cambiamento climatico. Una piccola introduzione*, Roma, Luiss.

2 Carducci M. (2021). *Cambiamento climatico (diritto costituzionale)*, "Digesto delle Discipline Pubblicistiche, Aggiornamento", Milano, Wolters Kluwer Italia, pp. 51-74.

El Convenio, en concreto, definió el cambio climático antropogénico como

> un cambio de clima atribuido directa o indirectamente a la actividad humana que altera la composición de la atmósfera mundial y que se suma a la variabilidad natural del clima observada durante períodos de tiempo comparables (Art. 1 apartado 2).

En cambio, el apartado 1 definió los efectos adversos del cambio climático como

> los cambios en el medio ambiente físico o en la biota resultantes del cambio climático que tienen efectos nocivos significativos en la composición, la capacidad de recuperación o la productividad de los ecosistemas naturales o sujetos a ordenación, o en el funcionamiento de los sistemas socio económicos, o en la salud y el bienestar humanos.

Por lo tanto, a partir del Convenio Marco, el cambio climático antropogénico, precisamente porque produce efectos nocivos para la humanidad (y para otros seres no humanos y el ecosistema), se convierte en un 'desvalor jurídico' a través del derecho internacional y de la obra de las Naciones Unidas[3].

Por eso, las Naciones Unidas identificaron una serie de normas reguladoras capaces de combatir el cambio climático antropogénico, limitando sus riesgos y efectos nocivos, mediante la promoción de acciones de carácter mitigador (reducción de

---

[3] Jegede A.O. (2020). *Arguing the Right to a Safe Climate under the UN Human Rights System,* "International Human Rights Law Review", 9, pp. 184-212; Franceschelli F. (2019). *L'impatto dei cambiamenti climatici nel diritto internazionale,* Napoli, Editoriale Scientifica, pp. 457-462; D'Andrea G. (2018), *La lotta ai cambiamenti climatici,* R. Giuffrida, F. Amabili, in R. Giuffrida, F. Amabili (a cargo de), *La tutela dell'ambiente nel diritto internazionale ed europeo,* Torino, Giappichelli, pp. 227-252.

las emisiones a la atmósfera que alteran el equilibrio climático) y/o adaptativo (intervenciones para limitar los daños causados por los efectos del cambio climático antropogénico).

Quisiera precisar de entrada que, aunque en abstracto las acciones de lucha contra el cambio climático pueden ser de mitigación y/o de adaptación, considero que sólo las primeras (las acciones de mitigación) son adecuadas para atajar la raíz de la crisis climática[4].

De hecho, las políticas de mitigación tienen como objetivo disminuir las emisiones antropogénicas a la atmósfera que alteran el clima, principales responsables del aumento medio de la temperatura de la Tierra en las últimas décadas.

Estas políticas tienen una función genuinamente "preventiva", ya que se definen partiendo de evaluaciones del riesgo climático con base científica (son y deben ser necesariamente medidas con base científica) y se parametrizan sobre esa unidad cuantitativa que representa el llamado "presupuesto de carbono", el "*carbon Budget*"[5].

Si, por lo tanto, las emisiones antropogénicas que alteran el clima son la principal causa del calentamiento global (a las que podemos añadir otras causas, como la deforestación de los bosques tropicales, el consumo de tierras, la ganadería intensiva, etc.) y si el principal objetivo de la acción para combatir el cambio climático debe ser reducir el riesgo de daños climáticos (con la consiguiente reducción del riesgo de los efectos negativos del cambio climático), entonces parece claro que la

---

4 Pisanò A. (2022), *Guerra e cambiamento climatico. Non c'è contrasto al cambiamento climatico senza pace*, "Eunomia. Rivista di Studi su Pace e Diritti", SIBA-ESE, UniSalento, 2, pp. 63-89.

5 Carducci M. (2020). *La ricerca dei caratteri differenziali della "giustizia climatica"*, "DPCE. Diritto Pubblico Comparato ed Europeo", 2, 2020, pp. 1345-1369.

principal forma de lograr este objetivo es actuar directamente sobre las emisiones que alteran el clima.

Las acciones adaptativas, en cambio, tienen una función completamente distinta porque están dirigidas a la adopción de aquellas medidas a nivel local que reduzcan los efectos negativos de los daños climáticos, actuando así no sobre la etiología del fenómeno (las emisiones de gases de efecto invernadero a la atmósfera) sino sobre los efectos del epifenómeno (la imposibilidad de cultivar tierras cerca de la desembocadura de un río debido a la cuña salina provocada por la acción combinada de la sequía y la subida del nivel del mar).

Las medidas de adaptación, por tanto, no pueden considerarse preventivas y, en cierto sentido, son completamente inútiles sin medidas de mitigación[6], ya que los efectos negativos de los daños climáticos se amplificarán en mayor medida en los países más pobres y vulnerables, que no dispondrán de los medios (incluidos los económicos) para hacer frente al impacto de estos efectos (subida del nivel del mar, sequías, escasez de agua, fenómenos meteorológicos extremos, etc.).

Representado en estos términos, por tanto, puede decirse que la lucha contra el calentamiento global requiere una actuación que tenga como objetivo estratégico la reducción de las emisiones que alteran el clima mediante la adopción de medidas que entrelacen diferentes planes reguladores (internacional, regional y doméstico) con el fin último de estabilizar el aumento medio de la temperatura de la Tierra (dentro de los límites fijados por el Acuerdo de París).

Por lo tanto, el Convenio Marco se propuso de

> estabilización de las concentraciones de gases de efecto invernadero en la atmósfera a un nivel que impida interferencias antropógenos peligrosas en el sistema climático (Art. 2),

---

6 Mann E.M. (2021). *La nuova guerra al clima*, Milano, ReteAmbiente.

> luchando contra el cambio climático
> en beneficio de las generaciones presentes y futuras, sobre la base de la equidad y de conformidad con sus responsabilidades comunes pero diferenciadas y sus respectivas capacidades" (Art. 3).

El Convenio Marco puede considerarse el documento fundacional del derecho climático, entendido aquí como el cuerpo jurídico que define las obligaciones climáticas de los Estados y los objetivos políticos para combatir el cambio climático antropogénico[7].

Así pues, las Naciones Unidas han desempeñado un papel fundamental a la hora de situar la cuestión climática en un primer plano como asunto político y social, esforzándose por identificar soluciones normativas capaces de abordar y reducir los riesgos asociados al cambio climático antropogénico.

Las Naciones Unidas no sólo promovieron la adopción del Convenio Marco, del Protocolo de Kioto y del Acuerdo de París.

Sobre todo, permitieron a la comunidad internacional disponer de un foro de debate, de puesta en común, de colaboración (las Conferencias de las Partes, COP), sin el cual la cuestión climática, por su naturaleza de asunto local y global al mismo tiempo, no habría podido abordarse.

Desde este punto de vista, por tanto, no parece erróneo afirmar que la impronta original del Derecho climático es estado-céntrica, orientada, como estaba, a definir un marco normativo estable dentro del cual los Estados implementen, de forma más

---

7 Carducci M. (2021). *Cambiamento climatico (diritto costituzionale)*, "Digesto delle Discipline Pubblicistiche, Aggiornamento", Milano, Wolters Kluwer Italia, pp. 51-74.

o menos autónoma, sus políticas específicas de lucha contra el cambio climático antropogénico[8].

Estas últimas, encaminadas, tras la entrada en vigor del Acuerdo de París, a estabilizar el aumento de la temperatura de la Tierra dentro de los 2°C, preferiblemente 1,5°C, respecto de los niveles preindustriales, en la segunda mitad del presente siglo.

Sin embargo, aunque han transcurrido treinta años desde el Convenio Marco, el enfoque de la cuestión climática, en lo que respecta al derecho climático, ha sido hasta ahora predominantemente de derecho objetivo.

De hecho, si tomamos el Convenio Marco, el Protocolo de Kioto y el Acuerdo de París, no encontramos referencias al reconocimiento de un derecho climático específico, con la única, aunque significativa, excepción del Preámbulo introductorio del Acuerdo de París.

En particular, el Preámbulo, tras reafirmar que el cambio climático es una "preocupación común de la humanidad", establece que las Partes en el Acuerdo, al adoptar medidas para contrarrestar el cambio climático antropogénico,

> deberían respetar, promover y tener en cuenta sus respectivas obligaciones relativas a los derechos humanos, el derecho a la salud, los derechos de los pueblos indígenas, las comunidades locales, los migrantes, los niños, las personas con discapacidad y las personas en situaciones vulnerables y el derecho al desarrollo, así como la igualdad de género, el empoderamiento de la mujer y la equidad intergeneracional.

Las Naciones Unidas, sin embargo, no sólo han fomentado la cooperación internacional a través de las actividades de los

---

8 Pisanò A. (2022). *La responsabilità degli Stati nel contrasto al cambiamento climatico tra obbligazione climatica e diritto al clima*, "Etica & Politica / Ethics & Politics", XXIV, 3, pp. 349-366.

órganos establecidos por el Convenio Marco, el Protocolo de Kioto o el Acuerdo de París (el mecanismo de la Conferencia de las Partes, las llamadas COP) sino que también han promovido un enfoque del cambio climático a través del prisma de los derechos, desde la publicación por el Alto Comisionado de las Naciones Unidas para los Derechos Humanos en 2009 del *Informe sobre la relación entre el cambio climático y los derechos humanos*[9].

II. EL INFORME SOBRE LA RELACIÓN ENTRE EL CAMBIO CLIMÁTICO Y LOS DERECHOS HUMANOS

El informe, en particular, basándose en las pruebas científicas aportadas por el *Cuarto Informe de Evaluación* del IPCC de 2007[10], en el marco más amplio del derecho internacional medioambiental y climático, estaba focalizado sobre el impacto del cambio climático en la estabilidad internacional, en los derechos (especialmente los de las personas vulnerables: mujeres, niños, pueblos indígenas, migrantes) y en cómo la perspectiva de los derechos podría ser útil para contrarrestar el cambio climático antropogénico[11].

El Alto Comisionado señaló que existía incertidumbre sobre "si, y en qué medida, tales efectos [los efectos del cambio

---

9 Human Rights Council (2009). *Report of the Office of the United Nations High Commissioner for Human Rights on the relationship between Climate change and Human Rights*, A/HRC/10/6.

10 IPCC (2007). *Climate Change 2007: Synthesis Report. Contribution of Working Groups I, II and III to the Fourth Assessment Report of the Intergovernmental Panel on Climate Change*, a cargo de Pachauri, R.K, Reisinger, A., IPCC, Geneva, Switzerland.

11 Limon M. (2009). "Human Rights and Climate Change: Constructing a case for political action", *Harvard Environmental Law Review*, 33, pp. 439-476.

climático antropogénico] puede calificarse como una violación de los derechos humanos por tres razones principales:

(a) la dificultad de determinar un vínculo causal (directo) entre las series históricas que describen las emisiones de gases de efecto invernadero y la posible identificación de un efecto nocivo específico conectado directa y casualmente con las series históricas y que dé lugar (el efecto nocivo específico) a posibles violaciones de los derechos humanos;

(b) la multiplicidad de acontecimientos (incluidos los no antropogénicos) que influyen en el calentamiento global, de modo que es imposible establecer si un acontecimiento específico, una conducta generalmente impactante sobre el cambio climático (ej. las emisiones de gas de invernadero provenientes desde una específica planta de carbón en un sitio específico), afecta real, directa y casualmente a los derechos humanos;

(c) la dificultad de establecer un vínculo entre los futuros efectos negativos del calentamiento global y las violaciones de los derechos humanos *hic et nunc*"[12].

En particular, la Alta Comisionada subrayaba como:

> While climate change has obvious implications for the enjoyment of human rights, it is less obvious whether, and to what extent, such effects can be qualified as human rights violations in a strict legal sense. Qualifying the effects of climate change as human rights violations poses a series of difficulties. First, it is virtually impossible to disentangle the complex causal relationships linking historical greenhouse gas emissions of a particular country with a specific climate change-related effect, let alone with the range of direct and indirect implications for human rights. Second, global warming is often one of several contributing factors to climate change-related effects, such as hurricanes, environmental degradation and water stress. Ac-

12 Human Rights Council (2009). *Report of the Office of the United Nations High Commissioner for Human Rights on the relationship between Climate change and Human Rights*, A/HRC/10/6 (§ 70).

> cordingly, it is often impossible to establish the extent to which a concrete climate change related event with implications for human rights is attributable to global warming. Third, adverse effects of global warming are often projections about future impacts, whereas human rights violations are normally established after the harm has occurred» (§ 70).

Al mismo tiempo, la Alta Comisionada precisó que, independientemente de que los efectos del cambio climático puedan interpretarse o no como violaciones de los derechos humanos, las obligaciones jurídicas en materia de derechos seguirían proporcionando una importante protección a las personas cuyos derechos se vean amenazados por los efectos del cambio climático:

> The human rights obligations provide important protection to the individuals whose rights are affected by climate change or by measures taken to respond to climate change (§ 71).

La perspectiva de la obligación legal (la obligación climática) es, de hecho, la mejor a través de la cual examinar la relación entre los derechos humanos y el cambio climático, porque la identificación del vínculo causal entre la conducta perjudicial para el clima y la violación (o amenaza de violación) de los derechos humanos y/o fundamentales no es nada fácil.

Como observó el Alto Comisionado, identificar un nexo causal significa probar, incluso judicialmente, la existencia de una relación lineal directa entre una conducta específica perjudicial, la alteración del equilibrio climático, los efectos de la alteración del equilibrio climático y la violación de los derechos humanos o fundamentales.

Ahora bien, partiendo de la premisa de que el cambio climático es un proceso que se inició con la industrialización, entre los siglos XVIII y XIX, y en el que intervinieron diversos actores (estatales y no estatales), con distintas responsabilidades, y partiendo de la premisa de que, además de los factores antrópicos, también contribuyen (y han contribuido) al cambio climático factores no antrópicos, es imposible determinar una relación directa, lineal, de causa-efecto, entre la conducta que altera el clima, los hechos concretos específicos que determinó ("hecho concreto relacionado con el cambio climático", "efecto concreto relacionado con el cambio climático") y la consiguiente vulneración de derechos.

De hecho, la búsqueda de un vínculo directo entre la acción humana que cambia el clima, los efectos y la violación de los derechos humanos es imposible porque el clima es un proceso, que consiste en un ciclo en el que una acción, incluida la humana, desencadena una serie de causas con retroalimentaciones e interacciones entre todas las variables del espacio-tiempo terrestre.

Hay que tener en cuenta, entre otras cosas, que las actividades humanas que influyen en el cambio climático son locales, pero tienen efectos globales a los que contribuyen una serie de actores (incluidos los individuos), para los que es casi imposible tener una definición exhaustiva de los hechos que alteran el clima y de sus responsabilidades específicas.

En este escenario, conviene recordar, de hecho, que los países que contribuyen considerablemente al cambio climático liberando a la atmósfera grandes cantidades de gases que lo alteran pueden ser los menos afectados porque, por ejemplo, tienen las posibilidades (económicas y tecnológicas) de poner en marcha medios adaptativos para contrarrestarlos.

Por otra parte, los países más pobres y menos desarrollados también son más vulnerables desde el punto de vista del equilibrio de los ecosistemas (pensemos en los pequeños Estados insulares) y pueden verse perjudicados por el cambio climático de forma mucho más evidente.

Por tanto, si quisiéramos recurrir a la lógica lineal tradicional en la identificación del nexo conducta (causa)-evento (efecto)-daño (o amenaza de daño)-violación de derechos, tendríamos que ser capaces de demostrar que los derechos de Luis han sido violados debido a eventos específicos (primer nivel de causalidad) provocados por el cambio climático (segundo nivel de causalidad).

Habría que añadir entonces un nivel más de causalidad (el tercero) en la búsqueda de la responsabilidad de Attilio (siempre que una persona llamada Attilio pueda identificarse) al contribuir con sus actividades a la alteración de la variabilidad natural del clima, hasta el punto de vincular el evento climático concreto (el efecto último), lesivo de los derechos de Luis, a la conducta causal de Attilio (siempre que Attilio pueda ser identificado alguna vez).

Parece un eufemismo describir el proceso de reconstrucción de la responsabilidad como una *probatio diabolica.*

El caso que probablemente más se acerca al intento de establecer una relación directa de causa-efecto entre la conducta y el hecho dañoso, lesionando determinados derechos fundamentales, desafiando las leyes de la *probatio diabolica* parece ser el caso filipino, en el conocido caso quasi-judicial planteado por Greenpeace Sudeste Asiático ante la Comisión de Derechos Humanos de Filipinas, que concluyó en 2019 con un pronunciamiento que reconocía la responsabilidad histórica (intertemporal) de algunas multinacionales energéticas (las italianas ENI e Italcementi, así como Chevron, ExxonMobil, Shell, Total, etc.) en el cambio climático y el calentamiento global.

El pronunciamiento de la Comisión, sin embargo, no es evidentemente comparable a una sentencia y sigue una lógica menos estricta que las necesariamente más rígidas que deben seguirse en un contexto judicial.

III. EL PAPEL DE LOS DERECHOS HUMANOS Y LOS LITIGIOS CLIMÁTICOS

Así, para entender cómo el cambio climático puede determinar la violación de los derechos humanos, hay que empezar por el cumplimiento de la obligación climática por parte de los Estados. Es el incumplimiento de la obligación legal de luchar contra el cambio climático antropogénico lo que determina también la responsabilidad de los Estados por los riesgos de violación de los derechos humanos y/o fundamentales.

Desde esta perspectiva, el argumento de los derechos ofrece razones y argumentos especialmente atractivos, quizá indispensables, para los activistas climáticos[13].

De hecho, la perspectiva de los derechos rompe la lógica de reciprocidad que subyace a las obligaciones climáticas.

Si es cierto que las políticas de lucha contra el cambio climático antropogénico promovidas por los Estados sólo pueden producir efectos en un escenario de responsabilidad compartida, cooperación internacional, socialización y políticas definidas a nivel regional e internacional, no es menos cierto que las obligaciones derivadas del derecho de los derechos humanos no conocen la reciprocidad y, por tanto, vinculan al Estado, a cada uno de los Estados, en sus responsabilidades.

Dicho de forma muy didáctica, si un Estado puede alegar legítimamente que su política de lucha contra el cambio climático antropogénico se define en un marco más amplio de

---

13 Pisanò A. (2022). *Il diritto al clima. Il ruolo dei diritti nei contenziosi climatici europei*, Napoli, ESI. Savaresi A. (2018). *Climate Change and Human Rights*, S. Duycl, S. Jodoin, A. Johl (a cargo de), *Routledge Handbook of Human Rights and Climate Governance*, London, Routledge, pp. 31-42; Mayer B. (2021). *Climate Change Mitigation as an Obligation Under Human Rights Treaties?*, "The American Journal of International Law", 115, 3, pp. 409-451.

responsabilidad compartida recíproca con otros Estados, y si estas políticas de lucha contra el cambio climático se consideran en su conjunto inadecuadas a la luz de las últimas pruebas científicas y, por tanto, lesivas de los derechos garantizados convencionalmente, ese mismo Estado no podrá escudarse en la reciprocidad para justificar su comportamiento lesivo de los derechos.

Es decir, no podrá alegar que viola derechos humanos y/o fundamentales porque "así lo hace todo el mundo".

La no reciprocidad que caracteriza a las obligaciones internacionales en materia de derechos humanos acabará colocando a los jueces (la Corte Europea de los Derechos Humanos o un Tribunal Constitucional) en posición de censurar la conducta de ese solo Estado en relación con la adecuación o inadecuación de sus acciones mitigativas (si son adecuadas para alcanzar los objetivos del Acuerdo de París), independientemente de las políticas climáticas aplicadas en otros Estados, también en el marco de una misma organización internacional (ej. la Unión Europea) que tiene sus especificas políticas climáticas.

En consecuencia, la capacidad de los derechos de imponerse como parámetro de legitimidad de las políticas para contrarrestar el cambio climático antropogénico, por tanto, a través de la definición de obligaciones de conducta que incumben a los Estados (por ejemplo, derivado de art. 2 -derecho a la vida- y 8 -derecho al respecto a la vida privada y familiar- del Convenio Europeo de Derechos Humanos) 'distorsiona' el contenido específico de la obligación climática.

Más recientemente, las Naciones Unidas han prestado atención a la relación entre el cambio climático y los derechos humanos desde la perspectiva de los litigios climáticos y, entre ellos, desde la perspectiva de los "casos de derechos climáticos" ("*climate rights cases*"), cada vez más frecuentes a escala mundial.

En concreto, el Programa de Las Naciones Unidas para el Medio Ambiente, en colaboración con el Sabin Center for Climate Change Law de la Universidad de Columbia, publicó en 2017 el informe *The Status of Climate Change Litigation. A Global Review* (UNEP 2017), al que siguió en 2020 el informe *Global Climate Litigation Report. Review of the Situation* en 2020 (UNEP 2020) y en 2023 el informe G*lobal Climate Litigation Report: 2023 Status Review.*

El informe *Global Climate Litigation Report. Review of the Situation* (UNEP 2020), en particular, apuntó a la aparición de una nueva clase específica de litigios climáticos que agruparía los casos de "derechos climáticos":

> Recent years have seen an increase in the number and success of actions that assert that insufficient action to mitigate climate change violates plaintiffs' international and constitutional rights to life, health, food, water, liberty, family life, and more — a category of cases we refer to here as "climate rights" cases (UNEP 2020, p. 13).

Es difícil decir si hay una estrategia específica detrás de esta actividad de las Naciones Unidas dirigida a obtener, por medios prejudiciales e internos, el cumplimiento de las obligaciones internacionales contraídas por los Estados, examinadas a la luz de su impacto en los derechos humanos y/fundamentales.

Ciertamente, en los litigios climáticos es donde se materializa el entrelazamiento del derecho climático y el derecho de los derechos humanos, ya que el carácter omnipresente de los derechos lleva (y llevará) a los tribunales encargados de su protección (superiores nacionales o regionales) a examinar, entre otras cosas, la adecuación de las políticas de lucha contra el cambio climático antropogénico a las obligaciones jurídicas asumidas por los Estados en materia de derechos humanos.

A pesar, por tanto, de una sustancial marginalidad del tema de los derechos en los espacios delimitados por el derecho climático, en la última década han ido surgiendo con creciente frecuencia, en todo el Mundo[14], y fuerza una nueva y diferente perspectiva a través de la cual mirar la cuestión climática y los riesgos asociados a ella.

IV. HACIA UNA REVOLUCIÓN COPERNICANA. EL DERECHO AL CLIMA.

Una verdadera revolución copernicana (del derecho climático objetivo al derecho climático subjetivo) que ha aparecido y parece inevitable.

Por un lado, de hecho, el lenguaje normativo de los derechos tiene una dimensión omnipresente que lo hace central en el discurso práctico contemporáneo[15].

Por otro lado, la conciencia de los riesgos del cambio climático antropogénico ha ido madurando en la opinión pública y, por tanto, también en los activistas climáticos, movimientos sociales, grupos de interés y/o de presión de inspiración ecologista y ambientalista.

---

14 Rodríguez-Garavito C (a cargo de) (2022). *Litigating the Climate Emergency: The Global Rise of Human Rights-Based Litigation for Climate Action*, New York, Cambridge University Press; Sindico F., Mbengue M.M. (a cargo de) (2021). *Comparative Climate Change Litigation: Beyond the Usual Aspects*, Cham, Springer Nature Switzerland, W Kahl W., Weller M.P. (a cargo de) (2021). *Climate Change Litigation. A Handbook*, Munchen, Beck; Alogna I., Bakker C., Gauci J.P. (a cargo de) (2020). *Climate Change Litigation: Global Perspectives*, Leiden/Boston, Brill Nijhoff, 2020; Cournil C. (2020). *Les grandes affaires climatiques*, Aix-en-Provence: Droits International, Comparé et Européen. Disponibele en http://dice.univ-amu.fr/fr/dice/dice/publications/confluence-droits

15 Pino G. (2017). *Il costituzionalismo dei diritti*, Bologna, il Mulino.

La aparición del reconocimiento de un derecho fundamental y/o humano al clima debe situarse en este marco.

Con esta expresión, de hecho, no se puede hacer referencia a la afirmación de un clima no variable, porque por definición el clima es variable, cambia, lenta pero inexorablemente, alternando entre épocas más frías y cálidas.

Esto significa, a nivel teórico, que cualquier afirmación que quiera encontrar fundamentos de justificación argumentativa en la cuestión climática debe tomar como punto de partida la variabilidad natural del clima, que también está determinada por las actividades antropogénicas y las retroalimentaciones e interacciones entre todas las variables del espacio-tiempo terrestre que éstas determinan.

Además, la reivindicación de un derecho al clima no puede basarse en una aniquilación de las actividades antropogénicas que inciden en el equilibrio climático, ya que las actividades antropogénicas contribuyen naturalmente (como siempre han contribuido) a la variabilidad del clima. Tal conclusión, además de imposible, sería también paradójica porque incluso aquellos que reivindicaran un derecho subjetivo sobre el clima, por mucho que se consideraran o se vieran a sí mismos como una especie de *pasdaran* de la lucha contra el cambio climático, al ser un actor del sistema climático, contribuirían ellos mismos a la definición del equilibrio climático. Y esto se aplica a ocho mil millones de personas.

Por tanto, es necesario delimitar mejor el problema, calificando la cuestión climática como la cuestión de la creciente capacidad del hombre para *determinar*, no sólo modificar o alterar, el equilibrio natural del sistema climático, mediante la emisión masiva de gases de efecto invernadero (principalmente dióxido de carbono) a la atmósfera, principalmente como consecuencia del uso de fuentes de energía fósiles, la deforestación de sumideros de carbono (la selva amazónica), la pérdida de biodiversidad o el consumo de tierras.

Por lo tanto, el derecho climático (Convenio Marco, Protocolo de Kioto, Acuerdo de París) ofrece argumentos y razones a los activistas del clima. Argumentos y razones que no sólo tienen base jurídica, pero también tienen una base científica definida por el IPCC.

De hecho, en la batalla contra el cambio climático, el IPCC desempeña un papel fundamental.

El IPCC (una organización intergubernamental) no sólo señala la matriz antropocéntrica del cambio climático y el calentamiento global (impugnada por los llamados "negacionistas del clima") desde un punto de vista científico, sino que también "certifica" los riesgos vinculados a los efectos nocivos de estos cambios mediante informes públicos, de fácil acceso (*open access*), destinados no sólo a la comunidad científica o a los decisores políticos, sino también a enriquecer el complejo proceso deliberativo que acompaña a las decisiones políticas en los países democráticos.

A día de hoy, de hecho, el IPCC se considera el órgano más acreditado que guía y orienta las decisiones relativas a la lucha contra el cambio climático antropogénico de las Naciones Unidas, los Estados individuales, las organizaciones regionales (como la Unión Europea) y los tribunales, proporcionando a los activistas climáticos preciosos argumentos en apoyo de las razones esgrimidas ante los tribunales para respaldar la pretensión de ver reconocido un posible derecho humano y/o fundamental específico al clima.

Sin embargo, las pruebas científicas resumidas en los informes del IPCC no sólo tienden a demostrar la capacidad de la humanidad para determinar el clima, sino que también subrayan la necesidad de actuar a tiempo para lograr resultados tangibles en la lucha contra el cambio climático antropogénico y el calentamiento global.

La estabilización del sistema climático, como es bien sabido, es un proceso dinámico con un resultado incierto que puede abarcar varias décadas.

Por estas razones, la cuestión climática se describe ahora como una "urgencia" o una "emergencia".

La emergencia climática, de hecho, anclada en una base científica, requiere acciones regulatorias efectivas, inmediatas, no diferidas, a escala global, dirigidas principalmente a reducir las emisiones de gases de efecto invernadero para alcanzar, en las próximas décadas, los objetivos de mitigación contenidos en el Acuerdo de París.

No es casualidad que la Unión Europea (la organización regional que se ha mostrado más sensible y decidida a la hora de abordar la cuestión climática), a través del Parlamento Europeo, (también tras la publicación en 2018 del informe especial del IPCC titulado Calentamiento Global 1, 5°C, IPCC 2018) reconocía expresamente la existencia de "una emergencia climática y medioambiental" en una resolución de 2019 en la que el Parlamento pedía a la Comisión, a los Estados miembros de la UE y a todos los actores mundiales que "declaren su compromiso, adopten urgentemente las medidas concretas necesarias para combatir y contener esta amenaza [climática y medioambiental] antes de que [sea] demasiado tarde"[16].

V. LOS LITIGIOS CLIMÁTICOS

Se está produciendo una verdadera revolución en el Derecho climático, gracias a los litigios climáticos.

---

[16] Parlamento Europeo, *Resolución 15 de enero de 2020 sobre el European Green Deal* (2019/2956(RSP), P9_TA(2020)0005.

Los litigios climáticos, en concreto, realizan una acción política según la trayectoria *bottom-up* (*Legal Mobilization*), promovida por individuos (activistas sociales, en este caso activistas climáticos) o por grupos organizados de individuos (grupos de interés y/o de presión), movidos por un sentimiento de injusticia sufrida o de justicia reclamada, que acuden a la vía político-judicial (al decisor político-judicial) para conseguir un objetivo político (el cumplimiento de la obligación climática y el reconocimiento y protección del derecho al clima) que no puede alcanzarse utilizando el canal político-representativo[17].

El de los litigios climáticos es un universo complejo y amplio, que engloba a autoridades no exclusivamente judiciales, también cuasijudiciales (ej. la Comisión de Derechos Humanos de Filipinas), gobiernos, empresas multinacionales (ej. el caso "Shell" en los Países Bajos), entidades privadas o públicas, en relación con múltiples aspectos que involucran principal o incidentalmente al cambio climático.

En concreto, según el informe 2020 de la UNEP *Climate Litigation Report. Review of the Situation*, los litigios climáticos incluirían aquellos «cases that raise material issues of law or fact relating to climate change mitigation, adaptation, or the science of climate change», «brought before a range of administrative, judicial, and other adjudicatory bodies»[18]. Los casos suelen identificarse por el uso de palabras clave como "cambio climático", "calentamiento global", "gases de efecto invernadero" y/o "aumento del nivel del mar"[19].

---

17 Pisanò A. (2022). *Il diritto al clima. Il ruolo dei diritti nei contenziosi climatici europei*, Napoli, ESI, pp. X-321.

18 UNEP (2020). *Global Climate Litigation Report: 2020 Status Review*, Nairobi, Kenya, pp. 6-7.

19 UNEP (2020). *Global Climate Litigation Report: 2020 Status Review*, Nairobi, Kenya, p. 6.

Según el UNEP, los litigios climáticos también deben incluir casos que «actually raise issues of law or fact related to climate change but do not use those specific terms».

Al mismo tiempo, el UNEP excluye de la definición de litigio climático aquellos casos «where the discussion of climate change is incidental or where a non-climate legal theory would guide the substantive outcome of the case».

Si, por lo tanto, se utiliza una definición amplia para los litigios climáticos, se observa que se multiplican progresivamente, hasta el punto de que ahora se habla de una verdadera "Climate Litigation explosión"

Si, en efecto, el informe del UNEP de 2017 *The Status of Climate Change Litigation. A Global Review* contabilizaba 884 litigios climáticos en 24 países, con 654 litigios sólo en Estados Unidos y más de 230 litigios en el resto del mundo, el informe de 2023 contabiliza 2.180 litigios climáticos en 65 países (incluida la Unión Europea), de los cuales 1.522 en Estados Unidos y 658 en el resto del mundo.

La base de datos del *Sabin Center for Climate Change Law* (Columbia Law University), a fecha de 29 de junio de 2024, contabilizaba 2.694 casos de litigios sobre el clima, 1.775 en Estados Unidos y 919 en el resto del mundo[20].

En términos generales, el UNEP, en su informe de 2017, propuso una clasificación en función de los objetivos, identificando cinco categorías de litigios relativos a:

1) la supervisión del cumplimiento por parte de los gobiernos de sus compromisos normativos y de política climática;

---

20 http://climatecasechart.com/

2) el vínculo existente entre las actividades mineras (carbón o combustibles fósiles), el cambio climático y la resiliencia climática;
3) la correlación entre determinadas emisiones antropogénicas de gases de efecto invernadero y el cambio climático;
4) la determinación de la responsabilidad por la no adopción de medidas o la adopción de medidas insuficientes para adaptarse al cambio climático;
5) la aplicación, especialmente en Estados Unidos, de la doctrina del "*public trust*" al cambio climático, con el objetivo de destacar las responsabilidades de los gobiernos en la protección de los bienes y recursos naturales en beneficio de la comunidad y también de las generaciones futuras.

A esta taxonomía, el informe de 2020 añadió una previsión de la posible evolución en los próximos años de los litigios sobre el cambio climático, identificada:

1) en el aumento de litigios relacionados con posibles fraudes denunciados por consumidores e inversores debido a información incorrecta o divulgación de información incorrecta sobre el riesgo climático;
2) en el aumento de casos relacionados con la falta de planificación por parte de las autoridades competentes de las consecuencias de fenómenos meteorológicos extremos;
3) en los posibles nuevos retos relacionados con el *enforcement* de medidas judiciales o cuasijudiciales;
4) en el mayor uso de la ciencia ("ciencia de la atribución climática") para determinar la responsabilidad de los agentes privados en el cambio climático y para identificar objetivos de mitigación más ambiciosos por parte de los gobiernos;

5) en el aumento de la participación de organismos internacionales que, si bien carecen de capacidad coercitiva, pueden orientar conjuntamente las decisiones judiciales.

En la literatura, existen muchas definiciones de litigios climáticos. Definiciones que van desde las que utilizan términos más estrictos para definir y categorizar los litigios climáticos hasta las que, por el contrario, utilizan términos amplios, que desdibujan las características que identifican (o deberían identificar) los litigios climáticos[21].

Según Jacquelin Peel y Hari M. Osofsky (Climate Change Litigation 2015), la categoría de litigios climáticos incluye ciertamente acciones dirigidas específicamente a lograr un resultado político en la lucha contra el cambio climático antropogénico. Sin embargo, además de estas acciones claramente definibles como litigios climáticos, existen otras acciones me-

---

[21] Carducci M. (2020), *La ricerca dei caratteri differenziali della "giustizia climatica"*, "Diritto pubbico comparato ed europeo", 2, pp. 1345-1369; Setzer J., Vanhala L.C. (2019), *Climate Change Litigation: a review of research on courts and litigants in climate governance*, "Wiley Interdisciplinary Review of Climate Change", https://doi.org/10.1002/wcc.580 pp. 39-74; Torre-Schaub M. (2019), a cargo de, *Rapport final de Recherche* su *Les dynamiques du contentieux climatique. Usages at mobilisations du droit pour la cause climatique*, http://www.gip-recherche-justice.fr/wp-content/uploads/2020/01/17.05-RF-contentieux-climatiques.pdf ; Peel J., Osofsky H.M. (2015), *Climate Change Litigation*, Cambridge, Cambridge University Press; Wilensky M. (2015), *Climate Change in Courts: An Assessment of Non-US Climate Litigation*, "Duke Environmental Law & Policy Forum", 26, pp. 131-179; Bogojevi⊠ S. (2013), *EU Climate Change Litigation, the Role of the European Courts and the importance of Legal Culture*, "Law & Policy", 35, 3, pp. 184-207; Markell D., Ruhl J.B. (2012), *An Empirical Assessment of Climate Change in the Courts: A New Jurisprudence of Business as Usual?*, "Florida Law Review", 64, 15, pp. 15-86; Averill M. (2009), *Linking Climate Litigation and Human Rights*, "Review of European Community and International Environmental Law", 18, 2, pp. 139-147.

nos claramente definidas en las que el cambio climático es sólo una de las diversas cuestiones medioambientales abordadas o es sólo el telón de fondo[22].

Ciertamente, entre los litigios climáticos ocupan un espacio específico los centradas en el cumplimiento de la obligación climática por parte de los Estados, utilizando como argumento jurídico la violación de los derechos humanos. Desde esta perspectiva el caso Urgenda representa el punto de referencia para todos los litigios climáticos europeos.

VI. EL CASO URGENDA.

En Europa, en particular, la posibilidad de ver un derecho humano y/o fundamental específico al clima, entendido como un clima estable no alterado/determinado por actividades antropogénicas, está referenciada por el asunto Urgenda.

De hecho, en 2013, en los Países Bajos, una red de ciudadanos y activistas climáticos, constituida en una fundación llamada Urgenda (Agenda Urgente), apoyada por el Instituto Holandés de Investigación para las Transiciones de la Universidad Erasmus de Rotterdam, teniendo en cuenta las evidencias del Cuarto Informe de Evaluación del IPCC había interpuesto una demanda ante el Tribunal de Distrito de La Haya en 2013, solicitando que la conducta del Estado neerlandés en materia de cambio climático fuera declarada inadecuada y violatoria, en-

---

22 Peel y Osofsky propusieron cuatro nociones diferentes de *climate litigation*: 1) *Litigation with Climate Change as the Central Issue*; 2) *Litigation with Climate Change as a Peripheral Issue*; 3) *Litigation with climate change as one motivation but not raised as an issue;* 4) *Litigation with no specific climate change framing but with implication for mitigation or adaptation.* Peel J., Osofsky H.M. (2015). *Climate Change Litigation*, Cambridge, Cambridge University Press, 2015, p. 4.

tre otros, de los derechos protegidos por los artículos 2 (derecho a la vida) y 8 (derecho al respeto de la vida privada y familiar) del Convenio Europeo de Derechos Humanos (CEDH)[23].

En consecuencia, los demandantes solicitaron que se declarara al Estado neerlandés civilmente responsable por haber incumplido su deber de diligencia en la determinación de sus acciones para combatir el cambio climático y, por tanto, que se le condenara a adoptar las medidas necesarias para reducir las emisiones que alteran el clima en un 40% (o al menos en un 25%) para 2020, en comparación con los valores de 1990.

El caso terminó en enero de 2020, con una sentencia del Tribunal Supremo (el Hoge Raad de La Haya, un tribunal con funciones nomofilácticas) que acabó limitando las principales cuestiones a resolver a dos: si el Estado holandés estaba obligado o no a reducir, para finales de 2020, las emisiones de gases de efecto invernadero procedentes de suelo holandés en al menos un 25% respecto a 1990, y si el propio tribunal podía ordenar al Estado que lo hiciera.

---

23 Van der Veen G., de Graaf K.J. (2021). *Climate change litigation in the Netherlands. The Urgenda case and beyond*, in W. Kahl, Weller M.P. (a cargo de), *Climate Change Litigation*, Munchen, Verlag C.H. Beck, pp. 363-377; Backes C.W., van der Veen G.A. (2020). *Urgenda: the Final Judgment of the Dutch Supreme* Court, "Journal for European Environmental & Planning Law", 17, pp. 307-321; Passarini F. (2020). *CEDU e cambiamento climatico, nella decisione della Corte Suprema dei Paesi Bassi nel caso Urgenda*, "Diritti umani e Diritto internazionale", 14, 3, pp. 777-785; Jacometti V. (2019). *La sentenza Urgenda del 2018: prospettive di sviluppo del contenzioso climatico*, "Rivista Giuridica dell'ambiente", 34, 1, pp. 121-139; Scovazzi T. (2019). *L'interpretazione e l'applicazione "ambientalista" della Convenzione Europea dei Diritti Umani, con particolare riguardo al caso "Urgenda"*, "Rivista Giuridica dell'Ambiente", 34, 3, pp. 619-633; Ferreira P.G. (2016). *Common but differentiates responsibilities in the national courts: lessons from Urgenda v. Netherlands*, "Transnational Environmental Law", 5, 2, pp. 329-351.

En continuidad con el Tribunal de Apelación, en su razonamiento y argumentación en segunda instancia, el Hoge Raad partió de la gravedad de la situación del calentamiento global, no discutida por la parte demandada, confirmando la existencia de una obligación jurídica del Estado neerlandés, derivada del CEDH, que obligaría a los Países Bajos a adoptar las medidas más adecuadas en caso de que se constatara la existencia de un riesgo real e inmediato para la vida o el bienestar de las personas.

De ello, el tribunal dedujo un deber específico de diligencia por parte del Estado que, en este caso concreto, se fundamentaba no sólo en el CEDH (artículos 2 y 8), sino también en una serie de normas de Derecho privado neerlandés sobre responsabilidad civil extracontractual, así como de rango constitucional.

En concreto, de la posible vulneración de los artículos 2 y 8 del CEDH, el Tribunal Supremo, (extendiendo a la cuestión climática una arraigada jurisprudencia del Tribunal Europeo de Derechos Humanos en materia medioambiental) derivó una obligación positiva específica dirigida a la asunción de todas aquellas medidas "realmente idóneas para conjurar el peligro inminente en la medida en que sea razonablemente posible".

El *thema decidendum* se redujo a una evaluación de la idoneidad de las acciones del gobierno holandés.

En particular, el Hoge Raad, reconstruyó la obligación climática entre el derecho internacional y el de la Unión Europea, haciendo hincapié en la relevancia del Convenio Marco, de la que se derivaba una responsabilidad directa e inmediata por las emisiones del territorio de cada Estado Parte, incluso en caso de inacción persistente por parte de otros Estados Parte.

El Tribunal, por tanto, para juzgar la razonabilidad y adecuación de las políticas del Gobierno neerlandés, para confirmar o no el resultado de las dos primeras instancias de juicio, acordó, en continuidad con sentencias anteriores, que el cumplimiento diligente de la obligación climática y de la obligación derivada de los artículos 2 y 8 del CEDH exigía una reducción de las emisiones de gases de efecto invernadero de al menos el 25% para finales de 2020, tal y como solicitaba Urgenda.

La sentencia Urgenda, por tanto, reconoció por primera vez en Europa que la insuficiencia de las políticas de cambio climático, basadas en las pruebas aportadas por el IPCC, para cumplir las obligaciones asumidas en el derecho climático, son lesivas de derechos convencionalmente protegidos a nivel europeo (artículos 2 y 8 CEDH), allanando así el camino para el reconocimiento de un derecho climático específico.

En el espacio jurídico europeo, el surco trazado por la sentencia Urgenda ha sido seguido por otros activistas climáticos y, en consecuencia, los litigios se han multiplicado en la última década con el objetivo de afectar a los objetivos de mitigación de los Estados, utilizando el argumento de los derechos para obligar a los responsables políticos a tomarse en serio la emergencia climática adoptando las medidas más adecuadas para reducir las emisiones perjudiciales para el clima.

VII. LOS LITIGIOS EUROPEOS Y LA LUCHA JUDICIAL POR UN RECONOCIDO UN DERECHO AL CLIMA

Así pues, se han promovido litigios similares al caso Urgenda en Bélgica (Klimaatzaak), Francia (L'Affaire du siècle), Alemania (Neubauer et alt.), España (Greenpeace, Oxfam y Ecologistas en Acción), la República Checa (Klimatická žaloba),

Italia (Giudizio Universale), incluso ante el Tribunal Europeo de Derechos Humanos (Duarte y Klimaseniorinnen)[24].

A pesar de las inevitables diferencias relacionadas con las opciones estratégicas de los activistas climáticos, la especificidad de las opciones de cada Estado para contrarrestar el cambio climático o la diversidad de los sistemas jurídicos nacionales, estos litigios pueden entenderse como un conjunto unitario, ya que, a raíz de Urgenda, están unidos por un hilo conductor común:

(a) los estados contribuyen al calentamiento global mediante emisiones que alteran el clima;

b) los Estados demandados, al haber ratificado primero el Convenio Marco y después el Acuerdo de París, se han comprometido a contrarrestar el cambio climático antropogénico mediante la adopción de políticas de mitigación destinadas a estabilizar el aumento de la temperatura media de la Tierra dentro de los 2 °C o, preferiblemente, 1,5 °C (Acuerdo de París)

c) el IPCC, en su informe especial de 2018, Calentamiento global de 1,5 °C, "recalibró" el objetivo de mitigación, destacando la necesidad de perseguir el objetivo más ambicioso del Acuerdo, es decir, la estabilización del aumento de la temperatura dentro de 1,5 °C, en comparación con los niveles preindustriales;

d) las políticas adoptadas por los Estados, individual y colectivamente, distan mucho de producir efectos compatibles con la estabilización de la temperatura en 1,5 °C

e) en consecuencia, se concluye, cada Estado individual tiene su propia responsabilidad específica por no haber cumplido su obligación positiva (y deberes conexos) dirigida a prevenir los riesgos de vulneración de los dere-

---

24 Pisanò A. (2022). *Il diritto al clima. Il ruolo dei diritti nei contenziosi climatici europei*, Napoli, ESI, pp. 215-298.

> chos protegidos por los artículos 2 y 8 del CEDH y, por tanto, debe ser condenado a adoptar las medidas de contención más adecuadas dirigidas a reducir y/o eliminar los riesgos, cada vez más concretos y actuales, de vulneración de los derechos protegidos por los artículos 2 y 8 del CEDH.

Todavía están pendientes muchos litigios europeos sobre el clima por lo que en la actualidad es imposible predecir si *de iure condendo* un derecho climático específico será reconocido primero en los tribunales, aunque se dio un primer paso importante con la sentencia Klimaseniorinnen del Tribunal Europeo de Derechos Humanos en abril de 2024.

Entre los casos judiciales que han concluido en Europa, recuerdo el litigio belga (Klimaatzaak), que se resolvió el 30 de noviembre de 2023, con una sentencia del Tribunal de Apelación de Bruselas. Éste es probablemente el litigio más similar al de Urgenda.

De hecho, el Tribunal de Bruselas reconoció, al igual que los jueces holandeses, la violación de los artículos 2 y 8 del CEDH debido a la insuficiencia de las políticas contra el cambio climático promovidas por el Estado central belga y las regiones federadas, dando un paso más hacia el reconocimiento de un derecho humano específico al clima deducido de las disposiciones combinadas de los artículos 2 y 8 del CEDH. En Francia, en cambio, el litigio *Affaire du Siècle*, que concluyó con una primera sentencia del Tribunal Administrativo de París el 3 de febrero de 2021, fue muy diferente.

Los jueces parisinos no consideraron necesario entrar en el fondo de posibles apreciaciones (aunque promovidas por los demandantes) del CEDH, pero reconocieron, sin embargo, la existencia de una obligación general del Estado de luchar contra el cambio climático originada por el reconocimiento por el

Estado francés de la "existence d'une "urgence" à lutter contre le dérèglement climatique en cours" (§ 21).

En Alemania, por su parte, el Tribunal Constitucional, en sentencia de 24 de marzo de 2021, declaró inconstitucional la Ley Federal de Protección del Clima, Bundesklimaschutzgesetz, aprobada el 12 de diciembre de 2019, en la medida en que distribuía, de forma considerada desigual, los derechos de emisión de gases de efecto invernadero dentro del límite fijado por el presupuesto alemán de carbono en los periodos 2021-2030 y 2030-2050, con todo lo que este desigual reparto derivaba en términos de desigual distribución de restricciones a libertades protegidas por derechos fundamentales.

El Tribunal de Karlsruhe, en particular, dedujo un deber de protección no sólo de la Grundgesetz, sino también de los artículos 2 y 8 del CEDH, mediante la definición de una obligación positiva del Estado de luchar contra el cambio climático, destacando asimismo cómo el incumplimiento por el Estado de su deber de protección conllevaba una violación del derecho a la vida y a la salud, delineando así un derecho fundamental a ser protegido de los efectos negativos del cambio climático antropogénico.

Según el Tribunal, por tanto, en base al Art. 20a de la Grundgesetz (constitucionalización del principio de responsabilidad frente a las generaciones futuras), sostuvo que el deber de protección del Estado debe dirigirse también hacia el futuro (§ 146), abarcando también los riesgos de infracción (§ 146), garantizando a las generaciones futuras una protección de "derecho objetivo" ("Diese intergenerationelle Schutzverpflichtung ist allerdings allein objektivrechtlicher Natur" § 146), de la que no se derivan derechos específicos para las generaciones futuras porque no pueden reclamar derechos fundamentales, ni como unidad (generaciones) ni como suma de las personas individuales que vivirán en el futuro.

VIII. CONCLUSIÓN

El camino hacia el (posible) reconocimiento de un derecho climático específico no ha hecho más que empezar.

Un derecho, el derecho al clima, que puede calificarse como "derecho a un clima estable", como propone el Parlamento Europeo, o como derecho a un "clima equilibrado" entendido como "derecho a un clima sano, adecuado y acorde con el que ha caracterizado a las regiones del planeta a lo largo de los siglos", como derecho a la "estabilización y seguridad del sistema climático", como el "derecho a un clima estable, seguro y equilibrado" o, también, como el derecho a "emisiones compatibles con la estabilidad climática", según algunas formulaciones doctrinales, pero expresando la necesidad de que el equilibrio del sistema climático no esté determinado por actividades antropogénicas que alteren el clima.

IX. BIBLIOGRAFÍA

Alogna I., Bakker C., Gauci J.P. (a cargo de) (2020). *Climate Change Litigation: Global Perspectives*, Leiden/Boston, Brill Nijhoff;

Averill M. (2009), *Linking Climate Litigation and Human Rights*, "Review of European Community and International Environmental Law", 18, 2, pp. 139-147;

Backes C.W., van der Veen G.A. (2020). *Urgenda: the Final Judgment of the Dutch Supreme* Court, "Journal for European Environmental & Planning Law", 17, pp. 307-321;

Bogojevi☒ S. (2013), *EU Climate Change Litigation, the Role of the European Courts and the importance of Legal Culture*, "Law & Policy", 35, 3, pp. 184-207;

Carducci M. (2020), *La ricerca dei caratteri differenziali della "giustizia climatica"*, "Diritto pubbico comparato ed europeo", 2, pp. 1345-1369;

Carducci M. (2021). *Cambiamento climatico (diritto costituzionale)*, "Digesto delle Discipline Pubblicistiche, Aggiornamento", Milano, Wolters Kluwer Italia, pp. 51-74;

Cournil C. (2020). *Les grandes affaires climatiques,* Aix-en-Provence: Droits International, Comparé et Européen. Disponibele en http://dice.univ-amu.fr/fr/dice/dice/publications/confluence-droits

Di Paola M. (2015), *Cambiamento climatico. Una piccola introduzione,* Roma, Luiss;

Ferreira P.G. (2016). *Common but differentiates responsibilities in the national courts: lessons from Urgenda v. Netherlands,* "Transnational Environmental Law", 5, 2, pp. 329-351;

Franceschelli F. (2019). *L'impatto dei cambiamenti climatici nel diritto internazionale,* Napoli, Editoriale Scientifica, pp. 457-462;

Human Rights Council (2009). *Report of the Office of the United Nations High Commissioner for Human Rights on the relationship between Climate change and Human Rights,* A/HRC/10/6;

IPCC (2007). *Climate Change 2007: Synthesis Report. Contribution of Working Groups I, II and III to the Fourth Assessment Report of the Intergovernmental Panel on Climate Change,* a cura di Pachauri, R.K, Reisinger, A., IPCC, Geneva, Switzerland, 2007.

IPCC (2018). *Global Warming of 1.5°C.An IPCC Special Report on the impacts of global warming of 1.5°C above pre-industrial levels and related global greenhouse gas emission pathways, in the context of strengthening the global response to the threat of climate change, sustainable development, and efforts to eradicate poverty,* a cargo de Masson-Delmotte, V., P. Zhai, H.-O. Pörtner, D. Roberts, J. Skea, P.R. Shukla, A. Pirani, W. Moufouma-Okia, C. Péan, R. Pidcock, S. Connors, J.B.R. Matthews, Y. Chen, X. Zhou, M.I. Gomis, E. Lonnoy, T. Maycock, M. Tignor, T. Waterfield, World Meteorological Organization, Geneve, Switzerland;

Jacometti V. (2019). *La sentenza Urgenda del 2018: prospettive di sviluppo del contenzioso climatico,* "Rivista Giuridica dell'ambiente", 34, 1, pp. 121-139;

Jegede A.O (2020). Arguing the Right to a Safe Climate under the UN Human Rights System, "International Human Rights Law Review", 9, pp. 184-212;

Kahl W., Weller M.P. (ed. by) (2021). *Climate Change Litigation. A Handbook,* Munchen, Beck;

Limon M., (2009). *Human Rights and Climate Change: Constructing a case for political action,* "Harvard Environmental Law Review", 33, pp. 439-476;

Mann E. Michael (2021). *La nuova guerra al clima,* Milano, ReteAmbiente;

Markell D., Ruhl J.B. (2012), *An Empirical Assessment of Climate Change in the Courts: A New Jurisprudence of Business as Usual?*, "Florida Law Review", 64, 15, pp. 15-86;

Mayer B. (2021). *Climate Change Mitigation as an Obligation Under Human Rights Treaties?*, "The American Journal of International Law", 115, 3, pp. 409-451;

Parlamento Europeo, *Resolución 15 de enero de 2020 sobre el European Green Deal* (2019/2956(RSP), P9_TA(2020)0005;

Passarini F. (2020). *CEDU e cambiamento climatico, nella decisione della Corte Suprema dei Paesi Bassi nel caso Urgenda*, "Diritti umani e Diritto internazionale", 14, 3, pp. 777-785;

Peel J., Osofsky H.M. (2015), *Climate Change Litigation*, Cambridge, Cambridge University Press;

Pino G. (2017). *Il costituzionalismo dei diritti*, Bologna, il Mulino;

Pisanò A. (2022), *Guerra e cambiamento climatico. Non c'è contrasto al cambiamento climatico senza pace*, "Eunomia. Rivista di Studi su Pace e Diritti", SIBA-ESE, UniSalento, 2, pp. 63-89;

Pisanò A. (2022). *Il diritto al clima. Il ruolo dei diritti nei contenziosi climatici europei*, Napoli, ESI, pp. X-321;

Pisanò A. (2022). *La responsabilità degli Stati nel contrasto al cambiamento climatico tra obbligazione climatica e diritto al clima*, "Etica & Politica / Ethics & Politics", XXIV, 3, pp. 349-366;

Rodríguez-Garavito C (a cargo de) (2022). *Litigating the Climate Emergency: The Global Rise of Human Rights-Based Litigation for Climate Action*, New York, Cambridge University Press;

Savaresi A. (2018). *Climate Change and Human Rights*, in S. Duycl, S. Jodoin, A. Johl (ed by), *Routledge Handbook of Human Rights and Climate Governance*, London, Routledge, pp. 31-42;

Scovazzi T. (2019). *L'interpretazione e l'applicazione "ambientalista" della Convenzione Europea dei Diritti Umani, con particolare riguardo al caso "Urgenda"*, "Rivista Giuridica dell'Ambiente", 34, 3, pp. 619-633;

Setzer J., Vanhala L.C. (2019), *Climate Change Litigation: a review of research on courts and litigants in climate governance*, "Wiley Interdisciplinary Review of Climate Change", https://doi.org/10.1002/wcc.580 pp. 39-74;

Sindico F., Mbengue M.M. (a cargo de) (2021). *Comparative Climate Change Litigation: Beyond the Usual Aspects*, Cham, Springer Nature Switzerland;

Torre-Schaub M. (2019), a cargo de, *Rapport final de Recherche* su *Les dynamiques du contentieux climatique. Usages at mobilisations du droit pour la cause climatique,* http://www.gip-recherche-justice.fr/wp-content/uploads/2020/01/17.05-RF-contentieux-climatiques.pdf

UNEP (2017). *The Status of Climate Change Litigation. A Global Review,* Nairobi, Kenya;

UNEP (2020). *Global Climate Litigation Report: 2020 Status Review,* Nairobi, Kenya;

UNEP (2023). *Global Climate Litigation Report: 2023 Status Review,* Nairobi, Kenya;

van der Veen G., de Graaf K.J. (2021). *Climate change litigation in the Netherlands. The Urgenda case and beyond,* in W. Kahl, Weller M.P. (a cardo de), *Climate Change Litigation,* Munchen, Verlag C.H. Beck, pp. 363-377;

Wilensky M. (2015), *Climate Change in Courts: An Assessment of Non-US Climate Litigation,* "Duke Environmental Law & Policy Forum", 26, pp. 131-179.

La Justicia Climática como elemento necesario para el tránsito del Desarrollo Humano Sostenible al desarrollo regenerativo.

¿Son la Agenda 2030 y los Objetivos de Desarrollo Sostenible una hoja de ruta válida?

LUCÍA APARICIO CHOFRÉ[8]

Profesora Ayudante Doctora, Departamento de Filosofía del Derecho y Política de la Universidad de Valencia
ORCID: 0000-0002-0273-217

SUMARIO: 1. Tres décadas de Desarrollo Sostenible, de la resignación a la indignación 2. La Justicia Climática como palanca de cambio ante la emergencia climática. 3. De la mitigación y la adaptación a la imperiosa necesidad de una regeneración y desaceleración. ¿Son la Agenda 2030 y los ODS una hoja de ruta válida? 4. Referencias bibliográficas

Resumen: En el presente capítulo se expondrá la evolución que la preocupación medioambiental ha experimentado en el último medio siglo hasta llegar a la

---

8 Profesora Ayudante Doctora, Departamento de Filosofía del Derecho y Política de la Universidad de Valencia, lucia.aparicio@uv.es, ORCID: 0000-0002-0273-217. Este capítulo es resultado del proyecto de investigación "Los nuevos derechos humanos: teoría jurídica y praxis política (PID2019-111115GB-I00), financiado por MCIN/ AEI /10.13039/501100011033".

actualidad. Todo ello desde una perspectiva normativa, iusfilosófica y con un enfoque basado en derechos humanos, apoyada en todo momento con una serie de datos científicos, sociológicos y de otra naturaleza a fin de apoyar y reforzar esta argumentación. Una cuestión que supone el principal reto para la humanidad y nuestro planeta en la actualidad. En este recorrido, se partirá del inicial concepto de desarrollo sostenible, acuñado en la década de los setenta, para a continuación abordar la más reciente noción de justicia climática, propiciada por el agravamiento de las consecuencias climáticas generadas por la acción del hombre y que se muestran cada día más evidentes e innegables, planteando con ello un importante cambio de paradigma, en el que el ius y los derechos humanos se convierten en elementos medulares de la acción climática, a fin de contrarrestarlos. Finalmente, se concluirá, con un análisis crítico de la Agenda 2030 y los Objetivos de Desarrollo Sostenible, como una hoja de ruta válida para hacer frente a estos inaplazables y comunes desafíos, proponiendo al respecto nuevas alternativas basadas en la regeneración, la responsabilidad y la esperanza, que requieren de una radical transformación sistémica, a fin de salvaguardar el bienestar y la unión de todos los seres sintientes que compartimos esta casa en común.

Palabras clave: Justicia Climática, Desarrollo Sostenible, Regeneración, Objetivos de Desarrollo Sostenible

Abstract: This chapter will outline the evolution of environmental concern over the last half century to the present day. This will be done from a normative, legal-philosophical and human rights-based perspective, supported at all times by a series of scientific, sociological and other data to support and reinforce this argument. An issue that is the main challenge for humanity and our planet today. In this journey, we will start with the initial concept of sustainable development, coined in the 1970s, and then address the more recent notion of climate justice, brought about by the worsening of the climatic consequences generated by human action, which are becoming increasingly evident and undeniable, thereby posing a major paradigm shift, in which human rights and law become core elements of climate action, in order to counteract them. Finally, it will conclude with a critical analysis of the 2030 Agenda and the Sustainable Development Goals as a valid roadmap to address these urgent and common challenges, proposing new alternatives based on regeneration, responsibility and hope, which require a radical systemic transformation in order to safeguard the well-being and unity of all sentient beings who share this common home.

Keywords: Climate Justice, Sustainable Development, Regeneration, Sustainable Development Goals, Sustainable Development Goals

1. TRES DÉCADAS DE DESARROLLO SOSTENIBLE, DE LA RESIGNACIÓN A LA INDIGNACIÓN

En 2022 se cumplieron tres décadas de la celebración de la conocida como Cumbre de la Tierra celebrada en Río de Janeiro en 1992[9]. Una cumbre en la que se acuñó, por vez primera, la relevante noción de desarrollo sostenible[10] y con la que se

---

9 Conferencia de las Naciones Unidas sobre el Medio Ambiente y el Desarrollo (CNUMAD),

10 Un concepto que se acuña por primera vez en el conocido como informe Brundtland en 1987 estableciendo que constituye aquel desarrollo que satisface las necesidades presentes sin poner en peligro la capacidad de las generaciones futuras para satisfacer sus propias satisfacciones. Report of the World Comission on Environment and Development Our Common Furure (1987) disponible en https://sustainabledevelopment.un.org/content/documents/5987our-common-future.pdf y que posteriormente se ve consagrado en la Declaración de Río de Janeiro sobre el Medio Ambiente y el Desarrollo Sostenible en 1992 junto a otros principios relevantes como

conmemoraba el veinte aniversario de la primera Conferencia sobre el Medio Ambiente Humano realizada en Estocolmo en 1972 que marcó también otro importante hito al poner de relevancia, a nivel internacional, la problemática ambiental (Bellver, 2020).

En este medio siglo transcurrido, desde el inicio de la preocupación internacional por las consecuencias ambientales que la acción y el progreso material humano están causando en nuestro medio vital natural, son cada vez más los indicadores de diversa índole, especialmente científico-ambiental, que nos alertan de una acelerada degradación con las consecuencias insoslayables, de carácter humano, social, político o económico entre otras, que conlleva para la propia pervivencia de nuestra especie.

De esta forma y a efectos meramente ejemplificativos se pueden señalar que mientras en 1972 el día de la sobrecapacidad de la tierra[11] se alcanzaba el 14 de diciembre, en 1992 esta fecha ya se había adelantado casi dos meses hasta situarse el 15

---

son el principio de responsabilidades comunes pero diferenciadas y el principio de precaución, principios 1, 7 y 17 (Bellver, 2020, p. 252).

11 El Día de la sobrecapacidad de la Tierra (Earth Overshoot Day) marca la fecha en que la demanda de recursos y servicios ecológicos por parte de la humanidad en un año determinado supera lo que la Tierra puede regenerar en ese mismo año. A partir de ese momento se mantiene este déficit consumiendo reservas de recursos ecológicos y acumulando residuos, principalmente dióxido de carbono en la atmósfera. Este día viene calculado por Global Footprint Network, una organización internacional de investigación que proporciona a los responsables de la toma de decisiones un abanico de herramientas para ayudar a la economía humana a operar dentro de los límites ecológicos de la Tierra. Este concepto fue acuñado por Andrew Simms (2008), del grupo de reflexión británico New Economics Foundation, que se asoció con Global Footprint Network en 2006 para publicar anualmente este registro, para más información

de octubre. Pero, lo que resulta más preocupante es que en la última década se ha acelerado casi tres meses, hasta situarse en 2023 en el 2 de agosto, únicamente en el año 2020, coincidiendo con la pandemia de COVID-19 se consiguió retrasar dicha progresión en 15 días.

Además, recientemente la Organización Meteorológica Mundial (2023) advertía que existe un 66% de probabilidades de que la temperatura media mundial anual en superficie supere transitoriamente, en más de 1,5 grados, los niveles preindustriales durante al menos uno de los próximos cinco años. Y añadía que en los próximos meses la instauración de un episodio de El Niño, que ejerce un efecto de calentamiento, junto al cambio climático causado por las actividades humanas, podrían elevar las temperaturas mundiales hasta límites desconocidos[12], existiendo así un 98% de probabilidades de que se superen los registros ya alcanzados en 2016, cuando sucedió un fenómeno de estas características e hizo que fuera el año más caluroso del que se tiene constancia.

Una situación que se ve especialmente agravada por lo que respecta al continente europeo, en el que, desde finales del siglo XIX, la temperatura ha aumentado de media 2,3 grados,

---

puede consultarse: https://www.overshootday.org/about-earth-overshoot-day/

12 Así según un reciente estudio publicado por el climatólogo Karsten Haustein, de la Universidad de Leipzig (Alemania), este mes de julio de 2023 podría ser el más caluroso de los últimos 120.000 años. Según apuntan los análisis preliminares, las temperaturas registradas a lo largo de este mes estarían 0,2 grados por encima del anterior récord alcanzado en julio de 2019. También estarían 1,5 grados por encima de la temperatura media de la era preindustrial. Haustein, K (2023), "Record warm July 2023", Universidad de Leipzig, disponible en http://karstenhaustein.com/PressMaterial_Recordwarm_July2023.pdf

el doble de la media mundial[13] y los riesgos meteorológicos, hidrológicos y climáticos registrados solo el año pasado causaron 16.365 víctimas mortales y afectaron directamente a 156.000 personas.

Por otro lado, según el primer estudio sobre los límites de la tierra, publicado recientemente por la Comisión de la Tierra[14] en la revista Nature[15], siete de los nueve umbrales que permiten la vida humana sobre la Tierra[16] ya han sido sobrepasados y se sitúan fuera de un espacio justo y seguro con los graves riesgos que esto conlleva. Pero a pesar de esta apocalíptica predicción este estudio apela, como más adelante se explicará, a la justicia climática y a la esperanza, poniendo como ejemplo la reversión del agujero en la capa de ozono troposférico, a fin de lograr una transformación rápida, inclusiva y justa, tanto para los seres humanos como la biodiversidad.

En otro estudio, medio centenar de científicos alertaban sobre cómo las emisiones de gases de efecto invernadero alcanzaban su máximo histórico de más o menos 54 gigatoneladas de CO2 en la última década, reduciendo en casi a la mitad el

---

13 Organización Meteorológica Mundial (2023). The European State of the Climate (ESOTC) 2022, disponible en: https://climate.copernicus.eu/esotc/2022

14 La Comisión de la Tierra está formada por un equipo internacional de más de 40 científicos naturales y sociales destacados y cinco grupos de trabajo de expertos adicionales designados en septiembre de 2019 para más información puede consultarse: https://earthcommission.org/

15 Rockström, J., Gupta, J., Qin, D. et al. "Safe and just Earth system boundaries". *Nature* (2023). https://doi.org/10.1038/s41586-023-06083-8

16 Estos umbrales serían clima, la biodiversidad, el agua dulce y los distintos tipos de contaminación del aire, el suelo y el agua según el consenso de la comunidad científica. Steffen, W. et al (2015)." Planetary boundaries: guiding human development on a changing Planet". *Science* 347, 1259855.

denominado presupuesto de carbono que, de seguir este ritmo de emisión, se agotaría antes del final de esta década (Forster, P. M. et al. 2023)[17].

También, al mismo tiempo, se observa una preocupante descomunión o divorcio del ser humano con la naturaleza, según un estudio (Cazalis, Loreau, Barragan-Jason, G. 2022), progresivamente va aumentando la distancia a la que las personas suelen vivir del espacio natural más próximo, al mismo tiempo que existen menos zonas verdes en las ciudades. Actualmente esta distancia se sitúa a 9,7 km de un área natural en promedio, que es un 7% más lejos que en el año 2000. Europa y Asia oriental tienen la distancia promedio más alta de las áreas naturales, como 22 km en Alemania y 16 km en Francia. Y al mismo tiempo se detecta una disminución de la cubierta arbórea dentro de las ciudades desde el año 2000, particularmente en África Central y el Sudeste Asiático, siguiendo sorprendentemente el resto de los países del mundo un patrón similar.

Ante el poco halagüeño panorama que todos estos indicadores parecen indicar en esta Era bautizada como del Antropoceno[18] (Crutzen, 2000), precisamente por la significativa in-

---

17 De acuerdo con la iniciativa denominada "Reloj Climático o del Clima" (Climate Clock) tan sólo restan menos de 5 años para alcanzar un aumento de temperatura global de 1,5 Cº y que se agote el presupuesto de carbono. Este reloj entró en funcionamiento en 2015 y se puede consultar en el Human Impact Lab de la Universidad de Concordia, en Montreal, Canadá, https://climateclock.world/

18 A este respecto se puede destacar la polémica surgida recientemente en relación con la definición de Antropoceno recogida en el diccionario de la Real Academia Española de la Lengua y que ha generado el rechazo del Ilustre Colegio Oficial de Geólogos (ICOG), siguiendo con la nomenclatura reconocida por la Unión Internacional de Ciencias Geológicas que no ha reconocido por el momento el Antropoceno como época geológica y sigue considerando al Holoceno, que comenzó hace unos 11.000 años, como la época geológica actual. (Europapress,2023) disponible en: "https://www.

fluencia del ser humano sobre la tierra en las últimas centurias, muchos habitantes del planeta hemos sido testigos al inicio con estupefacción[19] y cada vez más con una creciente indignación e impotencia, cómo se sucedían acuerdos internacionales poco ambiciosos o con escasa o nula vinculatoriedad jurídica como: el Protocolo de Kioto (1997)[20], el Acuerdo de París (2015), la Agenda 2030 (2015)[21] el Marco de Sendai para la Reducción del Riesgo de Desastres 2015-2030[22] y hasta 27 Conferencias de Estados Parte de la Convención Marco de las Naciones Unidas sobre el Cambio Climático (CMNUCC)[23] (Bellver, 2021).

---

europapress.es/comunicados/sociedad-00909/noticia-comunicado-colegio-geologos-rechaza-definicion-antropoceno-adoptada-recientemente-rae-20230601153337.html

19 Un asombro del que no daba crédito, en especial la comunidad científica, emulando así a la película no mires arriba, a pesar de los mensajes cada vez más alarmistas del Grupo Intergubernamental de Expertos sobre Cambio Climático (IPCC) desde su institución en 1988 año tras año , parecía que de esta forma se verificaba la trágica metáfora de la rana sumergida en una olla de agua hirviendo (Klein, N, 2017)

20 Protocolo de Kyoto de la Convención Marco de las Naciones Unidas sobre el Cambio Climático, FCCC/CP/1997/L.7/Add.1, United Nations Framework Convention on Climate Change (UNFCCC), 10 Dic 1997, disponible en https://unfccc.int/es/node/2409

21 Resolución aprobada por la Asamblea General el 25 de septiembre de 2015 (A/RES/70/1) disponible en https://unctad.org/system/files/official-document/ares70d1_es.pdf

22 Resolución aprobada por la Asamblea General el 3 de junio de 2015 (A/RES/69/283) disponible en https://www.preventionweb.net/files/resolutions/N1516720.pdf?_gl=1*uqztyh*_ga*NDk0MzQ5MjMzLjE2ODY5MDM2MjM.*_ga_D8G5WXP6YM*MTY4NjkwMzYyMy4xLjEuMTY4NjkwMzYzNC4wLjAuMA.

23 A este respecto se puede señalar la adopción recientemente de dos importantes acuerdos internacionales para la preservación del medioambiente como son el Acuerdo en el marco de la Convención de las Naciones Unidas sobre el Derecho del Mar relativo a la conservación y el uso sostenible de la diversidad biológica marina de

Unas normas internacionales a las que se han sumado las declaraciones de Emergencia Climática (2019)[24] aprobadas por actores regionales como el Parlamento Europeo y por otros a nivel nacional, que sin duda ponen de manifiesto una mayor consciencia de que un valioso tiempo para una acción decidida se escapa.

Un precioso tiempo transcurrido que, en lugar de hacernos caer en la desesperación o el pesimismo, tal vez ha sido necesario para generar más conciencia en todos los habitantes del planeta[25] y explorar vías alternativas a fin de lograr acciones más efectivas para hacer frente al Cambio Climático, abriendo así todavía un espacio para la esperanza[26].

---

las zonas situadas fuera de la jurisdicción nacional adoptado por la Asamblea General de Naciones Unidas (A/CONF.232/2023/4) el 19 de junio de 2023, tras más de 20 años de negociaciones y también la adopción del Kunming-Montreal Global Biodiversity Framework adoptado el 19 diciembre 2022. Se trata de un plan estratégico en el que se contienen medidas concretas para detener y revertir la pérdida de la naturaleza, incluida la protección del 30% del planeta y el 30% de los ecosistemas degradados para 2030 disponible en https://www.cbd.int/doc/decisions/cop-15/cop-15-dec-04-en.pdf

24 Resolución del Parlamento Europeo, de 28 de noviembre de 2019, sobre la situación de emergencia climática y medioambiental (2019/2930(RSP)) aprobada por 429 votos a favor, 225 en contra y 19 abstenciones.

25 El propio Secretario General de Naciones Unidas (Guterres, 2003) afirmó el pasado 27 de julio de 2023 que "La era del calentamiento global ha terminado, ahora es el momento de la era de la ebullición global. El cambio climático está aquí. Es aterrador. Y esto es sólo el principio" y pidió a los líderes mundiales que ejercieran su liderazgo con responsabilidad e impulsen la acción climática. "No más vacilaciones. No más excusas. No más esperar a que otros se muevan primero. Simplemente no hay más tiempo para eso". disponible en https://news.un.org/es/story/2023/07/1523012

26 En relación con esta fe en la humanidad y su capacidad de luchar contra la adversidad es conveniente recordar la cita atribuida a Mar-

Así, tal vez como consecuencia de los fenómenos climáticos extremos que cada vez dejan notar más sus consecuencias en los países más desarrollados en forma de lluvias torrenciales, olas de calor, preocupantes sequías[27] o incendios descontrolados, el 86% de los españoles afirma estar preocupado por el futuro del planeta y querer "ayudar a cambiar las cosas" frente al 78 % de la media del resto de países europeos[28].

Unos resultados que todavía son más significativos en el caso de los jóvenes. Así, según los resultados de la macroencuesta "El futuro es clima" publicados y presentados en el Congreso de los Diputados en 2022[29], el 97% de los jóvenes encuestados

---

tín Luther King Si supiera que el mundo se acaba mañana, yo, hoy todavía plantaría un árbol.

27 Según un informe de la Agencia Ambiental Europea, estos fenómenos climáticos extremos ya han supuesto unas pérdidas económicas de alrededor de medio billón de euros y han provocado entre 85.000 y 145.000 muertes en los últimos 40 años en toda Europa. En concreto solo, las olas de calor causaron más del 85% de las muertes en ese período, en especial la registrada en 2003, que pudo suponer entre el 50 y el 75% del total, así Alemania perdió 42.394 vidas por esos fenómenos extremos, Francia, 26.775; Italia, 21.603; y, España, 16.181."Economic losses and fatalities from weather- and climate-related events in Europe" de febrero de 2022, disponible en https://www.eea.europa.eu/publications/economic-losses-and-fatalities-from/economic-losses-and-fatalities-from

28 Según una encuesta elaborada por Opinium entre 7.000 personas en Alemania, Italia, Reino Unido, Países Bajos y Francia en abril de 2022, disponible en https://efeverde.com/sondeo-espanoles-quiere-cambiar-planeta/

29 En esta encuesta participaron más de 9.000 jóvenes entre 16 y 30 años y fue promovida por Playground, medio independiente que busca explicar el presente explorando el futuro, desde la creatividad y el compromiso social- y OsoigoNext, plataforma que impulsa la participación y la dinamización de procesos participativos de gobernanza colaborativa. Además, contó con el apoyo de The European Climate Foundation, entidad que se dedica a responder a la crisis climática mundial buscando crear una sociedad de cero emi-

estaban preocupados por la emergencia climática y era consciente de que su impacto ya está teniendo repercusión en el presente y que no solo va a afectar a las generaciones futuras. Además, el 80% encuentra insuficientes las políticas climáticas por tener un alcance limitado, considerando que éstas no ayudan a hacer frente a la emergencia climática. Finalmente, el 82,1% reconoce haber sufrido ecoansiedad alguna vez, y uno de cada cuatro la sufre frecuentemente.

Una mayor conciencia de las nuevas generaciones y de la población en general que ha hecho que a partir de 2019 se produjeran una serie de manifestaciones masivas de carácter global, principalmente en los países más desarrollados, pero no sólo, encabezadas principalmente por jóvenes bajo el lema "Fridays for future" (Della Porta, D. y Portos, M. 2021).

En los últimos años, precisamente después de la pandemia COVID- 19, con un estrecho vínculo climático también al tratarse de una zoonosis (Aparicio. L, 2023) se puede constatar una mayor radicalización y desobediencia[30] en este tipo de mo-

---

siones netas de gases de efecto invernadero. Sus resultados fueron presentados y debatidos en octubre de 2022 en el Congreso de los Diputados y pueden consultarse en: https://elfuturoesclima.org/static/Informe-El-Futuro-Es-Clima-2022.pdf

30 Así a partir del año 2022 asistimos al denominado activismo climático de nueva generación o ecoagresivismo, que se caracteriza por la realización de una serie de acciones controvertidas y que se encuadrarían en el marco de la desobediencia civil (Biondo, 2016), a fin de lograr una mayor repercusión mediática. Entre estas acciones, que han iniciado un interesante debate sobre su procedencia, a modo meramente ejemplificativo se puede destacar la realizada por dos activistas de Just Oil en octubre de 2022 que lanzaron sopa de tomate en la National Gallery de Londres al cuadro de Los girasoles de Van Gogh en protesta por la extracción de combustibles fósiles, ese mismo mes integrantes del grupo alemán Última Generación lanzaron puré de patata a un cuadro de Monet en el Museo Barberini, en Berlín, en noviembre de ese mismo año dos activista

vimientos climáticos, a los que también se han unido parte de la comunidad científica (Scheuerman, W. 2022, Thackeray, S. et al. 2020 y Capstick, S. et al. 2022).

Otro de los actores clave en esta movilización climática sin precedentes a nivel global junto a los jóvenes, han sido los pueblos indígenas[31] y aquellos países menos desarrollados que de una forma creciente registran la virulencia de las pérdidas y daños por el Cambio Climático que conllevan[32], que ya en es-

---

del colectivo Futuro vegetal se pegaron en el Museo del Prado de Madrid al marco de las obras 'Maja vestida' y la 'Maja desnuda' de Goya obras y pintaron "+1,5 °C" en la pared y en marzo de 2023 activistas de "Extinction rebellion", "Colectivos Futuro Vegetal, y "Rebelión Científica" en una protesta contra la política climática lanzaron pintura biodegradable contra los Leones del Congreso de los Diputados en Madrid, una acción que ya se había repetido un año antes, en el mes de abril, cuando la fachada en ese mismo lugar tiñeron con sangre falsa -un preparado de agua y remolacha- . Una nueva modalidad de protesta que incluso ha llevado a que la icónica Greta Thunberg haya sido desalojada, en enero y marzo de 2023, en Alemania y Oslo de sendas protestas en relación con la ampliación de una mina a cielo abierto y la construcción de un parque eólico. Un tipo de acciones que no son nuevas y que recuerdan a la protagonizada por la militante sufragista Mary Richardson el 10 de marzo de 1914 cuando entró en la National Gallery y atacó con un cuchillo de carne «La Venus del espejo», el cuadro de Velázquez.

31 A este respecto se puede destacar la constitución de la Plataforma de Comunidades Locales y Pueblos Indígenas (LCIPP) en 2015 en la Conferencia de las Naciones Unidas sobre el cambio climático en París, para más información puede consultarse https://lcipp.unfccc.int/

32 En este sentido es oportuno recordar también que los activistas medioambientales son en estos momentos los más amenazados del mundo, hasta el punto de que, en algunos ámbitos políticos o empresariales, se les califica como ecoterroristas y pagan un alto coste, incluso con su propia vida, por la defensa del ambiente. Consciente de esta situación Naciones Unidas el 23 y 24 de junio de 2022 al amparo del Convenio sobre acceso a la información, participación

tos momentos, tiene palpables consecuencias en relación con el desplazamiento de parte de su población[33] e incluso siembra dudas sobre la posible habitabilidad futura en su territorio (Huff, A. y Naess, L. 2022).

Unos actores que gracias a su movilización creciente *bottom up* han permitido una mayor democratización de las negociaciones internacionales climáticas o al menos una mayor transparencia (López Gunn, 2023) y la evolución del debate climático[34], desde el desarrollo sostenible hacia nuevas perspectivas

---

pública en la toma de decisiones y acceso a la justicia en materia de medio ambiente, conocido como Convenio de Aarhus, designó un relator especial independiente con el encargo de ocuparse de la cuestión de los defensores ambientales, para más información sobre su cometido y actividades e puede consultar el siguiente enlace https://unece.org/environment-policy/public-participation/mandate-and-functions-special-rapporteur

33 Según el Global Report on Internal Displacement 2023 (GRID), publicado por la Organización Internacional de las migraciones relativo al año 2022 los desastres, incluyendo las inundaciones en Pakistán y el tifón Noru en las Filipinas, provocaron 32,6 millones de desplazamientos internos, la mayor cifra de la historia. Este informe puede consultarse en https://www.internal-displacement.org/global-report/grid2023. Además, conforme a las proyecciones del Banco Mundial unos 216 millones de personas podrían convertirse en migrantes climáticos internos en 2050. A este respecto se puede destacar el Dictamen aprobado por el Comité de Derechos Humanos (CCPR/C/127/D/2728/2016) el 23 de septiembre de 2020 en el que estableció que resultaba ilegal que los gobiernos devuelvan a las personas a países donde sus vidas podrían verse amenazadas por la crisis climática. (Solanes, 2021)

34 No fue hasta el pasado 26 de julio de 2022 cuando la Asamblea General de Naciones Unidas aprobó la Resolución A/76/L.75 en la que se reconocía el Derecho a un medio ambiente limpio, saludable y sostenible, siguiendo así la resolución 48/13 aprobada por el Consejo de Derechos Humanos el 8 de octubre de 2021 titulada "El derecho humano a un medio ambiente limpio, saludable y sostenible. Documentos Oficiales de la Asamblea General, septuagésimo sexto

y horizontes, como la Justicia Climática, a fin no sólo de hacer frente a nuevas amenazas como el Cambio Climático sino también, tal y como se expondrá en el siguiente apartado, lograr una respuesta más ágil, rápida y efectiva y que sin duda presenta una mayor trascendencia desde el prisma *iusfilosófico*, dando paso así a una nueva etapa en la lucha contra la degradación ambiental en la que los juristas y los Derechos Humanos adquieren un protagonismo esencial.

2. LA JUSTICIA CLIMÁTICA COMO PALANCA DE CAMBIO ANTE LA EMERGENCIA CLIMÁTICA.

La justicia climática es un concepto relativamente nuevo surgido de diversas tradiciones políticas, movimientos activistas y académicos. Aunque no existe una definición clara de justicia climática (Meikle et al. 2016), se ha señalado que aborda la "triple desigualdad" de la crisis climática: mitigación, responsabilidad y vulnerabilidad (Goodman 2009).

A continuación, a fin de realizar una aproximación al concepto de justicia se expondrá la descripción que de esta noción han realizado diferentes autores:

Para González (2019), la justicia climática, referida a la asimetría Norte-Sur de efectos climáticos, tiene cuatro dimensiones: justicia distributiva, justicia procedimental, justicia correctiva y justicia social.

---

período de sesiones, suplemento núm. 53A (A/76/53/Add.1), cap. II. En este sentido también se pueden destacar otras resoluciones del Consejo de Derechos Humanos en materia de Medio Ambiente como: las resoluciones: 44/7, de 16 de julio de 2020, 45/17, de 6 de octubre de 2020 , 45/30, de 7 de octubre de 2020, y 46/7, de 23 de marzo de 2021.

Según Abate (2016), la justicia climática puede definirse "como abordar la carga desproporcionada de los efectos del cambio climático en las comunidades pobres y marginadas y como intento de promover una asignación más equitativa de las cargas de estos impactos a nivel local, nacional y mundial a través de iniciativas normativas proactivas y recursos judiciales reactivos basados en los derechos humanos internacionales y en las teorías de justicia ambiental" (Abate 2016, p. xxxiii).

En cambio, desde un punto más jurídico, Pisanó (2022) alude en cambio a los litigios climáticos, como un instrumento fundamental para la materialización de la justicia climática, consistiendo en la realización de una acción política según la trayectoria *bottom-up* (Legal Mobilization), promovida por individuos (activistas sociales, en este caso activistas climáticos) o por grupos organizados de individuos (grupos de interés y/o de presión), movidos por un sentimiento de injusticia sufrida o de justicia reclamada, que acuden a la vía político-judicial (al decisor político-judicial) para conseguir un objetivo político (el cumplimiento de la obligación climática y el reconocimiento y protección del derecho al clima) que no puede alcanzarse utilizando el canal político-representativo .

Finalmente, el profesor Bellver sintetiza magistralmente los caracteres y las distintas dimensiones de la Justicia Climática. A este respeto señala que esta se caracterizaría por ser Anticapitalista, Ecofeminista, Intergeneracional, Ontológica y Universal y presentaría tres dimensiones principales la reparadora, la redistributiva y la de reconocimiento (Bellver 2021, pp. 59-80).

En definitiva, se puede afirmar como la noción de Justicia Climática representa una nueva fase, propia del primer decenio de este nuevo siglo, en la tutela ambiental y en especial en los efectos cada día más patentes y perniciosos hacia el ser humano y el ecosistema del Cambio Climático.

Una interesante noción que, como también señala el profesor Bellver, entronca sus raíces con la noción norteamericana de justicia ambiental, acuñada por los movimientos sociales de los años ochenta del pasado siglo, y que es capaz de transformarse y adquirir una vigencia renovada ante la falta de ambición e inacción a nivel político a nivel nacional e internacional (Bellver 2021, p. 38).

En este sentido la Justicia Climática, cobra una vital importancia y con ella el papel que todos los juristas están llamados a desempeñar en esta nueva etapa de acción urgente contra el cambio climático que tiene a la Justicia Climática como máximo referente. Entramos, por tanto, en lo que podríamos denominar, el tiempo del Derecho, en el que éste se convierte en un poderoso instrumento que, aliado con los movimientos sociales y la comunidad científica, puede como rector y ordenador de la estructura y la convivencia social, lograr la obligatoriedad de imponer comportamientos, establecer reparaciones, la reversión e incluso la indemnización de los daños hasta ahora causados al clima y la biodiversidad por los seres humanos[35].

En la configuración y la articulación de esta nueva noción jurídica, la doctrina, como inspiradora, analista y crítica del ordenamiento jurídico, desempeña una vital importancia a fin de dotar de las herramientas y los argumentos conceptuales necesarios a los operadores jurídicos para su posterior aplicación en la práctica. A este respecto, y sin ánimo de ser exhaustivos, se podrían citar las siguientes contribuciones (Setze y Higham, 2022, Caney, 2016, Gajevic Sayegh, 2017, Heyward y Roser, 2016, Okereke y Coventry 2016, Robinson y Shine, 2018, Routledge, Cumbers, y Derickson, 2018, Chan, Falkner, Goldberg y van Asselt, 2018, Pisanó, 2023) en la configuración de esta noción de justicia climática.

---

35 Ballesteros, J (2001). *Sobre el sentido del Derecho,* Tecnos, Madrid y Ballesteros, J (1995) *Ecologismo personalista: cuidar la naturaleza, cuidar al hombre,* Tecnos, Madrid.

Mención aparte merece la propuesta, sin duda más holística y valiente del Profesor Luigi Ferrajoli en clara sintonía con las tesis del profesor Ballesteros, en la que propone una nueva Constitución para la tierra y el establecimiento de un demanio planetario, con todo lo que esto implica a nivel jurídico y económico, para la tutela de los bienes vitales de la naturaleza, a fin de hacer frente a la encrucijada más dramática y decisiva de la historia de la humanidad. (Ferrajoli, 2022).

Desde una perspectiva normativa, como un progreso en esta nueva senda, a nivel internacional se puede destacar la adopción por parte de la Asamblea General de Naciones Unidas, el 26 de julio de 2022, de la Resolución A/76/L.75 en la que se reconocía el Derecho a un medio ambiente limpio, saludable y sostenible[36] y la Resolución 48/13, de 8 de octubre de 2021, del Consejo de Derechos Humanos titulada "El derecho humano a un medio ambiente limpio, saludable y sostenible"[37], en la que se reconocía el derecho a un medio ambiente limpio, saludable y sostenible como un derecho humano que está relacionado con otros derechos y el derecho internacional vigente y exhorta a los Estados, las organizaciones internacionales, las empresas y otros interesados pertinentes a que adopten políticas, aumenten la cooperación internacional, refuercen la creación de capacidad y sigan compartiendo buenas prácticas con el fin de intensificar los esfuerzos para garantizar un medio ambiente limpio, saludable y sostenible para todos.

---

36 Asamblea General de Naciones Unidas, Resolución A/76/L.75 de 26 de julio de 2022, disponible en: https://digitallibrary.un.org/record/3982508?ln=es

37 Documentos Oficiales de la Asamblea General, septuagésimo sexto período de sesiones, suplemento núm. 53A (A/76/53/Add.1), cap. II. En este sentido también se pueden destacar otras resoluciones del Consejo de Derechos Humanos en materia de Medio Ambiente como: las resoluciones: 44/7, de 16 de julio de 2020, 45/17, de 6 de octubre de 2020, 45/30, de 7 de octubre de 2020, y 46/7, de 23 de marzo de 2021.

Así estas dos resoluciones internacionales constituyen una importante base jurídica junto a algunos tratados internacionales, como el Acuerdo de París o la Convención Marco de las Naciones Unidas sobre el Cambio Climático, anteriormente señalados, para reforzar el fundamento jurídico de la Justicia Climática a fin de dotarla de una mayor eficacia, en especial a escala regional y nacional, al contar con un sistema de tutela jurisdiccional más perfeccionado.

En el ámbito regional, desde esta perspectiva, también se puede destacar, en Iberoamérica, el histórico Acuerdo de Escazú[38] sobre el Acceso a la Información, a la Participación Pública y a la Justicia en Asuntos Ambientales adoptado en 2018 y que entró en vigor el 22 de abril de 2021. A nivel europeo, se puede resaltar, la puesta en marcha del Green Deal[39] en 2019 por la Unión Europea con el objetivo de alcanzar la neutralidad climática en 2050.

---

38 El texto del acuerdo puede consultarse está disponible en https://repositorio.cepal.org/bitstream/handle/11362/43595/S2200798_es.pdf

39 El Pacto Verde Europeo es un paquete de iniciativas políticas cuyo objetivo es situar a la Unión Europea en el camino hacia una transición ecológica, con la meta última de alcanzar la neutralidad climática de aquí a 2050. Para ello se incluyen iniciativas que abarcan el clima, el medio ambiente, la energía, el transporte, la industria, la agricultura y las finanzas sostenibles, con un enfoque holístico e intersectorial. Entre estas medidas destaca, por lo que se refiere a la Justicia Climática, el mecanismo para una Transición Justa a fin de proporcionar apoyo financiero y técnico a las regiones más afectadas por la transición hacia una economía baja en carbono y el establecimiento de un Fondo de Transición Justa (FTJ), dotado de 17.500 millones de euros para aliviar los costes sociales y económicos que soportan, como consecuencia de la transición ecológica, las regiones que dependen de los combustibles fósiles y las industrias con elevadas emisiones, para más información: https://www.consilium.europa.eu/es/policies/green-deal/

Desde la perspectiva jurisdiccional se puede constatar como los litigios sobre el cambio climático van adquiriendo una importancia creciente como una nueva estrategia de avanzar o retrasar la adopción de medidas eficaces contra el cambio climático. Así el Grupo Intergubernamental de Grupo de Trabajo III del Grupo Intergubernamental de Expertos sobre el Cambio Climático en 2022, reconoció el papel de los litigios y la ambición de la gobernanza climática (IPCC, 2022).

De esta forma, los litigios sobre el clima se han convertido en un valioso instrumento de presión hacia los gobiernos y empresas en la lucha por la justicia climática (Setzer y Higham, 2023).

Prueba de ello es que el número acumulado de litigios relacionados con el cambio climático se ha incrementado exponencialmente en la última década, hasta alcanzar un total de 2.341 casos en todo el mundo. Solo entre el 1 de junio de 2022 y el 31 de mayo de 2023, se presentaron 190 nuevos litigios (Setzer y Higham, 2023)[40]. También resulta oportuno subrayar como, casi dos tercios del total de casos, en total 1.157, se presentaron a partir de 2015, coincidiendo con la adopción del Acuerdo de París, en el que se inició una oleada de litigios caracterizada por una creciente diversidad de los argumentos

---

40 Aunque se aprecia un descenso en la tasa de crecimiento global de los nuevos litigios, motivada en especial por la reducción de los casos presentados contra la administración norteamericana tras el relevo de la administración Trump (Silverman-Roati, 2021), la diversidad de los litigios continúa aumentando, detectándose además un incremento de los casos interpuestos contra las empresas. En 2023 se presentaron 230 nuevos casos, extendiéndose a nuevos países como Panamá y Portugal. También se destacó por ese un año importante hito para la justicia climática internacional, gracias a la sentencia pronunciada por el Tribunal Europeo de Derechos Humanos en abril de 2024 en relación con el caso KlimaSeniorinnen and ors. v. Suiza. (Setzer y Higham, 2024)

jurídicos utilizados y la dispersión geográfica de los casos (Setzer y Higham, 2022).

De esta manera se han presentado demandas en, al menos 51 países de todas las regiones del mundo, y también ante organismos, cortes o tribunales internacionales o regionales[41]. Aunque Estados Unidos continúa siendo el país con el mayor número de casos climáticos documentados,1.590 casos en total, le siguen Australia con 130 y el Reino Unido con 102. Además, se han presentado 67 casos ante el Tribunal de Justicia de la Unión Europea y se ha documentado un número relativamente elevado de casos en Alemania (59), Brasil (40) y Canadá (35). Finalmente, en el último año, se han identificado, por vez primera, la presentación de este tipo de litigios en Bulga-

41 Se han presentado al menos 50 casos o denuncias ante 11 cortes y tribunales internacionales y regionales internacionales y regionales, ante los órganos de tratados y procedimientos especiales de las Naciones Unidas y ante el Comité de Cumplimiento del Protocolo de Kioto de la Convención Marco de las Naciones Unidas sobre el Cambio Climático (CMNUCC). De estos casos, alrededor de 20, se han presentado ante órganos de derechos humanos, mientras que 12 se han presentado ante el Órgano de Solución de Diferencias entre Inversores y Estados (ISDS) en el marco de los Acuerdos Internacionales de Inversión. Así en el último año destaca la solicitud de una opinión consultiva, por primera vez en la historia, sobre el Cambio Climático a la Corte Internacional de Justicia (CIJ). Una petición promovida por 18 Estados liderados por Vanautu y remitida por la Asamblea General de Naciones Unidas, tras su adopción por unanimidad mediante la Resolución 77/276 de 29 de marzo de 2023, en la que solicita que la Corte aclare los deberes de los Estados de proteger el sistema climático y los derechos de las generaciones presentes y futuras frente a los daños inducidos por el clima, así como las consecuencias jurídicas para los Estados que hayan causado daños climáticos significativos al planeta y a sus comunidades más vulnerables. También destaca la presentación de una denuncia ante la Corte Penal Internacional solicitando a la fiscalía que investiguen al Consejo de BP por su papel en el cambio climático.

ria, China[42], Finlandia, Rumanía, Rusia, Tailandia y Turquía[43], detectándose también la presentación de más de 130 casos en el Sur Global (Setzer y Higham, 2023).

Unos litigios que en más del 50% de los casos tienen resultados judiciales directos que pueden entenderse como favorables a la acción por el clima, dando lugar así a cambios en las políticas (Peel et al. 2022) e incluso, en los casos que no prosperan a importantes repercusiones indirectas[44] en la toma

---

42 Los dos primeros casos chinos fueron presentados simultáneamente en 2016 por la ONG china The Friends of Nature contra dos empresas estatales de servicios públicos en las provincias de Gansu y Ningxia, por no volcar a la red toda la energía renovable disponible en la provincia infringiendo así la Ley sobre energías y solicitando la responsabilidad de las empresas por los daños medioambientales causados por la innecesaria dependencia del carbón (Yan, 2020, p.374)

43 En el caso S.S. Gölmarmara ve Çevresi Su Ürünleri Kooperatifi v. Republic of Türkiye, Ministerio de Agricultura y Silvicultura, Dirección Provincial de Agricultura y Silvicultura de Manisa, una cooperativa de pescadores que faenan en torno al lago Mármara, un humedal de importancia nacional, interpuso una demanda contra el Gobierno alegando que no había impedido el deterioro y la desecación del lago por no haber realizado evaluaciones de impacto ambiental adecuadas para diversos proyectos de infraestructura, así como por no haber respetado las obligaciones internacionales relativas a la mitigación del cambio climático y se solicitaba también la exención de pago de sus licencias de pesca (Setzer y Higham, 2023).

44 Algunas de estas repercusiones indirectas serían la amplificación del riesgo climático, que ya se perfila como un importante reto para el sector de los seguros y el sector bancario (Higham and Setzer, 2022), su impacto en las acciones y valores empresariales (Sato et al., 2023), el interés creciente de los juristas (Dernback et al., 2023; ELF and CCBE, 2023; EUFJE, 2022, Preston, 2021, Bouwer 2015) y la conformación de nuevas narrativas (Setzer and Bouwer 2020).

de decisiones sobre el cambio climático más allá de la sede judicial[45].

En cuanto a los demandantes, se puede resaltar que las ONG y los particulares siguen presentando un elevado número de casos climáticos: Así casi el 90% de los casos presentados fuera de Estados Unidos fueron emprendidos por organizaciones no gubernamentales (ONG) o individuos, o ambos actuando conjuntamente[46]. En cambio, en Estados Unidos, este porcentaje resulta más bajo con algo más del 70% de los casos y una proporción relativamente alta, un 13% de los casos presentados por empresas y asociaciones comerciales.

Se aprecia también un crecimiento del número de casos "estratégicos", con litigantes que emplean estrategias reconocibles en distintas jurisdicciones[47], en la mayoría de los casos persiguiendo resultados "pro-climáticos" o "alineados con el

---

45 Unos litigios en los que a nivel nacional la protección constitucional del derecho a un medio ambiente sano, junto con la legislación nacional sobre el clima han desempeñado un papel fundamental en los casos de contaminación atmosférica y fundamental en los casos contra los gobiernos. (Setzer y Higham, 2023).

46 Una tendencia que refleja en gran medida el aumento de casos climáticos "estratégicos" y "semiestratégicos" presentados en los últimos años, presentándose esta estrategia procesal como una herramienta para que los grupos que tienden a ser excluidos o que están insatisfechos con las decisiones de la gobernanza climática intenten solucionar sus problemas (Batros y Khan, 2022).

47 Estos litigios climáticos se utilizan estratégicamente "como una herramienta para influir en los resultados de las políticas y/o cambiar el comportamiento de las empresas y la sociedad" (Bouwer y Setzer, 2020). Su objetivo es lograr efectos favorables a la reglamentación, aprovechado la experiencia del litigio estratégico en materia de derechos humanos (Silbert, 2022), como la importancia de identificar el papel del litigio como parte de una teoría general del cambio; la consideración de los retos de la aplicación de las sentencias; y la necesidad de evaluar los riesgos de las estrategias (Batros y Khan, 2022).

clima"[48]. Sin embargo, se detecta como fenómeno emergente, sobre todo en Estados Unidos, los denominados litigios "contra el clima"[49].

En cambio, fuera de Estados Unidos, se constata un incremento significativo en el número de casos "marco", que cuestionan la aplicación y la ambición de la respuesta política climática de los gobiernos[50] con 81 casos[51], de las empresas con 17

---

48 Los litigios climáticos son un fenómeno complejo, así la academia ha desarrollado recientemente también el término "litigio por una transición justa" (Savaresi y Setzer, 2022). Estos "litigios por una transición justa" pueden definirse como demandas que plantean cuestiones sobre la justicia y la equidad de las medidas adoptadas para llevar a cabo una acción climática (Savaresi et al., en revisión), estos deben ser interpuestos por o en nombre de las personas afectadas negativamente y estructuralmente desfavorecidas por la transición, como los trabajadores, las comunidades indígenas y tradicionales, las mujeres, los niños, las minorías, los pueblos indígenas y otros grupos marginados o vulnerables (ibíd.).

49 Estos usos "anticlimáticos" del litigio estratégico, oponiéndose a la protección del clima se centran en la protección del medio ambiente, oponiéndose a las políticas, la legislación o los proyectos de adaptación o mitigación del cambio climático (Golnarghi et al., 2021).

50 Estos casos se denominan litigios climáticos sistémicos (Kelleher, 2022) o "casos Urgenda style Urgendast" (Maxwell et al., 2022) estos tienen por objeto cuestionar la ambición o la aplicación de la respuesta política climática de un gobierno, se caracterizan por presentar litigantes en diferentes jurisdicciones que se inspiran en los éxitos notables logrados en otros lugares.

51 Estos casos se han presentado en 34 países y también ante cortes y tribunales internacionales y regionales. En 2022 se presentaron por primera vez en Rusia, Indonesia, Suecia y Finlandia y en 2023 se presentaron contra Austria y Rumanía y un nuevo caso contra los Países Bajos por ciudadanos del territorio de ultramar de Bonaire. Se caracterizan por incluir argumentaciones constitucionales o de derechos humanos (Higham et al., 2022), alegando que la ambición de la acción climática nacional es insuficiente para proteger los de-

casos y en los casos de "blanqueo climático"[52], que cuestionan

---

rechos humanos de los ciudadanos, utilizando como respaldo jurídico tratados internacionales o regionales de derechos humanos.

De esta forma a partir de la sentencia del Caso Urgenda en los Países Bajos en 2020, mediante la que se reconoce, por primera vez a nivel europeo, la inadecuación de las políticas en materia climática, tomando como referencia para ello los datos científicos proporcionados por el IPCC, por parte de un Estado, a fin de cumplir con las obligaciones estatales asumidas en materia de derecho climático y cuyas consecuencias se traducen en la lesión de los Derechos Humanos reconocidos a nivel Europeo en los artículos 2 y 8 del Convenio Europeo de Derechos Humanos, allanando así el camino para el reconocimiento de la especificidad de un derecho climático y la existencia de un nexo causal directo entre las emisiones de CO2 o la falta de medidas para su reducción en el caso de los Estados y la lesión de los Derechos Humanos (Pisanó, 2023). Un pronunciamiento histórico que ha impulsado que este tipo de procesos litigiosos climáticos se presenten, como en un efecto dominó, en otros Estados europeos como en Bélgica (Klimaatzaak), Francia (L'Affaire du siècle), Alemania (Neubauer et alt.), España (Greenpeace, Oxfam y Ecologistas en Acción) desestimado este último por el Tribunal Supremo mediante la STS 3556/2023 del 24 de julio de 2023, la República Checa (Klimatická žaloba), Italia (Giudizio Universale), incluso ante el Tribunal Europeo de Derechos Humanos (Duarte Agostinho et al. v. Portugal, KlimaSeniorinnen v. Suiza y Careme v. France cuyas vistas ante la Gran Sala se desarrollarán en 2023) (Pisano, 2022) (Heri, 2022 y Keller et al., 2023) o el Comité de Derechos Humanos de Naciones Unidas en el caso Daniel Billy and others v. Australia (2022). Unos litigios que intentan abrir esa brecha en el muro, a fin de configurar el derecho al Clima como un derecho subjetivo por su inseparable relación con los Derechos Humanos, como ya sucedió en el pasado en el caso del medioambiente o la industria tabaquera y sus nocivas consecuencias para la salud o el medio ambiente, cuestión que en la actualidad nadie pone en duda.

52 En los últimos años se ha producido una explosión de este tipo de casos de blanqueo climático (Benjamin et al. 2022) que se refieren a un verdadero compromiso de las empresas con el clima, el impacto ambiental de las cadenas de producción de las empresas, la exage-

la exactitud de las afirmaciones ecologistas y el cumplimiento de los compromisos climáticos con un total 57 casos. En ocho de estos casos marco, en los que el máximo tribunal del país ha dictado sentencia, seis han tenido resultados favorables para la acción climática (Pisano, 2023).

También se incrementan los litigios contra empresas, en total 50 causas, de las cuales una veintena en Estados Unidos, en especial contra las Carbon Majors[53] y otras empresas de combustibles fósiles[54] y sobre todo fuera de Estados Unidos. Estas

---

ración de las inversiones o el apoyo empresarial a la acción por el clima o la ocultación de riesgos climáticos

53 En este sentido se puede destacar la condena histórica el 26 de mayo de 2021, por parte del Tribunal de Distrito de La Haya a la compañía matriz Royal Dutch Shell, como responsable de las políticas del grupo Shell, al considerar que incumplía sus deberes legales, al no adoptar medidas suficientes para reducir sus emisiones de dióxido de carbono y, por tanto, ocasionaba un daño ambiental inminente con consecuencias y riesgos graves e irreversibles para los derechos humanos de los residentes holandeses y de los habitantes de la Región de Wadden, en la que le ordenaba a reducir las emisiones de dióxido de carbono en un 45% neto para fines del 2030 en comparación con los niveles de 2019, a través de la política corporativa del grupo incluidos sus proveedores y clientes. (Porcelli y Martinez, 2022). La sentencia se puede consultar en: Rechtbank Den Haag. Klimaatzaak tegen Royal Dutch Shell. 26 de mayo de 2021. Zoekresultaat - inzien document ECLI:NL:RBDHA:2021:5337, acceso el 15 de septiembre de 2021, https://uitspraken.rechtspraak.nl/inziendocument?id=ECLI:NL:RBDHA:2021:5337

54 A pesar de que fueron los primeros litigios en plantearse a fin responsabilizar directamente a las empresas de los daños climáticos causados por sus productos a las comunidades y a las personas, tras un inicial fracaso a mediados de la década de 2000 que conllevó una pausa de casi una década, con la publicación en 2014 de un nuevo estudio en el que se atribuía directamente más de dos tercios de las emisiones de gases de efecto invernadero a unas 100 empresas, las Carbon Majors (Heede, 2014), aportando así las pruebas decisivas para el planteamiento de una segunda oleada de demandas climá-

demandas empresariales se dirigen cada vez más contra los sectores de la alimentación y la agricultura, el transporte, los plásticos y las finanzas, plásticos o finanzas.

Por otra parte, otro elemento a resaltar en estos litigios es que la gama de argumentos jurídicos empleados es cada vez más compleja, al combinar solicitudes de reparación para incluir compensaciones por pérdidas pasadas y presentes, las contribuciones para los futuros costes de adaptación y las peticiones de que los tribunales ordenen a las empresas con altas emisiones que ajusten sus actividades a los objetivos del Acuerdo de París. En último lugar, también la falta de información está desempeñando un papel fundamental en los casos dirigidos a la protección del consumidor.

En este sentido, los litigios relativos a las decisiones de inversión en el contexto del cambio climático van en aumento. Aunque hasta el momento, los tribunales se han mostrado reacios a ser demasiado prescriptivos, los litigios pueden ayudar a aclarar los parámetros dentro de los cuales deben tomarse las decisiones de inversión, siendo más probable que las actividades con emisiones elevadas se cuestionen en distintos puntos a lo largo de su ciclo de vida, desde la financiación inicial hasta la aprobación final del proyecto, lo que incluye la expansión de los combustibles fósiles y, cada vez más, las prácticas agrícolas que contribuyen a la deforestación.

Unas reclamaciones que en este tipo de litigios presentan una serie puntos en común con algunas de las cuestiones más importantes destacadas por la comunidad internacional en las

---

ticas contra estas empresas en las que se produce un cambio en la estrategia de litigación planteando una responsabilidad causada a las empresas en retrospectiva por las emisiones causadas en el pasado (Ganguly et al., 2018). En la actualidad se han presentado 59 demandas contra estas empresas en todo el mundo, 20 de estas por ciudades y estados norteamericanos.

COP26 y 27, incluida la necesidad de aumentar la ambición y la acción de los Estados; reducir progresivamente el uso de todos los combustibles fósiles en el sector energético; hacer hincapié en el respeto de los derechos humanos y la colaboración entre sectores y la sociedad para lograr una acción climática eficaz, una transición justa y utilizar la financiación como palanca para una acción sistémica coordinada.

De un análisis conjunto de estos litigios, se podrían apuntar cinco áreas que tienen una alta probabilidad de ser objeto de un interés prioritario en los próximos años en esta materia y posiblemente determinarán la evolución del devenir de la justicia climática y que serían (Setzer y Higham, 2023):

- Los relacionados con la responsabilidad personal;
- Los de impugnación de compromisos que se basan excesivamente en la eliminación de gases de efecto invernadero o en tecnologías de "emisiones negativas;
- Los centrados en los contaminantes climáticos de vida corta;
- El nexo entre biodiversidad y clima y la importancia de los sumideros de carbono;
- Los fenómenos meteorológicos extremos;
- Un mayor énfasis en los océanos como principales sumideros de carbono y de recursos básicos;
- y estrategias que exploran el recurso legal por las "pérdidas y daños" resultantes del cambio climático.

En último lugar, mención aparte requiere la propuesta promovida por la Fundación Stop Ecocidio en 2021 y realizada por un panel independiente de expertos[55], a fin de elaborar

[55] Stop Ecocide Foundation, Independent Expert Panel for the Legal Definition of Ecocide: Commentary and Core Text (Amsterdam: Stop Ecocide Foundation, June 2021), disponible en www.stopecocide.earth/legal-definition.

una definición legal de Ecocidio que pudiera servir de base para la consideración de una enmienda al Estatuto de Roma de la Corte Penal Internacional (Branch y Minkova, 2023).

Para concluir, se puede afirmar que, en esta nueva etapa de lucha contra el Cambio Climático, en la que cada vez adquiere una mayor importancia la noción de Justicia Climática, se puede constatar desde un punto de vista axiológico, como está transciende su relevancia del ámbito meramente ambiental para englobar el de la Justicia y lograr así una mayor adhesión y repercusión social. Una Justicia que además se caracteriza por ser interespecies, intrageneracional, e intergeneracional (Bellver, 2021 y Rockström, Gupta, Qin et al 2023)

3. DE LA MITIGACIÓN Y LA ADAPTACIÓN A LA NECESIDAD DE LA REGENERACIÓN Y DESACELERACIÓN. ¿SON LA AGENDA 2030 Y LOS ODS UNA HOJA DE RUTA VÁLIDA?

En este último epígrafe, a modo de conclusión, se pretende abordar, desde una perspectiva crítica, si las medidas adoptadas hasta el momento, en especial la Agenda 2030 y los Objetivos de Desarrollo Sostenible promovidos por Naciones Unidas, constituyen una hoja de ruta válida a fin de hacer frente al urgente desafío existencial al que se enfrenta la humanidad.

En primer lugar, se puede señalar que la adopción por unanimidad en septiembre de 2015, por parte de la Asamblea General de las Naciones Unidas de la Agenda 2030 para el Desarrollo Sostenible y los Objetivos Desarrollo Sostenible (ODS)[56]

---

[56] Se trata de un conjunto de 17 objetivos y 169 metas asociadas que deben aplicarse plenamente para 2030. Por lo que respecta a la cuestión climática destacan en especial los ODS 13 (Acción por el Clima), 14 (Vida Submarina) y 15 (Vida de Ecosistemas Terrestres).

(AGNU 2015), supone un importante avance en relación con los predecesores Objetivos del Milenio[57], al incorporar no sólo la noción de desarrollo sostenible como meta principal, a fin de no dejar a nadie atrás, sino también al prestar una especial atención al ambiente, concretando para ello tres Objetivos, de los cuales uno de ellos, el ODS 13, se titula precisamente Acción por el Clima[58].

Unos objetivos, que se suman a la normativa internacional en la materia precedentemente señalada pero, que por la mención explícita que contiene al clima en una llamada a la acción conjunta, de todos sus destinatarios[59] constituye una oportunidad, aunque no suficiente, como después se analizará, para reforzar los vínculos entre el clima y el desarrollo e impulsar la acción climática mundial implicando a una amplia variedad de actores, Estados, a todos los niveles nacional, regional y local, empresas, entidades no gubernamentales y a la ciudadanía

---

También en este sentido se puede destacar el ODS 6 referido al agua limpia y saneamiento.

57 En los Objetivos del Milenio (ODM), acordados también por la Asamblea General de Naciones Unidas al inicio del milenio (AGNU, 2000), de los 8 objetivos únicamente uno de ellos el 7 tenía por objetivo asegurar un medioambiente sano y sostenible y su atención prioritaria se fijaba en erradicar la pobreza extrema y dirigiendo su atención a los Estados menos desarrollados.

58 La referencia al cambio climático en el marco de los ODS fue uno de los principales obstáculos en las negociaciones hasta el último minuto, y estuvo muy cerca de devolver los ODS al mínimo común denominador una agenda Norte-Sur "ODM+" centrada en la pobreza, o a una agenda sobre desarrollo sostenible que carece de un objetivo específico sobre el clima y, por tanto, de todo tipo de credibilidad (Ferrero y de Loma-Osorio, 2016, p. 225).

59 Una de las principales novedades y más destacadas es que los Objetivos de Desarrollo Sostenible, a diferencia de los ODM, se dirigen a todos los Estados tanto desarrollados como en vías de desarrollo, pero también a empresas, organizaciones no gubernamentales y en general a todos los ciudadanos que habitan el planeta.

en general, a fin de reducir las amenazas que la degradación climática plantea para el desarrollo y la erradicación de la pobreza (Munro, 2014).

En este sentido, el vínculo inextricable entre el desarrollo sostenible y el cambio climático, incluyendo la erradicación de la pobreza, ha sido subrayado por un amplio corpus de literatura académica que ofrece una importante visión de esa relación (Bellver, 2021, Beg et al. 2001, Markandya y Halsnaes 2002, y Swart et al. 2003). Una evaluación exhaustiva de las implicaciones del cambio climático para el desarrollo sostenible, también se puede encontrar en el 5º Informe de Evaluación del Grupo de Expertos en el que se subraya que el cambio climático es una amenaza para el desarrollo equitativo y sostenible produciendo como consecuencia un agravamiento de la pobreza al imponer cargas adicionales a los pobres (Roy, J. et al. 2018)[60]. De esta forma, la limitación de los efectos del cambio climático, se presentan como una condición imprescindible a fin de poder alcanzar un desarrollo sostenible y la equidad, conectándolo de manera indisociable con la cuestión de la Justicia Climática (IPCC 2014).

Prueba de esta relevancia, es que el Cambio Climático se menciona hasta en 25 ocasiones en el texto de la Agenda 2030[61], calificándolo como "uno de los mayores retos de nuestro tiempo" y los Estados afirmaron que estaban decididos a

60 El IPCC en su informe de evaluación sobre la ciencia de 1,5 °C, en el que analiza las graves consecuencias de un aumento de la temperatura global de 1,5 °C, dedica un capítulo en exclusiva a examinar la interacción entre el desarrollo sostenible y las medidas climáticas en un mundo 1,5°C, así como las interacciones, sinergias y compensaciones de las medidas climáticas con el desarrollo sostenible y los ODS (IPCC 2018).

61 Durante las negociaciones, muchos países desarrollados y en desarrollo se opusieron a la inclusión de referencias al cambio climático en la agenda mundial, argumentando que el cambio climático y el

"proteger el planeta de la degradación" y "hacer frente con decisión a la amenaza que suponen el cambio climático y la degradación del medio ambiente" (AGNU 2015, Preámbulo y párr. 31). Así vemos como el Cambio Climático se integra en la agenda de gobernanza mundial como una condición imprescindible a fin de lograr el perseguido desarrollo sostenible.

A pesar de constituir sin duda un avance, consideramos que, debido al propio diseño de los ODS, plagados de obstáculos, tensiones y diseñados de tal manera, que no promueven las profundas transformaciones sociales y económicas necesarias para evitar la catástrofe ecológica (Kotzé y French 2018). Unos objetivos en los que se decide mantener el *status quo* y no abordar la raíz de las causas, apostando por un sistema de mercado capitalista basado en el crecimiento continuo como paradigma de desarrollo (Ballesteros, 2021), por lo que se presentan como un mero apósito que comprometerá el cumplimiento del resto de los ODS.

En términos metafóricos se podría emplear el símil de una embarcación que se estuviera hundiendo, y en lugar de reparar el agujero que permite la entrada de agua, nos dedicásemos únicamente a achicar agua con un simple vaso[62], recordándonos peligrosamente a la famosa paradoja expuesta en el Gattopardo de Giuseppe Tomasi di Lampedusa de "Cambiar todo para que nada cambie".

No obstante, uno de los principales logros del ODS 13, es haber contribuido a incrementar la visibilidad del cambio climático como una cuestión clave del desarrollo sostenible y su

---

desarrollo constituían agendas separadas y que la primera debería ser abordada por la CMNUCC. (Villavicencio, 2021).

62 Otra opción, igualmente loable, sería que cada uno según su credo, se encomendara a la Divina providencia, eso sí asumiendo las consecuencias en términos de justicia, esta vez no humana, que ha conllevado en la historia de la humanidad en otras ocasiones históricas.

creciente relevancia para la erradicación de la pobreza. Pero al mismo tiempo constituye una nueva oportunidad perdida[63], como consecuencia del establecimiento de unas metas demasiado vagas y débiles en las que no se esbozan plazos y se concretan acciones vinculantes[64] para acelerar la acción mundial urgente sobre el cambio climático y promover la justicia climática[65]. (Villavicencio, 2021).

A este primer escollo constitutivo, se suman otros, de tal forma que a medio camino para alcanzar la fecha límite para su implementación, en un periodo histórico marcado por una coyuntura de policrisis[66], menos del 50% de los países disponen datos respecto a su cumplimiento, según el último informe dis-

---

63 A este respecto algunos autores han argumentado que el ODS 13 "es una aspiración completamente a escala reducida" y que los Estados no necesitan hacer ningún esfuerzo adicional para implementar el ODS 13 (Jha, 2017, p.3).

64 En la reducción no se contiene referencia alguna a la necesidad urgente de reducir de gases de efecto invernadero (GEI), ni a la necesidad de que los Estados, especialmente los desarrollados, reduzcan urgentemente la intensidad de carbono de sus economías, con el fin de mantener el aumento de la temperatura global por debajo de 1,5 °C y evitar niveles catastróficos de cambio climático (IPCC 2018). El límite de calentamiento de 1,5 °C no es solo una cuestión de justicia sino también una cuestión de supervivencia para millones de personas (IPCC 2018, Hoegh-Guldberg et al.2019).

65 Una noción de justicia climática que ni siquiera se menciona explícitamente ni en la Agenda 2030 ni en el ODS 13. (Villavicencio, 2021).

66 Marcada por los conflictos bélicos en diversas partes del mundo, el cambio climático y los efectos que persisten de la pandemia de la COVID-19 que amenazan con descarrilar el progreso alcanzado en los últimos años en cuestiones tan trascendentales como la interrupción del progreso constante logrado en las tres últimas décadas en la reducción de la pobreza, aumentando, por vez primera en una generación el número de personas que viven en la pobreza extrema y la desigualdad entre países. (ONU, 2023)

ponible de Naciones Unidas[67], todo ello, a pesar de las devastadoras y duraderas repercusiones producto de la triple crisis del cambio climático, la pérdida de biodiversidad y la contaminación que experimenta el planeta[68] (ONU, 2023). Además, por otra parte, la financiación para detener el cambio climático también está muy por debajo de los compromisos adquiridos y los países desarrollados no han aportado los 100.000 millones de dólares anuales prometidos a partir del 2020.

Aunque la Agenda 2030 y los ODS contribuyeron hace casi una década a poner de relevancia[69], aunque tímidamente, la

---

67 Un informe en el que destaca la siguiente declaración del Secretario General de Naciones Unidas "Si no actuamos ahora, la Agenda 2030 se convertirá en el epitafio de un mundo que podría haber sido" y alienta a los gobiernos y el sector privado a reorientar sus economías hacia modelos de crecimiento resilientes y con bajas emisiones de carbono.

68 A este respecto el informe señala que el cataclismo climático está empeorando a medida que las emisiones de gases de efecto invernadero continúan aumentando. Así el último informe del Grupo Intergubernamental de Expertos sobre el Cambio Climático concluye que la temperatura mundial ya está 1,1°C por encima de los niveles preindustriales y que es probable que alcance o supere el punto de inflexión crítico de 1,5°C para 2035. Una situación que produce que las olas de calor catastróficas y cada vez más intensas, las sequías, las inundaciones y los incendios forestales se hayan vuelto demasiado frecuentes. Por otro lado, el aumento del nivel del mar amenaza a cientos de millones de personas en las comunidades costeras. Además, el mundo se enfrenta actualmente al mayor evento de extinción de especies desde la era de los dinosaurios y los océanos están contaminados con más de 17 millones de toneladas métricas de contaminación por plástico en 2021, con proyecciones que muestran que probablemente se dupliquen o tripliquen para el año 2040. (ONU, 2023)

69 Una puesta de relevancia que supone un tímido reflejo de la conciencia de que algo en nuestro sistema económico ha ido terriblemente mal, que la codicia despiadada y la búsqueda obligatoria de un crecimiento material sin fin está aniquilando a nuestro planeta

tensión creciente entre el desarrollo económico y la conservación medioambiental, abogando por la disponibilidad de agua y su gestión sostenible y el saneamiento para todos (ODS6), el acceso a una energía asequible, segura, sostenible y moderna (ODS 7), la promoción de un crecimiento económico inclusivo y sostenible (ODS 8), el impulso hacia una industrialización sostenible (ODS 9), el logro de ciudades más inclusivas, seguras, resilientes y sostenibles (ODS11), modelos sostenibles de consumo y producción (ODS 12), conservar y utilizar sosteniblemente los océanos, los mares y los recursos marinos (ODS14), gestionar sosteniblemente los bosques, luchar contra la desertificación, detener e invertir la degradación de las tierras, detener la pérdida de biodiversidad (ODS 15), su planteamiento sigue anclado en una estrategia profundamente antropocéntrica, intentando aliviar los síntomas, de una forma claramente poco ambiciosa, de un problema existencial sin abordar de forma valiente y definitiva las causas o factores que lo origina.

Una importante falla que se pone de manifiesto, en una serie de profundas contradicciones, que, a modo meramente ejemplificativo, citaremos a continuación y que conllevan, a que, a causa del carácter holístico e interdependiente de los ODS, hagan muy complicado o casi imposible que pueda constituir una solución realista y apropiada para el importante reto al que se enfrenta la humanidad en un momento en el que día tras día se acelera y adquiere nuevas proporciones. De todo ello, se podría concluir que estos resultarían inconmensurables para la escala y la urgencia de la catástrofe planetaria en desarrollo y no ofrecen ninguna posibilidad real de justicia global, climática o social para las generaciones actuales o futuras (Adelman 2018).

---

vivo y produciendo pobreza a un ritmo acelerado (Hale y Stiglitz 2016).

De manera inconsistente, los ODS promueven una estrategia de desarrollo sostenible antropocéntrica que se basa en viejos paradigmas que han sido en parte responsables de la destrucción ecológica y ponen en peligro la capacidad de resistencia del planeta.

Así, el ODS 8 mediante el que se promueve, simultáneamente un crecimiento sostenido y sostenible, dos adjetivos ya *de per se* contradictorios (Adelman 2018). Plegándose una vez más a una peligrosa política económica neoliberal basada en un ciego crecimiento ilimitado[70], eso sí ahora parece que blanqueado de verde (Hickel y Kallis 2019), en un mundo con materias primas y recursos finitos (Randers et al. 2018) que únicamente beneficia a unos pocos e incrementa la brecha de la desigualdad. Cuando en realidad, no hace falta ser un economista avezado, para entender que la única solución viable pasa por un verdadero cambio de estilos de vida insostenibles (Hickel 2015b), en especial a escala empresarial y financiera, que se traduzcan en una verdadera modificación de hábitos de consumo y producción[71] para todas aquellas partes del planeta que durante siglos han estado viviendo ecológicamente por encima de sus posibilidades (Alfredsson et al. 2018).

---

70 A este respecto se puede consultar el interesante estudio coste-beneficio que al respecto realiza el premio Nobel de Economía Nordhaus (Nordhaus 2019). Una receta dudosa que en los últimos tres años se ha visto ralentizada primero por la pandemia y después por una crisis humanitaria que ha desembocado en una preocupante deriva inflacionista agrandando todavía más la brecha de la desigualdad. Así tasa de crecimiento anual del PIB mundial real per cápita ha seguido la siguiente progresión -4,1% en 2020, 5,2% en 2021, 2,2% en 2022 y la previsión es que sea de un 1,4 en 2023 (ONU, 2023) muy lejos del 7% prescrito.

71 Según los datos de National Footprint and Biocapacity Accounts para 2022 Qatar consumía el equivalente a 9 planetas en un año; los Estados Unidos, 5.1; España 2.8, Argentina 1.75 y solo 0.3 planetas en el caso de Yemen.

Otro de las contradicciones se refiere a la cuestión energética, que en los últimos años ha adquirido una importancia basilar debido, por una parte, a la generalización y el desarrollo de las nuevas tecnologías que han supuesto una mayor demanda energética y a la restricción de algunas fuentes de energía como el gas, debido al conflicto ruso-ucraniano, unido al incremento constante de los precios del crudo.

El ODS 7 aboga al respecto por garantizar el acceso a una energía asequible, fiable, sostenible y moderna para todos, pero la realidad es que a pesar de que las fuentes renovables modernas solo generaban en 2020, el 28,2% de la energía eléctrica, en el transporte se situaban en el 4% y por lo que respecta a la calefacción en el 10,4%, unido a que las mejoras en eficiencia energética deberían aumentar su ritmo en más del doble, pues en el periodo 2015-2020 la tasa de mejora anual de la intensidad energética real fue de 1,4% y se precisaría que se duplicara hasta alcanzar en el periodo 2020-2030 el 3,4%. Junto con que la financiación pública internacional para la implantación de la energía no contaminante en los países en desarrollo continúa disminuyendo, reduciéndose a menos de la mitad al pasar de 26,4 miles de millones de dólares en 2017 a 10,8 en 2021[72]. A todo ello habría que añadir también que estas energías a pesar de ser a priori sostenibles también tienen un impacto sobre el medio ambiente.

Unos factores que producen que la insuficiencia de alternativa energética unida a un incremento en la demanda de energía, en parte propiciada por el propio cambio climático y la generalización del mundo digital, que los países en lugar de optar por un decrecimiento y transición energética sigan apostando por una diversificación energética en lugar de por una

[72] En un planeta en el que todavía 675 millones de personas, 4 de cada 5 de ellas en el África Subsahariana, viven todavía en la completa oscuridad. (ONU, 2023)

transición y un decrecimiento. A pesar de ser plenamente conocedores de los efectos perniciosos y letales de las emisiones causadas por fuentes energéticas tradicionales como el carbón y el petróleo, que en 2022 alcanzaron una cifra sin precedentes 36.800 toneladas de CO2 (ONU, 2023)[73].

Finalmente, para concluir con esta escueta enumeración, el ODS 12, se dedica a garantizar patrones de consumo y producción sostenibles. Una paradoja, para un buen número crecientes de sociedades de consumo que basan en el mismo su felicidad y bienestar, ante la insostenibilidad de los patrones de consumo y producción de bienes y servicios actuales, que no solo agotan los recursos naturales, sino que también provoca la degradación del medio ambiente y la generación de enormes cantidades de gases de efecto invernadero (Tukker et al. 2008). Así la huella ambiental de los países desarrollados es 10 veces superior a la de los países con bajos ingresos, 24 toneladas métricas frente a 2,5 y cada persona desecha un promedio de 120 kilos de alimento al año a la par que una de cada tres se enfrenta a una inseguridad alimentaria grave o moderada (ONU, 2023).

Mientras los informes de sostenibilidad de las empresas se han triplicado desde 2016 y 62 países y la Unión Europea han adoptado 485 normativas al respecto, nuestro cambio de hábitos[74], la extensión y generalización de la tecnología, en especial

---

[73] Las subvenciones a los combustibles fósiles, debido a las crisis globales, se han duplicado pasando de 375 millones de dólares en 2020 a 732 en 2021 (ONU, 2023)

[74] Otro ejemplo de este cambio de hábitos y su impacto en el medio ambiente, es la generalización del comercio en línea. Así Amazon, el gigante de la distribución, desde el 2019, año en que anunció su Climate Pledge, ha aumentado sus emisiones en un 40% hasta alcanzar 71,27 millones de toneladas métricas de dióxido de carbono en 2022, el doble de emisiones que Irlanda. Una circunstancia que ha provocado que en 2023 Science Based Targets initiative (SBTi),

a raíz de la pandemia, donde el 95% del mundo cuenta con acceso a banda ancha móvil y más de 5.300 millones de personas utilizaron internet en 2022, acelerando así una pretendida huella invisible, al concebirse por la inmensa mayoría como algo intangible y virtual, conlleva perniciosos efectos sobre nuestro entorno natural. De esta forma se estima que cada persona es responsable de aproximadamente 414 kg de dióxido de carbono (CO2) al año por el solo hecho de usar internet en sus dispositivos[75], suponiendo aproximadamente el 20% de la emisión de todos los gases de efecto invernadero, más que el sector de la aviación mundial y del 7% de la demanda energética mundial, de tal forma que si internet fuera un país se posicionaría como el cuarto país más contaminante del planeta[76].

Una situación poco alentadora, que claramente pone en evidencia que la Agenda 2030 y los ODS, a causa de estas contradicciones y su falta de ambición no resultan la hoja de ruta más adecuada para hacer frente a los desafíos a los que se enfrenta la humanidad en la actualidad[77].

---

encargada de validar los planes corporativos de reducción de emisiones contando con el refrendo de Naciones Unides, anuncie su retirada de su lista de compañías que se comprometen a tomar acción con respecto a los objetivos climáticos y rebaje su categoría cercana a la de greenwashing. (Gatti et al 2023).

75 En media hora viendo un vídeo en Internet se genera una huella de 1,6 kilos de carbono, según el último informe de The Shift Project disponible en el siguiente enlace: https://theshiftproject.org/en/category/publications-en/studies/. Por otra parte, los 5.000 millones de visualizaciones de Despacito, canción publicada en 2017, consumieron tanta energía como Chad, Guinea-Bissau, Somalia, Sierra Leona y la República Centroafricana juntas en un año.

76 Por detrás de Estados Unidos, China y la India. (Raigal, 2020)

77 En relación con la pretendida urgencia climática puede consultarse (Lomborg, 2021), en todo caso lo que parece discutible es que nos hallamos ante una cuestión de Justicia Climática en la que la peor parte una vez más afecta a las personas más pobres y vulnerables.

Una circunstancia, que en ningún caso debe generar desesperanza o ecoansiedad, por el contrario, debe resultar un revulsivo para la adopción de nuevas alternativas más ambiciosas y recuperar la confianza en la especie humana. Porque precisamente en los momentos más oscuros de su historia, ha sido cuando, aunando su ingenio y fraternidad ha logrado importantes avances como la aprobación hace 75 años de la Declaración Universal de Derechos Humanos.

En este sentido, en esta era de la resilencia, tal y como nos propone (Rifkin 2022) es necesario reimaginar la existencia y desaprender tantas viejas costumbres, partiendo de la premisa que nosotros somos parte de la naturaleza y que nuestro designio se encuentra inextricablemente ligado a ella (Kelly 1992).

Una reimaginación que necesariamente pasa por una resilvestración de la tierra, asumiendo así la humanidad la responsabilidad que tiene frente no solo como especie, sino también por sus especiales cualidades que la distinguen como un raciocinio o la empatía más evolucionados, sino también por los daños infligidos. La generalización de una nueva conciencia biofilia, basada en la empatía y el apego, situando en el centro vital como guía de nuestra evolución a nuestro yo ecológico como parte de nuestra propia esencia natural[78].

Un modelo en el que se partiría de un replanteamiento de la primacía y la validez del tan ensalzado método científico como reflejo fiel de la realidad, ya que las personas y la naturaleza con toda su complejidad, en cuanto externalidades negativas, a menudo quedan al margen de sus variables y se apostaría por un nuevo modelo de ciencia más holístico basado en los denominados sistemas sociológicos adaptativos complejos

[78] Son muchos los estudios científicos que ponen de manifiesto como el contacto con la naturaleza resulta fundamental tanto en la mejora de nuestra salud tanto física como mental así como para nuestro aprendizaje. (D'Souza 2020 y Moore R. y Cooper, C (2008).

(Rifkin 2022). Un sistema productivo, en el que, frente a la cuarta revolución industrial, marcada por la transición de lo analógico a lo digital e inteligente, se cuestione la paradoja del capitalismo, construido sobre el falso mito de la productividad, de lo cuantitativo frente a lo cualitativo, el consumo ilimitado, la eficiencia, la reducción de costes y la rapidez en un mundo en que todo parece de usar y tirar. Toda una maquinaria que produce como resultado una pauperización creciente e injusta y un aislamiento creciente social en la vida real. Se apueste decididamente por una transformación del paradigma global hacia otro glocal, basado en la autosuficiencia y la gestión de la bioesfera, según los ritmos y los flujos del planeta. Finalmente, esta transformación implicaría una mutación en la concepción de la libertad como autonomía hacía otras más incluyentes basadas en la empatía, el apego y la participación, en las que el ser prima sobre el tener y en las que se plasma la unión e interdependencia de la familia humana para la gestión de nuestra única casa en común revirtiendo finalmente en un repensamiento de nuestra aspiración de consecución de la felicidad y bienestar.

5. REFERENCIAS BIBLIOGRÁFICAS

Abate, R.S., ed., (2016). *Climate Justice: Case Studies in Global and Regional Governance Challenges.* Washington, DC: ELI Press

Adelman, S., 2018. The Sustainable Development Goals, Anthropocentrism and Neoliberalism. In: D. French and L. Kotzé, eds., Sustainable Development Goals: Law, Theory and Implementation. Cheltenham: Edward Elgar, 15–40.

Alfredsson, E., et al., 2018. Why achieving the Paris Agreement requires reduced overall consumption and production. Sustainability: Science, Practice and Policy [online], 14(1). Available from: https://doi.org/10.1080/15487733.2018.1458815 [Accessed 20 June 2019].

Aparicio, L (2023). "Los ODS y los Derechos Humanos como instrumento clave en la respuesta y la recuperación de la pandemia" en Català,

A. *Anomalías jurídicas durante la pandemia del COVID-19 . Un análisis constitucional*, Tirant Lo Blanch, Valencia

Asamblea General de Naciones Unidas, Resolución Naciones Unidas Declaración del Milenio (A/RES/55/2) de 18 de septiembre de 2000, disponible en https://www.un.org/en/development/desa/population/migration/generalassembly/docs/globalcompact/A_RES_55_2.pdf

Asamblea General de Naciones Unidas (2015), Resolución Transformar nuestro mundo: la Agenda 2030 para el Desarrollo Sostenible (A/RES/70/1) de 25 de septiembre de 2015, disponible en https://unctad.org/system/files/official-document/ares70d1_es.pdf

Ballesteros, J (1995) *Ecologismo personalista: cuidar la naturaleza, cuidar al hombre*, Tecnos, Madrid.

Ballesteros, J (2001). *Sobre el sentido del Derecho*, Tecnos, Madrid.

Ballesteros, J. (2021). *Domeñar las finanzas, cuidar la naturaleza*, Universidad Católica de Valencia/ Tirant lo Blanch, Valencia

Batros B and Khan T (2022) "Thinking Strategically about Climate Litigation". en C Rodríguez-Garavito (Ed.), *Litigating the Climate Emergency: How Human Rights, Courts, and Legal Mobilization Can Bolster Climate Action* (Globalization and Human Rights, pp. 97-116). Cambridge: Cambridge University Press. doi:10.1017/9781009106214.006

Beg, N., et al., (2001). "Linkages between climate change and sustainable development". *Climate Policy*, 2(2) 129–144. Disponible https://doi.org/10.1016/S1469-3062(02)00028-1.

Bellver, V. (2020). "Educación y derechos humanos en la Agenda 2030 para el desarrollo Sostenible" en Talavera, P. *Sobre pobreza y Derecho*, Tirant Lo Blanch, Valencia

Bellver, V (2021). "Origen, Evolución, Caracteres y dimensiones de la Justicia Climética" en Borrás Pentinat, S y Villavicencio-Calzadilla, P, *Justicia Climática. Visiones constructivas desde el reconocimiento de la desigualdad*, Tirant Lo Blanch, Valencia.

Benjamin L, Bhargava A, Franta B, Martínez Toral K, Setzer J, Tandon A (2022) *Climate-Washing Litigation: Legal Liability for Misleading Climate Communications. Policy Briefing*, The Climate Social Science Network. www.cssn.org/wp-content/uploads/2022/01/CSSN- Research-Report-2022-1-Climate-Washing-Litigation-Legal-Liability-for-Misleading- Climate-Communications.pdf

Biondo, F. (2016). *Desobediencia civil y teoría del derecho. Tomar los conflictos en serio.* Centro de Estudios Políticos y Constitucionales, Madrid.

Bouwer K (2015) *Climate-conscious lawyering.* Oxford University Press Blog, June 12. https://blog.oup.com/2015/05/climate-consciousness-daily-legal-practice/

Bouwer K and Setzer J (2020) *New trends in Climate Litigation: What works?* British Academy COP26 Briefings Series. www.thebritishacademy.ac.uk/documents/2701/Climate-Litigation- as-Climate-Activism-What-Works.pdf

Branch, A., y Minkova, L. (2023). "Ecocide, the Anthropocene, and the International Criminal Court". *Ethics & International Affairs,* nº 37(1), pp.51-79.

Caney, S. (2016) *The Struggle for Climate Justice in a Non-Ideal World. Midwest Stud. Philos.,* 40(1), 9–26.

Capstick, S., Thierry, A., Cox, E. et al (2022) "Civil disobedience by scientists helps press for urgent climate action". *Nat. Clim. Chang.* 12, 773–774.

Cazalis, V. Loreau, M. Barragan-Jason, G. (2022) "A global synthesis of trends in human experience of nature", *Frontiers Frontiers in Ecology and the Environment,* disponible en https://esajournals.onlinelibrary.wiley.com/doi/10.1002/fee.25409

Commonwealth Climate and Law Initiative [CCLI] (n.d.). *Climate litigation: Briefing note for boards.* Commonwealth Climate and Law Initiative. https://commonwealthclimatelaw.org/ccli-cgi-climatelitigation-brief/

Chan, S., R. Falkner, M. Goldberg y van Asselt, H. (2018). "Effective and geographically balanced? An output-based assessment of non-state climate actions". *Clim. Policy,* 18(1), pp. 24–35.

Crutzen, P. J. y Stoermer, E. F. (2000). "The 'Anthropocene'". *Global Change Newsletter* 41, pp. 17-18.

Della Porta, D. y Portos, M. (2021). "Rich kids of Europe? Social basis and strategic choices in the climate activism of Fridays for Future", *Italian Political Science Review / Rivista Italiana di Scienza Politica* , Volume 53 , Issue 1 , March 2023 , pp. 24 – 49

Dernback JC, Hester TD and Edwards AL (2023) *ABA encourages climate-conscious lawyering at COP27,* American Bar Association. https://www.americanbar.org/groups/environment_energy_resources/publications/trends/2022-2023/march-april-2023/aba-encourages-climate-conscious/

D' Souza, K. (2020). "Outdoor Classes and "Forest Schools" Gain New Prominence Amid Distance Learning Struggles", Ed Source, 1 de octubre de 2020, disponible en https://edsource.org/2020/outdoor-classes-and-forest-schools-gain-new-prominence-amid-distance-learning-struggles/640853

European Forum for Judges for the Environment [EUFJE] (2022). EUFJE conference 24-25 October 2022 – *Climate law and litigation Answers to the Questionnaire: Germany. London and Brussels: Grantham Research Institute on Climate Change and the Environment and Centre for Climate Change Economics and Policy,* London School of Economics and Political Science and the European Union Forum of Judges for the Environment. https://www.eufje.org/images/docConf/par2022/Questionnaire_2022_Germany.pdf

European Lawyers Foundatoin and Council of Bars and Law Societies of Europe [ELF and CCBE] (2023) *Climate Change: The impact of climate change on lawyers' practices.* 27 February 2023, Online webinar https://elf-fae.eu/climate-change/

Europapress (2023). "El Colegio de Geólogos rechaza la definición de 'Antropoceno' adoptada recientemente por la RAE" disponible en https://www.europapress.es/comunicados/sociedad-00909/noticia-comunicado-colegio-geologos-rechaza-definicion-antropoceno-adoptada-recientemente-rae-20230601153337.html

Ferrajoli, L. (2022). *Por una Constitución de la Tierra.La humanidad en la encrucijada,* Trotta, Madrid.

Ferrero y de Loma-Osorio, D., 2016. "The 2030 Agenda for Sustainable Development: Bringing Climate Justice to Climate Action". *Development* [online], 59(3–4), 223–228. Disponible en https://doi.org/10.1057/s41301-017-0122-9 [Accessed 15 March 2017].

Forster, P. M. et al. (2023). "Indicators of Global Climate Change 2022: annual update of large-scale indicators of the state of the climate system and human influence", *Earth Syst. Sci.* Data, 15, pp. 2295–2327.

Gajevic Sayegh, A. (2017) "*Climate justice after Paris: a normative framework*". *J. Glob. Ethics,* 13(3), pp. 344–365.

Ganguly G, Setzer J, and Heyvaert V (2018)" If at First You Don't Succeed: Suing Corporations for Climate Change". *Oxford Journal of Legal Studies* 38(4), pp. 841–868. https://doi.org/10.1093/ojls/gqy029

Gatti, L.V., Cunha, C.L., Marani, L. et al. Increased Amazon carbon emissions mainly from decline in law enforcement. Nature (2023). https://doi.org/10.1038/s41586-023-06390-0

Golnaraghi M, Setzer J, Brook N, Lawrence W and Williams L (2021) *Climate Change Litigation – Insights into the evolving global landscape.* Geneva Association.chttps://www.genevaassociation.org/sites/default/files/research-topics-documenttype/cpdf_public/climate_litigation_04-07-2021.pdf

Gonzalez, C.G., (2019). "Climate Justice and Climate Displacement: Evaluating the Emerging Legal and Policy Responses". *Wisconsin International Law Journal* [online], 36(2). Disponible en https://ssrn.com/abstract=3398442 [Accessed 30 August 2020]

Goodman, J.(2009). "From global justice to climate justice? Justice ecologism in an era of global warming". *New Political Science* [online], 31(4), 499–514. Disponible en https://doi.org/10.1080/07393140903322570

Guterres, A. (2023) "El mes de julio más caluroso de la historia indica que ya estamos en la era del horno global", ONU, disponible en https://news.un.org/es/story/2023/07/1523012

Hale, B., 2016. The SDGs fail to offer the new economy we so desperately need. Eldis Blog [online], 22 March. Disponible: https://www.eldis.org/blogpost/sdgs-fail-offer-new-economy-we-so-desperately-need [Accessed 28 March 2019].

Haustein, K (2023), "Record warm July 2023", Universidad de Leipzig, disponible en http://karstenhaustein.com/PressMaterial_Record-warm_July2023.pdf

Heede R (2014) "Tracing anthropogenic carbon dioxide and methane emissions to fossil fuel and cement producers, 1854–2010". *Climatic Change* 122, pp.229–241. https://doi.org/10.1007/s10584-013-0986-

Heri C (2022) "Climate Change before the European Court of Human Rights: Capturing Risk, Ill-Treatment and Vulnerability". *European Journal of International Law 33(3)*,pp.925-951 https://doi.org/10.1093/ejil/chac047

Heyward, J.C. y D. Roser (2016) *Climate Justice in a Non-Ideal World.* Oxford University Press, Oxford, UK, pp. 323

Higham C, Setzer J and Bradeen E (2022) *Challenging government responses to climate change through framework litigation.* London: Grantham Research Institute on Climate Change and the Environment and Centre for Climate Change Economics and Policy, London School of Economics and Political Science.

Hickel, J., 2015a. Five reasons to think twice about the UN's Sustainable Development Goals. LSE blog [online], 23 September. Available from: https://blogs.lse.ac.uk/southasia/2015/09/23/five-reasons-to-think-twice-about-the-uns-sustainable-development-goals/ [Accessed 5 April 2019].

Hickel, J., and Kallis, G., 2019. Is Green Growth Possible? New Political Economy [online], 25(4). Disponible: https://doi.org/10.1080/13563467.2019.1598964 [Accessed 25 June 2019].

Hoegh-Guldberg, O., et al., 2019. "The human imperative of stabilizing global climate change at 1.5 °C". *Science* [online], 365(6459). Available from: https://doi.org/10.1126/science.aaw6974 [Accessed 21 October 2020].

Huff, A. y Naess, L. (2022). "Reframing Climate and Environmental Justice", *IDS Bulletin* Vol. 53 No. 4 December 2, Institute of Development Studies, Londres.

Intergovernmental Panel on Climate Change (IPCC), 2018. Summary for Policymakers. In: IPCC, Global Warming of 1.5°C [online]. Geneva: IPCC. Disponible https://www.ipcc.ch/sr15/ [Accessed 18 February 2019].

Jha, A., 2017. SDG 13: Take Urgent Action to Combat Climate Change and It's Impact [online]. New Delhi: Parvi. Disponible: https://pairvi.org/Publications/SDG%2013%20Booklet.pdf [Accessed 5 March 2019].

Kelleher O (2022) "Systemic Climate Change Litigation, Standing Rules and the Aarhus Convention: A Purposive Approach". *Journal of Environmental Law,* 34(1) pp.107-134. https://doi.org/10.1093/jel/eqab037

Keller H, Heri, C and Piskóty R (2022) "Something ventured, nothing gained?—Remedies before the ECtHR and their potential for climate change cases". *Human Rights Law Review* 22(1). https://doi.org/10.1093/hrlr/ngab030

Kelly, P. (1992) *Pensar con el corazón,* Círculo de Lectores, Madrid.

Klein, N (2017). *Esto lo cambia todo. El capitalismo contra el clima.* Paidos, Barcelona.

Kotzé, L.J., and French, D., 2018. "The Anthropocentric Ontology of International Environmental Law and the Sustainable Development

Goals: Towards an Ecocentric Rule of Law" in *the Anthropocene. Global Journal of Comparative Law,* 7(1), pp. 5–36.

IPCC (2022). *Climate Change 2022. Mitigation of Climate Change 2022. Working Group III Contribution to the Sixth Assessment Report of the Intergovernmental Panel on Climate Change,* disponible en https://www.ipcc.ch/report/ar6/wg3/downloads/report/IPCC_AR6_WGIII_FullReport.pdf

Lomborg, B. (2021) *Falsa alarma, por qué el pánico ante el cambio climático no salvará al planeta.* Antonio Bosch, Barcelona.

Markandya, A., and Halsnaes, K.,(2002). *Climate Change and Sustainable Development: Prospects for Developing Countries.* London: Earthscan

Maxwell L, Mead S, and van Berkel D (2022) "Standards for adjudicating the next generation of Urgendastyle climate cases". *Journal of Human Rights and the Environment,* 13(1) pp. 35-63. https://doi.org/10.4337/jhre.2022.01.02

Meikle, M., Wilson, J., and Jafry, T., (2016). "Climate justice: between Mammon and Mother Earth". *International Journal of Climate Change Strategies and Management [online], 8(4). Disponible en http://doi.org/10.1108/IJCCSM-06-2015-0089*

Moore R. y Cooper, C (2008). "Healthy Planet, Healthy Children: Desining Nature into Childhood, en Kellert, S, Heerwagen, J y Mart, M (coomps.) *Biophilic Design: The Theory, Science and Practice of Building to Life,* Hoboken, John Wiley, 2008.

Munro, K., (2014). The Right Climate for Development: Why the SDGs Must Act on Climate Change. Report. Produced by CARE et al. septiembre. Disponible en: https://insights.careinternational.org.uk/publications/the-right-climatefordevelopment-why-the-sdgs-must-act-on-climate-change

Naciones Unidas, 2023. Informe de los Objetivos de Desarrollo Sostenible, Edición Especial "Por un plan de rescate para las personas y el planeta", julio, disponible en https://unstats.un.org/sdgs/report/2023/

Nordhaus, N. 2019. *El casino del clima,* Deusto, Barcelona.

Okereke, C. y Coventry,P. (2016) "Climate justice and the international regime: before, during, and after Paris". *Wiley Interdiscip. Rev. Clim. Change,* 7(6),pp. 834–851.

Organización Meteorológica Mundial (2023). The European State of the Climate (ESOTC) 2022, disponible en: https://climate.copernicus.eu/esotc/2022

Organización Meteorológica Mundial (2023). *Global Annual to Decadal Climate Update Target years: 2023 and 2023-2027*, WMO, disponible en *https://library.wmo.int/doc_num.php?explnum_id=11611*

Peel J, Palmer A and Markey-Towler R (2022) *Review of Literature on Impacts of Climate Litigation: Report.* London and Melbourne: Children's Investment Fund Foundation and University of Melbourne. https://www.unimelb.edu.au/__data/assets/pdf_file/0008/4238450/Impact-lit-reviewreport_CIFF_Final_27052022.pdf

Pisanò A. (2022). *Il diritto al clima. Il ruolo dei diritti nei contenziosi climatici europei,* Napoli, ESI, pp. X-321.

Porcelli, A., y Martinez, A. (2022). "Climate litigation: investigations on jurisdictional mechanisms in defense of climate rights second part". *LEX Journal of the Faculty of Law and Political Science Revista de la Facultad de Derecho Ciencia Política*, n° 29, [iii]-42.

Preston B (2021) "Climate Conscious Lawyering", *Australian Law Journal* 95 ALJ 51. https://papers.ssrn.com/sol3/papers.cfm?abstract_id=3949080

Raigal, M. (2021)."Internet contamina. Qué podemos hacer para reducir su impacto ambiental". Innofuturo, 2021. Valencia, Universitat de Valencia.

Randers, J., et al., 2018. Transformation is feasible. How to achieve the Sustainable Development Goals within Planetary Boundaries [online]. A report to the Club of Rome from Stockholm Resilience Centre and BI Norwegian Business School. 18 October. Available from: https://www.stockholmresilience.org/download/18.51d83659166367a9a16353/1539675518425/Report_Achieving%20the%20Sustainable%20Development%20Goals_WEB.pdf [Accessed 20 March 2019].

Rifkin, J. (2022) *La era de la Resilencia, reimaginar la existencia, resilvestrar la tierra,* Paidós, Barcelona.

Robinson, M. y Shine, T.*(2018) "Achieving a climate justice pathway to 1.5°C"*. Nat. Clim. Change, 8(7), *pp. 564–569.*

Routledge, P., Cumbers, A. y Derickson, K.D. (2018) "States of just transition: Realising climate justice through and against the state". *Geoforum,* 88, pp.78–86.

Rockström, J., Gupta, J., Qin, D. et al (2023). "Safe and just Earth system boundaries". *Nature. https://doi.org/10.1038/s41586-023-06083-8*

Roy, J., P. Tschakert, H. Waisman, S. Abdul Halim, P. Antwi-Agyei, P. Dasgupta, B. Hayward, M. Kanninen, D. Liverman, C. Okereke, P.F. Pinho, K. Riahi, and A.G. Suarez Rodriguez, (2018). Sustainable Development, Poverty Eradication and Reducing Inequalities. In: Global Warming of 1.5°C. An IPCC Special Report on the impacts of global warming of 1.5°C above pre-industrial levels and related global greenhouse gas emission pathways, in the context of strengthening the global response to the threat of climate change, sustainable development, and efforts to eradicate poverty [Masson-Delmotte, V., P. Zhai, H.-O. Pörtner, D. Roberts, J. Skea, P.R. Shukla, A. Pirani, W. Moufouma-Okia, C. Péan, R. Pidcock, S. Connors, J.B.R. Matthews, Y. Chen, X. Zhou, M.I. Gomis, E. Lonnoy, T. Maycock, M. Tignor, and T. Waterfield (eds.)]. Cambridge University Press, Cambridge, UK and New York, NY, USA, pp. 445-538, doi:10.1017/9781009157940.007.

Sato M, Gostlow G, Higham C, Setzer J, Venmans F (2023) *Impacts of climate litigation on firm value.* Centre for Climate Change Economics and Policy Working Paper 421/Grantham Research Institute on Climate Change and the Environment Working Paper 397. London: London School of Economics and Political Science. https://www.lse.ac.uk/granthaminstitute/wp-content/uploads/2023/05/workingpaper- 397_-Sato-Gostlow-Higham-Setzer-Venmans.pdf

Savaresi A and Setzer J (2022) "Rights-base litigation in the climate emergency: mapping the landscape and new knowledge frontiers". *Journal of Human Rights and the Environment* 13(1) pp.7-34. https://doi.org/10.4337/jhre.2022.01.01

Scheuerman, W. (2022). "Political disobedience and the climate emergency", Philosophy and Social Criticism, Vol. 48(6). Pp. 791–812

Simms, A. (2008). "Trickle-down myth". *New Scientist.* Special Report 2678:49

Solanes, A, (2021). "Desplazados y refugiados climáticos. La necesidad de protección por causas medioambientales", *Anales de la Cátedra Francisco Suárez,* Nº 55, 2021, pp. 433-460

Steffen, W. et al (2015)." Planetary boundaries: guiding human development on a changing Planet". *Science* 347, 1259855.

Setzer, J. y Higham, C. (2022) "Global trends in climate change litigation", *Grantham Research Institute on Climate Change and the Environment,* the Centre for Climate Change Economics and Policy, disponible en https://www.lse.ac.uk/granthaminstitute/wp-content/uploads/2022/08/Global-trends-in-climate-change-litigation-2022-snapshot.pdf

Setzer, J. y Higham, C. (2023) "Global trends in climate change litigation: 2023 snapshot", Grantham Research Institute on Climate Change and the Environment, the Centre for Climate Change Economics and Policy, disponible en https://www.lse.ac.uk/granthaminstitute/publication/global-trends-in-climate-change-litigation-2023snapshot/#:~:text=Key%20trends%2C%20May%20 2022%E2%80%93May,in%20cases%20is%20still%20expanding.

Setzer, J. y Higham, C. (2024) "Global trends in climate change litigation: 2023 snapshot", Grantham Research Institute on Climate Change and the Environment, the Centre for Climate Change Economics and Policy, disponible en https://www.lse.ac.uk/granthaminstitute/wp-content/uploads/2024/06/Global-trends-in-climate-change-litigation-2024-snapshot.pdf

Silverman-Roati K (2021) US Climate Litigation in the Age of Trump: Full Term. Sabin Center for Climate Change Law, Columbia Law School, disponible en https://climate.law.columbia.edu/sites/default/files/content/docs/Silverman- Roati%202021-06%20US%20Climate%20 Litigation%20Trump%20Admin.pdf

Silbert N (2022). "In search of impact: climate litigation impact through a human rights litigation framework", *Journal of Human Rights and the Environment*, 13(1), pp. 265-289.

Stiglitz, J.E. (2016). El precio de la desigualdad, Barcelona, Taurus.

Swart, R., Robinson, J., y Cohen, S., (2003). "Climate change and sustainable development: expanding the options". *Climate Policy*, 3(1), S19–S40, disponiblehttps://doi.org/10.1016/j.clipol.2003.10.010 .

Thackeray, S., Robinson, S. A., Smith, P., Bruno, R., Kirschbaum, M. U.F., Bernacchi, C., Byrne, M., Cheung, W., Cotrufo, M. Francesca., Gienapp, P., Hartley, S., Janssens, I., Jones, T. Hefin., Kobayashi1, K., Luo, Y., Penuelas, J., Sage, R., Suggett, D. J., Way, D. & Long, S. (2020). "Civil disobedience movements such as School Strike for the Climate arc raising public awareness of the climate change emergency". *Global Change Biology*, Online First 1-3.

Tukker, A., et al., 2008. Fostering change to sustainable consumption and production: an evidence based view. Journal of Cleaner Production [online], 16(11), 1218–1225. Available from: https://doi.org/10.1016/j.jclepro.2007.08.015 [Accessed 21 October 2020].

Villavicencio,P. (2021), "The Sustainable Development Goals, climate crisis and sustained injustices", Oñati Socio-Legal Series, Volumen 11, número 1 *Climate Justice in the Antrropocene*, pp. 285-314DOI: HTTPS://DOI.ORG/10.35295/OSLS.IIL/0000-0000-0000-1158

Yan Z (2020) "The Subordinate and Passive Position of Chinese Courts in Environmental Governance". In J Lin & D Kysar (Eds.), *Climate Change Litigation in the Asia Pacific*, pp. 365-393. Cambridge: Cambridge University Press. https://doi.org/10.1017/9781108777810.015

Refugiados climáticos y su protección jurídica

Climate refugees and their legal protection

NACHO HERNÁNDEZ MORENO

Instituto de Derechos Humanos,
Universitat de València
ORCID: 0000-0002-6686-662X

Resumen

El desplazamiento humano forzado motivado por los efectos adversos del medio ambiente aumenta significativamente. A pesar de ello y de que el clima ha sido un factor migratorio en la historia de la humanidad, no existe hoy un marco jurídico de protección internacional específico para los llamados refugiados climáticos. La figura del estatuto de persona refugiada se configura sobre la base de unos motivos tasados de persecución propios del contexto posbélico en el que se enmarcan. Sin embargo, las personas desplazadas forzosamente por el cambio climático requieren protección internacional. Este trabajo analizará el posible encaje de la situación de esas personas en los diferentes mecanismos legales del ordenamiento jurídico español previstos para dotar de protección a personas desplazadas. Asimismo, se reflexionará sobre la necesidad de emplear una interpretación extensiva y un enfoque basado en derechos humanos con el fin de considerar las necesidades específicas de estas personas.

Palabras clave: derecho de asilo, derechos humanos, cambio climático, refugiados climáticos, desplazamiento humano forzoso.

Abstract

Forced displacement due to adverse environmental effects is increasing significantly. Despite this, and considering that climate has historically played a role in human migration, there is currently a lack of a specific international legal framework for the protection of climate refugees. The concept of refugee status is structured upon specific enumerated grounds of persecution within the post-war context. However, individuals who are forcibly displaced due to climate change require international protection. This study will analyze the potential integration of the situation of these individuals within the various legal mechanisms of the Spanish legal system that are designed to provide protection to displaced persons. Furthermore, it will reflect upon the necessity of employing an extensive interpretation and a human rights-based approach in order to adequately address the specific needs of these individuals.

Key words: right to asylum, human rights, climate change, climate refugees, forced human displacement.

I. INTRODUCCIÓN

Los efectos del clima son un factor histórico de desplazamiento humano y causa de la dispersión y población de pueblos y personas por todo el planeta. Sin embargo, es la primera vez que una parte relevante de la movilidad humana se produce como consecuencia del medioambiente en un mundo estatalizado y cerrado por el celo en la delimitación física y personal de la soberanía de los Estados.

La migración humana ha aumentado significativamente en las últimas décadas. En 2020 había más de 280 millones de personas migrantes internacionales, es decir, aquellas que cambian de país de residencia habitual, mientras que el número total era de 84 millones en 1970 (OIM, 2022). El desplazamiento forzado también está en auge. Según se desprende de los datos ofrecidos por el Alto Comisionado de las Naciones Unidas para los Refugiados («ACNUR»), si en 2009 había 43 millones de personas en esta situación (ACNUR, 2010), en 2021 la cifra alcanzó los 89,3 millones (ACNUR, 2022). Esta agencia ha advertido de que este siglo puede verse definido por el número de personas desplazadas forzosamente fruto del número e intensidad de los conflictos, pero también con motivo de la exposición al cambio climático (ACNUR, 2022). En este sentido, ante la falta de estadísticas sobre el desplazamiento transfronterizo por los efectos del medio ambiente, conviene destacar que el Observatorio del Desplazamiento Interno ha indicado recientemente que en 2022 hubo 32 millones de personas desplazadas internamente por motivos relacionados con el clima, de los cuales cerca de 9 millones permanecían desplazadas a final de año (IDMC, 2023). Asimismo, ya hay estudios que anuncian que el número de solicitudes de asilo en la Unión Europea pueden incrementarse entre un 28 % y un 188 % para finales de este siglo solo como consecuencia de los cambios de temperatura en el mundo (Missirian y Schlenker, 2017).

La llave que hoy permite la migración entre Estados es el derecho, cuyo carácter restrictivo en este ámbito supone una barrera más allá del *limes* para quienes buscan el amparo de un país distinto al suyo de origen en el cual carece de medios suficientes para asegurarse la subsistencia. El instrumento jurídico disponible en la actualidad para dotar de protección a personas que emigran forzosamente fuera de sus fronteras fue configurado en una época en la cual la humanidad fue consciente por vez primera de su potencial de autodestrucción y de su capacidad ilimitada para producir daño a otros seres humanos, por lo que el foco se centra en la idea de persecución y en su agencia humana, es decir, en el hecho de que la persona a la que se le ofrece la protección es perseguida por otro u otros seres humanos debido a los motivos tasados que se detallarán en el siguiente apartado.

Además, el pensamiento moderno occidental ha invisibilizado el poder de la naturaleza para influir en la conducta humana, de forma que aquella se reconoce como un ente de posible destrucción, pero de alcance coyuntural y espacialmente limitado. De ello se deriva que hoy, ante una amenaza climática que es estructural y considerada como el riesgo más grave para la salud pública en las próximas décadas (Bellizzi *et al.*, 2023), no existan herramientas jurídicas que tengan en cuenta las necesidades específicas de protección de las personas afectadas por ella.

En este trabajo se abordará el difícil encaje de la figura de los refugiados climáticos en la normativa internacional, comunitaria y estatal de protección internacional, así como las críticas realizadas al propio término. Se analizarán las vías que podrían ofrecer una solución, aun temporal, ante la ausencia de mecanismos específicos en una etapa como la actual en la que los consensos en materia de movilidad humana son hartamente complejos por ser un tiempo caracterizado por la politización de la inmigración, la polarización política y la institucionalización del desplazamiento como un problema social e incluso como arma ideológica. Por último, se reflexionará sobre el paradigma de agencia humana en la persecución que ha funcionado como hilo conductor en la evolución del asilo y del refugio a lo largo de su historia y cómo, más allá de una interpretación extensiva de aquellas vías, un cambio de perspectiva podría favorecer la necesaria protección internacional de las personas desplazadas en el contexto descrito.

II. EL CAMBIO CLIMÁTICO Y SU EFECTO EN LOS DERECHOS HUMANOS

Quizá como consecuencia de su rechazo al término de refugiados climáticos, el ACNUR no ve clara la relación entre el desplazamiento forzado y el cambio climático y apuesta más por considerar a este como un catalizador de conflictos, si bien no niega que la migración ha supuesto siempre una estrategia del ser humano como vía escapatoria ante entornos poco propicios para el desarrollo de la vida humana (ACNUR, 2022). La Oficina del Alto Comisionado de las Naciones Unidas para los Derechos Humanos («ACNUDH») ha sido más clara al indicar la conexión entre el clima y el desplazamiento humano (ACNUDH, 2018), que podría estar mediada por la repercusión de las alteraciones climáticas en los derechos humanos.

Kälin propone una relación entre estos y los desastres naturales de sentido multidimensional. Así, considera que los derechos humanos permiten a las personas solicitar la protección estatal ante las inclemencias medioambientales (dimensión jurídica). Por otro lado, entiende que también pueden favorecer las labores de reparación y gestión del desastre con respuestas centradas en derechos (dimensión operacional). Por último, el cambio climático y sus efectos puede afectar gravemente al disfrute de derechos humanos (dimensión fáctica) (2012, p. 121). En efecto, las crisis climáticas provocan, entre otros, malnutrición ante el incremento de las sequías y una mayor incidencia de enfermedades transmitidas por el agua, como el cólera, debido a inundaciones (Bellizzi *et al.*, 2023).

El Consejo de Derechos Humanos ha destacado que los efectos del cambio climático tienen consecuencias directas e indirectas que ponen en riesgo la realización de derechos humanos como el derecho a la vida, a una alimentación adecuada, al disfrute del más alto nivel posible de salud física y mental, a una vivienda adecuada, a la libre determinación, al agua potable y saneamiento, y al desarrollo[1].

Estas circunstancias son un motor evidente de desplazamiento. Si bien es cierto que hoy en su mayoría, las personas afectadas se trasladan a otros lugares dentro de las fronteras de su país, ello no deslegitima la pretensión de proteger a las que huyen fuera de ellas. Además, el movimiento transfronterizo en este contexto podría ir en aumento.

Ejemplo de todo lo expuesto es el caso Teitiota evaluado por el Comité de Derechos Humanos y que versaba sobre la solicitud de asilo en Nueva Zelanda de Ioane Teitiota, nacional de la República de Kiribati que había huido de este país debido a que el aumento del nivel del mar había arruinado sus oportunidades de desarrollar una vida digna. A pesar de que el comité concluyó que el Estado neozelandés no había actuado con arbitrariedad al denegar la pretensión del demandante y que su posterior expulsión a Kiribati no supuso una violación de su derecho a la vida, el dictamen incluye ciertos elementos relevantes en cuanto a la conexión entre los efectos adversos del medioambiente y el disfrute efectivo del derecho humano a la vida, que debe entenderse como el disfrute de una vida digna, así como su relación con el desplazamiento transfronterizo.

En su decisión, el comité reconoce que la ausencia de alternativas viables a los medios de subsistencia puede generar problemas para personas en situación de vulnerabilidad en el contexto del cambio climático; que sus efectos pueden exponer a las personas a la violación de su derecho a la vida inclui-

---

1 Consejo de Derechos Humanos (2016). «Los derechos humanos y el cambio climático». Resolución 32/33, aprobada el 1 de julio de 2016, A/HCR/RES/32/33.

do en el Pacto Internacional de Derechos Civiles y Políticos («PIDCP»); y que ello puede fomentar la huida de personas fuera de su país con el objetivo de buscar protección frente al daño causado por las alteraciones climáticas[2]. El dictamen es también destacable por la opinión disidente con la mayoría emitida por dos de sus miembros. Argumentan que una vez en Kiribati, Ioane Teitiota y su familia no han podido cultivar las tierras debido a las inundaciones y que han sufrido graves problemas de salud por la mala calidad del agua potable, por lo que existe un riesgo real, personal y razonablemente previsible de amenaza a su derecho a la vida como consecuencia de las condiciones ambientales en Kiribati que deberían haber obligado a Nueva Zelanda a no devolver al demandante a su país de origen.

III. INSTRUMENTOS DE PROTECCIÓN INTERNACIONAL

El término «refugiados climáticos» es problemático. Ha sido expresamente rechazado tanto por el ACNUR como por la Organización Internacional para las Migraciones («OIM»). La agencia ha manifestado que no existe esa figura en el derecho internacional de los derechos humanos y que no es necesaria (ACNUR, 2022), mientras que la OIM ha destacado que el empleo de ese concepto es engañoso e inapropiado (IOM, 2014). Uno de los argumentos esgrimidos por ambas reside en el hecho de que la mayor parte de las personas afectadas por los efectos del medioambiente que huyen de sus hogares lo hacen sin salir de las fronteras de su país. No obstante, el principal motivo por el cual se oponen al término es que este

---

2 Dictamen del Comité de Derechos Humanos (2019). Comunicación número 2728/2016, de 24 de octubre de 2019, CCPR/C/127/D/2728/2016, párrafos 9.9 y 9.11.

puede debilitar la protección que ofrece el actual estatuto a las personas refugiadas existentes.

Sin embargo, coincidimos con Solanes en que las personas desplazadas forzosamente fuera de su país como consecuencia de los efectos adversos del clima deben incluirse en la categoría de refugiados climáticos porque así lo exige un enfoque basado en derechos humanos (Solanes, 2021). Renunciar a dicho término implicaría despolitizar la realidad de este desplazamiento cuando su origen es más político que medioambiental, y sería también obviar que es consecuencia de la opresión ejercida sobre las personas en mayor situación de vulnerabilidad (Gemenne, 2015). Por ello, defendemos el uso refugiado climático y en el sentido propuesto por Doherty y Giannini, aunque en su caso prefieren hablar de refugiado del cambio climático: una persona que se ve obligada a abandonar su hogar y a reubicarse temporal o permanentemente fuera del país como resultado de una perturbación ambiental repentina o gradual que es consistente con el cambio climático y a la que el ser humano probablemente ha contribuido (2009).

A continuación, se analizarán las distintas formas de protección internacional o de otra índole existentes en el ordenamiento jurídico español y su viabilidad para atender las necesidades del refugiado climático.

1. Estatuto de persona refugiada

La Convención sobre el Estatuto de los Refugiados de 1951 («Convención de 1951») establece en su artículo 1.A.2 que es refugiada la persona que «debido a fundados temores de ser perseguida por motivos de raza, religión, nacionalidad, pertenencia a determinado grupo social u opiniones políticas, se encuentre fuera del país de su nacionalidad y no pueda o, a causa de dichos temores, no quiera acogerse a la protección de tal país; o que, careciendo de nacionalidad y hallándose, a consecuencia de tales acontecimientos, fuera del país donde antes tuviera su residencia habitual, no pueda o, a causa de dichos temores, no quiera regresar a él». Los motivos están tasados: raza, religión, nacionalidad, opiniones políticas o pertenencia a un determinado grupo social.

El Estado español, mediante la Ley 12/2009, de 30 de octubre, reguladora del derecho de asilo y de la protección subsidiaria («ley de asilo»), adaptó la figura a los nuevos tiempos con la inclusión de motivos adicionales: la persecución por motivos de género, orientación sexual o de identidad sexual. En aquellos Estados que no los contemplen expresamente como sí hace España, estos elementos pueden subsumirse dentro de la categoría de personas pertenecientes a un determinado grupo social. A simple vista, es evidente que los efectos del medioambiente, aunque sean estructurales y permanentes por su irreversibilidad no constituyen en sí mismos un argumento para cubrir a las personas afectadas bajo el paraguas de la Convención de 1951 ni tampoco de la ley de asilo. Sin embargo, si pertenecer a un determinado grupo social puede servir para permitir la evolución de la figura del estatuto de persona refugiada y se trata, además, de un concepto jurídico indeterminado que facilita la incorporación de nuevas realidades, ¿puede también dar cabida a los refugiados climáticos?

A pesar de que el ACNUR considera que el término «determinado grupo social» debe interpretarse de forma evolutiva para estar abierto a la naturaleza diversa y cambiante de los grupos en las sociedades (UNHCR, 2002), nunca ha valorado la inclusión de los refugiados climáticos dentro de esta categoría. Tampoco lo ha hecho la Agencia de Asilo de la Unión Europea («AAUE») en su interpretación del término conforme a la normativa comunitaria de asilo[3]. El «determinado grupo

---

3 La definición de persona refugiada y un desarrollo más detallado de «determinado grupo social» se hallan en los artículos 2, letra

social» ha tenido un fecundo desarrollo en los sistemas de *common law*. Dos enfoques diferentes, pero complementarios, han dominado la escena. El primero de ellos, denominado «enfoque de las características protegidas» o de la *inmutabilidad* tiene en cuenta si un grupo está unido por un rasgo innato o tan fundamental para la dignidad personal que las personas no pueden ser forzadas a renunciar a él. La AAUE identifica como ejemplos de este tipo de características al sexo biológico, los vínculos familiares, la orientación sexual o la identidad de género, entre otros (2020, 12-13). El segundo, que podría entenderse como el «enfoque de la identidad percibida» hace también referencia a un rasgo común, pero que sea reconocido como propio de la identidad del grupo por parte del resto de la sociedad. Un ejemplo podrían ser las personas homosexuales o las niñas, adolescentes y mujeres adultas que no se hayan sometido a la mutilación genital (EASO, 2020).

Los refugiados climáticos tienen difícil cabida en cualquiera de los dos enfoques. Con respecto al primero, lo que une a las personas afectadas por los efectos negativos del medioambiente no es innato ni supone tampoco una característica irrenunciable para salvaguardar su dignidad como seres humanos. Por lo que respecta al segundo, no existe un fenómeno identitario que permita diferenciar a estas personas como un colectivo distinto y diferenciado por parte de la sociedad en la que viven. Además, y aquí reside lo fundamental, incluso en el caso en que se pudiese defender que realmente les une un rasgo innato o inalterable o tuvieran una identidad común percibida

---

d, y 10.1, letra d, respetivamente, de la Directiva 2011/95/UE del Parlamento Europeo y del Consejo de 13 de diciembre de 2011 por la que se establecen normas relativas a los requisitos para el reconocimiento de nacionales de terceros países o apátridas como beneficiarios de protección internacional, a un estatuto uniforme para los refugiados o para las personas con derecho a protección subsidiaria y al contenido de la protección concedida.

socialmente, no son perseguidas por esa característica. En efecto, el mero hecho de pertenecer a ese grupo no es suficiente, ya que se exige que la persecución opere como consecuencia de dicha pertenencia (ACNUR, 2019). Por todo ello, se desprende que no hay protección al amparo del estatuto para los refugiados climáticos.

El desplazamiento forzado por motivos climáticos no encaja con ninguno de los motivos de persecución establecidos en la normativa internacional de protección internacional ni tampoco en el ordenamiento jurídico español. Sin embargo, centrarse exclusivamente en el cambio climático o los efectos adversos medioambientales que se derivan necesariamente de él obvia la posible existencia de una relación entre estos y el surgimiento de conflictos para lo cual el estatuto de persona refugiada sí puede ofrecer una solución. Aunque el clima no genera problemas sociales por sí mismo, sí que tiene capacidad para influir en las interacciones sociales que tienen el potencial para crear enfrentamientos entre la población; de hecho, hay estudios que señalan que el aumento de la temperatura en un grado Celsius provoca un incremento de conflicto interpersonal de un 2,4 % y de conflictos entre grupos de un 11,3 % (Burke, Hsiang y Mighel, 2015).

Además, y al margen de la existencia de violencia como resultado de los efectos socioeconómicos de los cambios en el clima, puede que haya colectivos determinados que se hallan en situación de vulnerabilidad o marginación por cuestiones políticas, culturales o de otra índole y que tienen limitado o vetado el acceso a los recursos públicos para mitigar los daños del cambio climático, para lo cual el estatuto también podría ser una respuesta (UNHCR, 2020). Así lo fue, de hecho, en el caso de las personas haitianas que huyeron de su país con motivo del terremoto ocurrido en 2010. Perú reconoció como refugiadas a estas personas al considerar que su situación encajaba dentro de la persecución por pertenencia a un determinado grupo social o por opiniones políticas debido a la falta de capacidad estatal para proteger a las víctimas de las bandas criminales que, como consecuencia del terremoto, habían proliferado ante la ausencia de autoridad estatal efectiva (Weerasinghe, 2018).

2. *Protección subsidiaria*

El Sistema Europeo Común de Asilo contempla una figura hermanada con el estatuto, inexistente en la Convención de 1951, bajo el nombre de «protección subsidiaria». Está establecida para las personas que no reuniendo los requisitos para obtener la protección de aquel no pueden retornar a su país de origen porque existen motivos fundados para entender que su regreso le enfrentaría a un riesgo real de sufrir daños graves tal y como se definen por la Directiva 2011/95/UE sobre los requisitos para el reconocimiento de la protección internacional: condena a pena de muerte o su ejecución; tortura o penas o tratos inhumanos o degradantes; amenazas graves e individuales contra la vida o la integridad física de un civil motivadas por violencia indiscriminada en un conflicto armado internacional o interno[4].

Se trata de un mecanismo de protección ligado a la violencia ejercida por un agente humano sobre la persona perseguida y también en el contexto de conflictos bélicos. Es una herramienta que, por ejemplo, se ha empleado principalmente en España con personas sirias que han huido de la guerra y que

---

4 Artículo 15 de la Directiva. La ley de asilo, en su artículo 10, incluye un ligero matiz cuando recoge como daños graves, en su letra a, la condena a pena de muerte, al igual que la Directiva, y *el riesgo de* su ejecución material. También difiere en la letra c de dicho precepto cuando no exige que se trate de una amenaza grave contra la integridad física, ya que simplemente se indica que aquella debe ser contra la integridad, que podrá ser, por tanto, física o de otra índole.

recientemente se está concediendo, en su mayoría, a personas con nacionalidad maliense. Si bien tampoco existe un ajuste evidente entre el refugio climático y la protección subsidiaria, no se puede descartar, como en el caso del estatuto de la persona refugiada, la existencia de desórdenes en el país de origen provocados por los efectos adversos del cambio climático que puedan derivar en necesidades específicas de protección que puedan ser asumibles bajo el estatuto de protección subsidiaria. Asimismo, y coincidiendo con Salvador, una interpretación extensiva[5] del término «daños graves» y, más concretamente, de «tratos inhumanos o degradantes» permitiría aplicar la protección subsidiaria en determinados casos, especialmente en aquellos casos de grave exposición a los efectos nocivos del cambio climático (2022).

3. Protección temporal en caso de afluencia masiva de personas desplazadas

La situación humanitaria vivida en la zona de los Balcanes durante la última década del siglo XX motivó diferentes respuestas por parte de Estados europeos para proteger a las personas desplazadas por el conflicto. Con el objetivo de armonizar en el ámbito comunitario una futura estrategia común ante crisis como la de la antigua Yugoslavia, la Unión Europea aprobó la Directiva 2001/55/CE, conocida como «Directiva de protección temporal», aunque se aplicó por primera vez en 2022 para dar cabida a la población ucraniana que huyó de su país a raíz de la invasión por parte de la Federación Rusa

---

5 En su Marco Estratégico para la Acción Climática, el propio ACNUR recomienda a los Estados «orientar la interpretación jurídica y la aplicación integral de los marcos jurídicos pertinentes en el contexto del cambio climático y el desplazamiento causado por los desastres», lo cual apoya el empleo de interpretaciones amplias de las figuras existentes. *Vid.* ACNUR, 2021, p. 8.

(Hernández, 2022). ¿Puede esta solución jurídica ofrecer protección a las personas desplazadas forzosamente por los efectos del cambio climático?

En primer lugar, debemos detenernos en las definiciones propuestas por la Directiva; en concreto, en la de «personas desplazadas». Bajo este término se incluye a quienes han debido abandonar su país de origen y cuyo regreso en condiciones seguras y duraderas sea imposible. Se detallan dos situaciones concretas: personas que huyen de zonas de conflicto armado o de violencia permanente, y personas que hayan estado o estén en grave peligro de verse expuestas a una violación sistemática o generalizada de los derechos humanos[6]. El hecho de que en dicha definición se indique, además, que esas personas pueden entrar eventualmente en el ámbito de aplicación de la Convención de 1951 podría suponer a primera vista un impedimento para responder afirmativamente a la pregunta planteada, salvo que entendamos, como se ha dicho anteriormente, que existe una interacción clara entre el cambio climático y el surgimiento de conflictos intergrupales que pueden motivar necesidades de protección internacional al amparo del estatuto de persona refugiada.

No obstante, una interpretación basada en derechos humanos de la frase «una violación sistemática o generalizada de los derechos humanos» podría favorecer una respuesta afirmati-

---

6 Artículo 2, letra c, de la Directiva 2001/55/CE del Consejo, de 20 de julio de 2001, relativa a las normas mínimas para la concesión de protección temporal en caso de afluencia masiva de personas desplazadas y a medidas de fomento de un esfuerzo equitativo entre los Estados miembros para acoger a dichas personas y asumir las consecuencias de su acogida. Igualmente, así se recoge en el artículo 2 del Reglamento sobre régimen de protección temporal en caso de afluencia masiva de personas desplazadas aprobado por el Real Decreto 1325/2003, de 24 de octubre (BOE núm. 256, de 25 de octubre de 2003).

va al planteamiento. Podría argumentarse que la ausencia de mención expresa de una situación de violencia en este contexto no implica necesariamente que dicha vulneración de derechos humanos pueda darse en cualquier otro contexto, pero no sería del todo correcto. No existe alusión expresa, pero tampoco entendemos que se haga de manera tácita, ya que la violencia está recogida de forma manifiesta en la primera de las dos situaciones propuestas por la Directiva. En este sentido, aquí sí podemos sobreentender que las personas que huyen de zonas de conflicto armado o de violencia permanente están o han estado expuestas a un riesgo grave de violación sistemática de sus derechos humanos, pero no toda vulneración generalizada de estos tiene por qué darse en un contexto de enfrentamiento y hostilidad intergrupal, aunque pueda ser lo habitual.

En segundo lugar, no podemos obviar que este instrumento está previsto para casos de «afluencia masiva». Aunque la Directiva no establezca un número o rango cuantitativo para describirla, en su artículo 2 menciona que por ello se entiende la llegada de «un número importante de personas desplazadas». Esto podría suponer un obstáculo en la protección de personas movilizadas a la fuerza por los efectos adversos del cambio climático si no se trata de un número *importante* de ellas. Sin embargo, no podemos olvidar que son millones las personas desplazadas por dichos motivos, aunque por ahora en su mayoría se desplacen internamente.

Como se ha visto, los efectos negativos del cambio climático pueden afectar y, de hecho, afectan al disfrute efectivo de derechos humanos como el de la vida, la alimentación o la vivienda. Una interpretación extensiva y con un enfoque basado en derechos humanos podría propiciar el empleo de este tipo de cobertura jurídica para los refugiados climáticos. No obstante, su carácter temporal limitaría su alcance protector. Asimismo, la práctica ha puesto de manifiesto que la Unión Europea no ha tenido intención de usarla incluso en situaciones que encajan de forma literal con la normativa.

4. *Autorización de residencia temporal por circunstancias excepcionales por razones humanitarias*

En sus propuestas para la acción con motivo de la Conferencia de las Naciones Unidas sobre el Cambio Climático de 2022, el ACNUR solicitó la aplicación del marco jurídico internacional existente para ofrecer protección internacional a las personas desplazadas forzosamente fuera de sus fronteras debido al impacto del cambio climático o a desastres naturales, así como, en su caso, el otorgamiento de autorizaciones de estancia o permanencia por razones humanitarias cuando aquellas personas no entraran dentro del ámbito de aplicación de la normativa de asilo pertinente (UNHCR, 2022).

Aunque la autorización de estancia por razones humanitarias no es propiamente protección internacional, la ley de asilo la contempla cuando determina que la no admisión a trámite o denegación de una solicitud de asilo no llevará aparejada la deportación de la persona interesada si se ha autorizado «su estancia o residencia en España por razones humanitarias determinadas en la norma vigente» (artículo 37), una cuestión que reitera en su artículo 46.3 después de mencionar en su párrafo primero a colectivos en situación de vulnerabilidad como son los «menores, menores no acompañados, personas con discapacidad, personas de edad avanzada, mujeres embarazadas, familias monoparentales con menores de edad, personas que hayan padecido torturas, violaciones u otras formas graves de violencia psicológica o física o sexual y víctimas de trata de seres humanos».

La normativa vigente a la que hace alusión la ley de asilo es el artículo 31.3 de la Ley Orgánica 4/2000, de 11 de enero, sobre derechos y libertades de los extranjeros en España y su integración social, que contempla la posibilidad conceder por ese motivo una autorización de residencia temporal. Este precepto es desarrollado con más detalle por el artículo 126 del Real Decreto 557/2011, de 20 de abril, por el que se aprueba el

Reglamento de la Ley Orgánica 4/2000, sobre derechos y libertades de los extranjeros en España y su integración social, en el que se establecen los diferentes supuestos en los que puede concederse. En primer lugar, está prevista para nacionales de terceros países que hayan sido víctimas de delitos que afectan a los derechos de los trabajadores o del delito de denegación de un servicio o prestación pública por motivos discriminatorios. En segundo lugar, cuando se acredite la existencia de una enfermedad sobrevenida grave cuyo tratamiento no sea accesible en el país de origen y cuya interrupción podría suponer un riesgo grave para la salud o la vida de la persona afectada. En tercer y último lugar, se prevé para aquellas personas para quienes retornar a su país de origen implique un peligro para su seguridad o la de su familia y reúnan los requisitos para obtener una autorización de residencia o de residencia y trabajo.

En el contexto del procedimiento de asilo, este tipo de autorizaciones se empezaron a conceder por parte del Ministerio del Interior en 2019 ante la llegada de personas venezolanas. Mientras que en los años previos el número de concesiones fue nulo[7], el año anterior a la pandemia fue testigo de 35.235 autorizaciones, de las cuales 35.126 fueron otorgadas a nacionales de Venezuela. En 2020 la cifra alcanzó las 44.931 autorizaciones para las personas con dicha nacionalidad del total de 45.262 concedidas (Oficina de Asilo y Refugio, 2020, p. 54; Oficina de Asilo y Refugio, 2021, p. 95). Aunque se han reducido en número desde entonces, el porcentaje de personas venezolanas que acaparan este tipo de protección permanece. Conviene destacar que se está aplicando un criterio de nacionalidad que no encaja con los supuestos contemplados más arriba y que tendría un mejor acomodo en el ámbito de apli-

---

7 La anterior vez que se concedieron fue en 2014, a dos personas de nacionalidad argelina. *Vid.* Oficina de Asilo y Refugio. (2015). Asilo en cifras 2014. Madrid: Ministerio del Interior.

cación de instrumentos propios de protección internacional como podría ser la protección subsidiaria.

Las personas desplazadas forzosamente por el cambio climático podrían, mediante una interpretación amplia del tercer supuesto, encajar en esta herramienta jurídica de protección. Si en el caso de la protección subsidiaria defendíamos que con «tratos inhumanos o degradantes» podríamos apoyar la concesión de esta última para aquellas personas, una situación de falta de seguridad individual o familiar como la prevista en el último supuesto no debería ser menos. Es evidente, como vimos en el caso de Teitiota y que puede ser extrapolable a otras personas víctimas de los efectos adversos del clima, que las consecuencias de la subida del nivel del mal, de las sequías, las inundaciones, el incremento de los desastres naturales, o la subida de la temperatura general supone un riesgo para su vida, pero también para su seguridad.

5. *El principio de non-refoulement*

La Convención de 1951 prohíbe a los Estados parte expulsar o devolver a personas refugiadas a territorios donde peligre su vida o libertad por los motivos de discriminación contemplados en su artículo primero. Este principio de *non-refoulement*, estrechamente ligado desde su nacimiento al estatuto de persona refugiada del que es una de sus piedras angulares, ha ampliado su campo de acción para ser aplicable en otros contextos más allá del asilo. Esta norma imperativa o *ius cogens* está también vinculada a oras normas del derecho internacional de los derechos humanos como son el artículo 3 de la Convención contra la Tortura («CAT»), los artículos 6.1 y 7 del PIDCP, y el artículo 3 del Convenio Europeo de Derechos Humanos y Libertades Fundamentales del Consejo de Europa («CEDH»). El primero de ellos determina que ningún Estado parte del tratado podrá deportar a una persona a otro Estado «cuando haya razones fundadas para creer que estaría en peligro de ser sometida a tortura». El artículo 6.1 del PIDCP regula el derecho humano a la vida como inherente a la persona humana, y el artículo 7 establece que nadie puede ser sometido a «torturas ni a penas o tratos crueles, inhumanos o degradantes». En un sentido similar, el artículo 3 del CEDH prohíbe que las personas sean sometidas a «tortura ni a penas o tratos inhumanos o degradantes».

El Tribunal Europeo de Derechos Humanos («TEDH») ha manifestado en numerosas ocasiones que la prohibición de un trato inhumano o degradante contemplada en el artículo 3 del CEDH es uno de los valores más fundamentales de las sociedades democráticas, y lo ha vinculado con el principio de *non-refoulement*, considerado de suma importancia, al entender que una expulsión de personas extranjeras a un territorio en el cual exista un riesgo de sufrir un trato inhumano o degradante implicaría una vulneración del precepto[8]. El propio Comité de Derechos Humanos, en el caso Teitiota analizado brevemente más arriba, debió examinar si la expulsión llevada a cabo por las autoridades neozelandesas del demandante supuso una vulneración del artículo 6.1 del PIDCP. La mayoría de los miembros del comité concluyeron que no había habido violación de tal precepto cuando denegó su solicitud de asilo y la de su familia. Entendió que el Estado neozelandés no incurrió en arbitrariedad en el examen de su petición, pero los dos votos particulares mencionados anteriormente dejan la puerta abierta a una interpretación extensiva que acerca la movilidad humana generada por los efectos adversos del clima a la protección internacional.

Como veíamos, para los dos miembros disidentes los problemas graves de salud padecidos por la familia y la imposibilidad

---

8 Sentencia del TEDH de 23 de julio de 2020, *M.K. y Otros c. Polonia*, demandas 40503/17, 42902/17 y 43643/17 (párrafos 166-168).

de cultivar las tierras suponían una amenaza para su derecho a la vida, por lo que Nueva Zelanda habría vulnerado el artículo 6.1 como consecuencia de la expulsión. Era obligado, por tanto, respetar el principio de *non-refoulement* en este caso de desplazamiento forzado por motivos climáticos.

La protección que ofrece este mecanismo ha sido defendida para ofrecer apoyo a refugiados climáticos (Clement *et al.*, 2021), incluso por parte del ACNUR, a pesar de su reticencia a emplear dicho término. Así, esta agencia considera que puede aplicarse la prohibición de expulsión o devolución en el caso de desplazamiento transfronterizo como consecuencia del cambio climático cuando no se reúnan los requisitos de persona refugiada conforme a la normativa internacional o nacional de asilo. Entiende que sus efectos nocivos pueden suponer una grave amenaza para el disfrute del derecho a la vida debido a la ausencia de tierra habitable, acceso limitado al agua potable o falta de alternativas idóneas para la subsistencia (UNHCR, 2020).

IV. REFLEXIONES FINALES

Los refugiados climáticos tienen serias dificultades para encontrar la protección internacional que necesitan dentro del marco jurídico actual del derecho internacional de los derechos humanos que regula el desplazamiento humano forzado. Hemos visto que su situación no encaja con los motivos tasados de discriminación que impone como requisito el estatuto de persona refugiada, ni siquiera el de «determinado grupo social» que, a pesar de ser un concepto jurídico indeterminado, ha sido desarrollado jurisprudencialmente mediante dos enfoques ajenos al contexto migratorio de quien huye de los efectos adversos del cambio climático. Por lo que respecta a la protección subsidiaria, la protección temporal en caso de afluencia masiva de personas desplazadas o la autorización de residencia por razones humanitarias, solo un enfoque basado en derechos humanos que propicie una interpretación extensiva de sus criterios puede abrir la puerta a su concesión para aquellas personas. El instrumento que sí recibe más apoyo, sobre todo del ACNUR, para protegerlas es la prohibición de expulsión y devolución o *non-refoulement* ya que las consecuencias de los desastres naturales o de las alteraciones climáticas ponen en serio riesgo derechos humanos como la vida o la seguridad de las personas.

El derecho de asilo contemporáneo se configura como una protección internacional que arrastra de la figura histórica del asilo el hecho de que aquella se ha centrado siempre en una persecución humana. Ya fueran personas que huían por ser culpables de un delito o por ser perseguidas por su ideología política (Gil-Bazo, 2015), ya sean ahora personas que se desplazan forzosamente por su etnia o sus creencias religiosas, el foco estuvo y está en la agencia humana del perseguidor: individuos, grupos o instituciones. Ferrajoli, en su *Constitución de la Tierra*, nos propone un derecho de asilo vinculado a la no realización efectiva de los derechos fundamentales, cuyo catálogo es más amplio que el de la Constitución Española; así, para el jurista italiano, tienen esta categoría derechos como la libertad personal, la libertad natural o los derechos sociales como el de la salud, la educación la alimentación o la vivienda (2022, p. 156 y ss.). Como se desprende de lo analizado en este trabajo, muchos de ellos se ven afectados directamente por los efectos del cambio climático como es el caso de Ioane Teitiota. Ferrajoli, por lo tanto, se desvincula de la agencia humana de persecución. En efecto, conforme a su norma suprema, cabría la posibilidad de otorgar protección internacional con independencia de una persecución humana por cualesquiera motivos discriminatorios.

Se trataría de un cambio de paradigma. Una alteración del enfoque: desde la actual agencia humana a la protección de bienes jurídicos o a centrar el foco en la persona que sufre una grave violación de sus derechos humanos en lugar de en el ente perseguidor; una nueva concepción en la que el clima podría tener el mismo protagonismo que los individuos, grupos o instituciones. El medio ambiente y el desplazamiento humano siempre han estado unidos, si bien el pensamiento moderno occidental ha erosionado el vínculo con la naturaleza del ser humano. En sus orígenes, la investigación sobre el desplazamiento humano no obviaba la unión entre el clima y los movimientos migratorios. Posteriormente, durante el siglo XX, desapareció el interés por el medio ambiente en el estudio de las migraciones. Siguiendo a Piguet, los motivos fueron varios: la idea occidental de que el progreso implica un impacto mínimo de la naturaleza en el destino de la humanidad; el fin del determinismo; el surgimiento del paradigma económico en las teorías migratorias; y el estudio del derecho de asilo desde una perspectiva política (2012, p. 151). Es momento de volver a incluir el clima en los estudios sobre el desplazamiento humano; es hora de reconocer su importancia en la movilidad humana y su impacto en el desplazamiento forzado.

El cambio de perspectiva o la reforma de los instrumentos actuales hacia una mayor protección de las personas desplazadas forzosamente parece imposible en estos momentos. Asistimos en occidente a una época de un discurso y unas políticas migratorias centradas en una ficticia seguridad frente a la supuesta amenaza del movimiento de personas. La inmigración se ha institucionalizado como un problema y tienden al alza las posturas populistas y abiertamente xenófobas y racistas que rechazan la vida humana en la alteridad constituida sobre la etiqueta de persona extranjera o refugiada, sobre todo si carece de recursos económicos y procede de un entorno cultural alejado del mito identitario europeo o nacional.

La situación de los refugiados climáticos no puede ser obviada. El debate es inevitable y no puede ser pospuesto. Ante la evidente falta de voluntad política para crear nuevos mecanismos, conviene incidir en los marcos jurídicos existentes para garantizar la protección internacional necesaria para las personas afectadas por los efectos adversos del clima. Siguiendo las recomendaciones del ACNUR los Estados deben favorecer una interpretación extensiva de las herramientas disponibles y cuando no exista posibilidad de ajustar la situación de aquellas personas al estatuto de persona refugiada, se podrá, cuanto menos, prohibir su retorno a su país de origen en virtud de la prohibición de expulsión y devolución (*non-refoulement*) ante la grave amenaza para su vida que puede suponer la vuelta a un territorio seriamente limitado para propiciar modelos de vida dignos y adecuados debido a las consecuencias del cambio climático o de los desastres naturales.

V. BIBLIOGRAFÍA

ACNUR. (2010). Tendencias globales 2009. Refugiados, solicitantes de asilo, retornados, desplazados internos y personas apátridas, Ginebra, ACNUR.

ACNUR. (2019). Manual sobre procedimientos y criterios para determinar la condición de refugiado y directrices sobre protección internacional en virtud de la Convención de 1951 y el Protocolo de 1967 sobre el estatuto de los refugiados (reedición), Ginebra, ACNUR.

ACNUR. (2021). Marco Estratégico para la Acción Climática, Ginebra, ACNUR.

ACNUR. (2022). Tendencias globales 2021. Desplazamiento forzado en 2021, Ginebra, ACNUR.

Bellizzi, S., Popescu, C., Panu Napodano, C.M., Fiamma, M. y Cegolon, L. (2023). "Global health, climate change and migration: The need for recognition of 'climate refugees'". Journal of Global Health, 13, 03011.

Burke, M., Hsiang, S.M. y Miguel, E. (2015). "Climate and Conflict". Annual Review of Economics, 7, 577-617.

Clement, V., Kumari Rigaud, K., de Sherbin, A., Jones, B., Adamo, S., Schewe, J., Sadiq, N. y Shabahat, E. (2021). Groundswell Part II: Acting on Internal Climate Migration, Washington DC, World Bank Group.

Doherty, B. y Giannini, T. (2009). "Confronting a Rising Tide: A Proposal for a Convention on Climate Change Refugees". Harvard Environmental Law Review, 33, 349-403.

European Asylum Support Office (EASO). (2020). EASO Guidance on membership of a particular social group. EASO Practical Guide Series, March 2020, Luxemburgo, Publication Office of the European Union.

Ferrajoli, L. (2022). Per una Constituzione della Terra. L'umanità al bivio, Milán, Feltrinelli.

Gemenne, F. (2015). "Una buena razón para hablar de lops 'refugiados climáticos'". Revista Migraciones Forzadas, 49, 70-71.

Gil-Bazo, M.T. (2015). "Asylum as a General Principle of International Law". International Journal of Refugee Law, 27, 3-28.

Hernández, N. (2022). "El mito de la identidad y sus supuestos enemigos: ficciones que marcan el trato diferenciado en la acogida de personas migrantes en Europa". Trayectorias Humanas Transcontinentales, 8, 35-50.

Internal Displacement Monitoring Committee (IDCM). (2023). Global Report on Internal Displacement 2023. Internal displacement and food security, Ginebra, IDCM.

International Organization for Migration (IOM). (2014). IOM Outlook on Migration, Environment and Climate Change, Ginebra, IOM.

Kälin, W. (2012). "The Human Rights Dimension of Natural or Human-Made Disasters". German Yearbook of International Law, 55, 119-148.

Missirian, A. y Schlenker, W. (2017). Asylum applications respond to temperature fluctuations. Science, 358, 1610-1614.

Oficina de Asilo y Refugio. (2015). Asilo en cifras 2014. Madrid: Ministerio del Interior.

Oficina de Asilo y Refugio. (2020). Asilo en cifras 2019, Madrid, Ministerio del Interior.

Oficina de Asilo y Refugio. (2021). Asilo en cifras 2020, Madrid, Ministerio del Interior.

Oficina del Alto Comisionado de las Naciones Unidas para los Derechos Humanos. (2018). Los efectos de evolución lenta del cambio climático y la protección de los migrantes transfronterizos, Ginebra, Naciones Unidas.

Organización Mundial para las Migraciones (OIM). (2022). Informe sobre las migraciones en el mundo 2022, Ginebra, OIM.

Piguet, E. (2013). "From 'Primitive Migration' to 'Climate Refugees': The Curious Fate of the Natural Environment in Migration Studies". Annals of the Association of American Geographers, 103:1, 148-162.

Salvador Gimeno, S. (2022). "La respuesta jurídica de la Unión Europea ante las migraciones climáticas. ¿Es suficiente?" Revista de Estudios Europeos, 79, 115-138.

Solanes Corella, Á. (2021). "Desplazados y refugiados climáticos. La necesidad de protección por causas medioambientales". Anales de la Cátedra Francisco Suárez, 55, 433-460.

UNHCR. (2002). Guidelines on International Protection. "Membership of a particular social group" within the context of Article 1A(2) of the 1951 Convention and/or its 1967 Protocol relating to the Status of Refugees. HCR/GIP/02/02.

UNHCR. (2020). Legal considerations regarding claims for international protection made in the context of the adverse effects of climate change and disasters, Ginebra, UNHCR.

UNHCR. (2022). Calls to Action at COP27, Ginebra, UNHCR.

Weerasinghe, S. (2018). In Harm's Way. International protection in the context of nexus dynamis between conflict or violence and disaster or climate change. Legal and Protection Policy Research Series, PPLA/2018/05, Ginebra, UNHCR.

La problemática de la causalidad, responsabilidad transfronteriza y ejecución en un derecho humano al medio ambiente sano, ¿oportunidad u obstáculos insuperables?

ANA STRINEKA BANDE[1]

Investigadora Predoctoral en la Universitat de València

ORCID: 0009-0004-8354-5272

Resumen: La problemática de la causalidad, la responsabilidad transfronteriza y ejecución se identifican como áreas clave en el debate en torno a la responsabilidad por daños derivados del cambio climático en un derecho al medio ambiente sano. Estas áreas forman parte del núcleo duro de la argumentación de los que cuestionan la respuesta jurídica internacional a la crisis climática. Es en este contexto que se hace necesario analizar el tratamiento doctrinal de estas cuestiones, ya que de su superación depende en gran parte la viabilidad de un derecho humano al medio ambiente sano, propuesta adoptada por la Asamblea General de las Naciones Unidas en su Declaración del 28 de julio de 2022.

---

1 Investigadora Predoctoral en la Universitat de València. ORCID: 0009-0004-8354-5272. asban@alumni.uv.es

Palabras clave: derecho humano al medio ambiente sano, causalidad, daño medioambiental transfronterizo, litigación ambiental internacional.

Abstract: The questions regarding causation, trans- national responsability and harm and enforceability have been identified as key areas in the debate on liability for damages arising from climate change in a right to a healthy environment. These areas form part of the hard core of the argumentation of those who question the international legal response to the climate crisis. It is in this context that it is necessary to analyse the doctrinal treatment of these issues, since the viability of a human right to a healthy environment, a proposal adopted by the United Nations General Assembly in its Declaration of 28 July 2022, is largely dependent on overcoming them.

Key words: human right to a healthy environment, causation, transboundary environmental damage, international environmental litigation.

1. INTRODUCCIÓN Y PLANTEAMIENTO DEL PROBLEMA

Los nuevos derechos constituyen un fuerte reto para el sistema jurídico. Ejemplo de esto es el derecho al medio ambiente sano, derecho que, aun respondiendo a una reivindicación con un amplio recorrido, atajar de alguna forma la crisis climática y sus efectos sobre los derechos humanos de millones de personas, presenta una estructura compleja. Las soluciones para tratar de paliar la degradación climática en el ámbito del derecho no han estado exentas de controversia[2], y requieren un análisis pormenorizado.

Antes de abordar el problema es preciso aclarar ciertos aspectos. Como señala Lee, no existe una definición universalmente aceptada de cuándo una violación ambiental se convierte en una violación de los derechos humanos[3]. El autor sugiere que una violación de los derechos humanos se materializaría cuando como resultado de una acción específica del Estado se produce una degradación del medio ambiente, con consecuencias para la salud de las personas o perturbación de su modo de vida[4]. Esto podría presentarse de dos maneras: (a) un Estado viola una obligación internacional; o (b) una actividad internacionalmente lícita causa una violación de los derechos humanos[5]. Existen también otros enfoques, como el propuesto por Atapattu, basado en la superación de determinados límites fijados por la autoridad de medio ambiente de cada país, límites que se basarían en normas internacionales[6]. Sin embargo, es difícil ver cómo estas sugerencias podrían aplicarse al cambio climático, un fenómeno con implicaciones temporales

---

2 Ejemplo de ello sería la rama de la justicia climática que busca otorgar derechos a la naturaleza, proceso que acaba en algunos casos con la atribución de *dignidad*, por ejemplo, a ciertos animales, lo que abre un fuerte en el seno de la fundamentación de los derechos humanos y acaba en último término en un cuestionamiento abierto de lo que significa ser persona. Aquí Peter Singer, Tom Regan o Martha Nussbaum.

3 Lee, J. "The Underlying Legal Theory to Support a Well-Defined Human Right to a Healthy Environment as a Principle of Customary International Law", *Journal for Environmental Law*, vol. 25 (2000), p. 285.

4 Ibid.

5 Ibid. p. 336.

6 Atapattu, S., "The Right to a Healthy Life or the Right to Die Polluted? The Emergence of a Human Right to a Healthy Environment Under International Law", *Tulane Environmental Law Journal*, vol. 16 (2022), p. 111.

y transfronterizas propias. En este trabajo abordaremos estos retos a los que se enfrenta el derecho humano al medio ambiente sano desde el punto de vista de la oportunidad, esbozando que representan vías de trabajo para que el mencionado derecho no sea considerado un significante vacío.

2. LA CAUSALIDAD

Pues bien, cuando se trata de asignar responsabilidades por las emisiones de gases de efecto invernadero, entre la emisión de dichos gases y la aparición de cualquier daño, surge lo que se ha descrito como "un retraso significativo y problemático desde el punto de vista forense[7]". Pedersen se ha referido a la posibilidad de que los Estados asuman esta responsabilidad por emisiones pasadas como "problemática y posiblemente inviable[8]". Esta es también la postura de la Oficina del Alto Comisionado de las Naciones Unidas para los Derechos Humanos (OACDH), que en 2009 concluyó que sería "prácticamente imposible" desentrañar esta compleja relación causal[9].

Autores como Knox han señalado que no sería necesario vincular una emisión a un estado específico[10]. En su lugar, se pasaría a considerar que todos los Estados contribuyen al cambio climático, distribuyendo la responsabilidad en función de la cuota de cada uno en las emisiones globales[11]. Desde el *In-*

---

7 Pedersen, O., "Climate Change and Human Rights: Amicable or Arrested Development?", *Journal of Human Rights and the Environment,* vol.1, n.2 (2010), p. 14.

8 Ibid.

9 OHCHR, "Report on the Relationship between Climate Change and Human Rights" (2009), UN Doc A/HRC/10/61, párr. 70.

10 Knox, J., "Linking Human Rights and Climate Change at the United Nations", *Harvard Environmental Law,* vol. 33 (2009), p. 489.

11 Ibid.

ternational Council on Human Rights Policy (ICHRP) se plantea igualmente la posibilidad de dividir en partes definidas e identificables a los contaminadores globales, permitiendo repartir responsabilidades de manera específica y diferenciada, algo ciertamente difícil de lograr[12].

Adicionalmente, en los últimos años en el ámbito de la litigación climática se observa la puesta en marcha diversos mecanismos para tratar de atribuir las responsabilidades derivadas de la falta de acción estatal para paliar los efectos del cambio climático[13], ya sea mediante la estadística o informes de expertos que vinculen causalmente las diferentes consecuencias del cambio climático a violaciones de derechos humanos[14]

Ejemplos de esta tendencia pueden observarse en *Juliana v. Estados Unidos o Urgenda v. Países Bajos,* casos recientes en los que se alegaba que la incapacidad de los gobiernos para reducir las emisiones había vulnerado diversos derechos hu-

---

12 International Council on Human Rights Policy (ICHRP), "Climate Change and Human Rights: A Rough Guide", Ginebra, Suíza, 2008, p. 154. https://www.ohchr.org/sites/default/files/Documents/Issues/ClimateChange/Submissions/136_report.pdf [13/07/2024]

13 La atribución ha sido definida como un proceso que permite "evaluar las contribuciones relativas de múltiples factores causales a un cambio o acontecimiento con una asignación de confianza estadística", Hegerl G. C., "Good Practice Guidance Paper on Detection and Attribution Related to Anthropogenic Climate Change", *Meeting Report of the Intergovernmental Panel on Climate Change Expert Meeting on Detection and Attribution of Anthropogenic Climate Change* (IPCC Working Group I Technical Support Unit), T Stocker et al. (eds), 2010, p. 2.

14 Burger, M., Horton, R., Wentz, J., "The Law and Science of Climate Change Attribution", *Columbia Journal of Environmental Law,* vol. 45, n.1 (2020), p. 147; Cima, E., "The Right to a Healthy Environment: Reconceptualizing Human Rights in the Face of Climate Change" *Review of European Comparative and International Environmental Law,* vol.32 (2022), p.41

manos. En *Juliana*, informes de un elevado número de expertos analizaban en alto grado de detalle los diferentes impactos del cambio climático en la vida y salud de las personas[15]. De modo similar, en *Urgenda* se utilizó la evidencia científica para obligar al gobierno holandés a reducir las emisiones de gases efecto invernadero en un 25%[16]. Aunque en estos casos no se invoca vulneración del derecho humano al medio ambiente sano, lo cierto es que sí que sirven como muestra de cómo las relaciones entre el cambio climático y los derechos humanos se profundizan cada vez más en la litigación internacional.

3. LA RESPONSABILIDAD TRANSFRONTERIZA

No obstante, y aunque dicho obstáculo pueda verse finalmente superado, surge otro problema, y es que la responsabilidad derivada del cambio climático es principalmente transnacional, mientras que la legislación sobre derechos humanos se ocupa principalmente de cómo trata el Estado a sus propios ciudadanos[17]. Dado que el cambio climático no se limita a las

---

15 Juliana v United States (2020) 947 F.3d 1159 9th Cir, Expert report of Susan E. Pacheco, MD, and Jerome A. Paulson, MD, FAAP, Expert report of Mark Jacobson, Ph.D., Expert report of Eric Rignot, Ph.D., Expert report of Steven W. Running, Ph.D., Expert report of Kevin E. Trenberth, Sc.D., Expert report of James H. Williams, Ph.D., Expert report of James E. Hansen, Ph.D., Expert report of Dr. Harold R. Wanless, https://climatecasechart.com/case/juliana-v-united-states/, [13/07/2024].

16 *Urgenda Foundation v. State of the Netherlands* (2015) The Hague Court of Appeal (ECLI:NL: RBDHA: 2015:7145), pars. 4.87, 4.90. También State of the Netherlands vs. Urgenda Foundation (2018) The Hague Court of Appeal (ECLI:NL:GHDHA:2018:2591), párrs. 44, 45.

17 Limon, M., "Human Rights and Climate Change: Constructing a Case for Political Action", *Harvard Environmental Law Review*, vol. 33

fronteras de un país concreto, se ha cuestionado si la obligación de proteger los derechos humanos por daños medioambientales también se aplicaría extraterritorialmente[18]. Knox ha argumentado que tal obligación existe: no habría ninguna razón por la que un Estado no debiera "asumir la responsabilidad de acciones que, de otro modo, violarían sus obligaciones en materia de derechos humanos, por el mero hecho de que el daño se produjese más allá de sus fronteras[19]". Se basa este autor en la obligación de cooperación internacional para proteger los derechos humanos, presente en el principio 7 de la Declaración de Río, que establece: "los Estados deberán cooperar con espíritu de solidaridad mundial para conservar, proteger y restablecer la salud y la integridad del ecosistema de la Tierra[20]"[21]. Sin embargo, a lo largo de su análisis se comprueba la falta de claridad que rodea al área[22].

Otros son más reacios a establecer tales obligaciones extraterritoriales. Boyle identifica que los problemas del cambio climático son difíciles de enmarcar en la "jurisdicción o control sobre personas y territorio [23]" que exige en cierta forma el sistema de derechos humanos[24]. Limon argumenta de forma

---

(2009), p. 458.

18 Boyle, A., "Human Rights and the Environment: ¿Where Next?", *The European Journal of International Law*, vol. 23. (2012), p. 637.

19 UNHRC, *"Report of the Independent Expert on the Issue of Human Rights Obligations Relating to the Enjoyment of a Safe, Clean, Healthy and Sustainable Environment"*, John H. Knox, 2013, UN Doc A/HRC/25/53, párr. 63.

20 Declaración de Río sobre el Medio Ambiente y el Desarrollo, 1992, https://www.un.org/en/development/desa/population/migration/generalassembly/docs/ globalcompact/A_CONF.151_26_Vol.I_Declaration.pdf

21 UNCHR, "*Report of the Independent Expert*", cit., párr. 67.

22 Ibid., párrs. 62- 68.

23 Boyle, A., "Human Rights and the Environment", cit., p. 641.

24 Ibid.

similar que la actual red de derechos humanos no proporciona "ningún tipo de marco útil de rendición de cuentas o reparación[25]" para abordar estos daños medioambientales transfronterizos.

En última instancia parece que, como señala Bratspies, el daño medioambiental transfronterizo es un gran reto para la paz y la seguridad internacionales aún no resuelto[26]. A pesar de que posturas como la de Knox pueden abrir el camino a un cambio en el futuro, por ahora representa un claro obstáculo para el reconocimiento del cambio climático como una violación de los derechos humanos. Estas dificultades no debieran sin embargo llevarnos a aceptar o adoptar posturas radicales como la de Estados Unidos, que en su respuesta a un informe de la Oficina del Alto Comisionado de las Naciones Unidas afirma que, "aunque se conciban nuevas teorías de la responsabilidad y las reivindicaciones de derechos humanos relacionadas con el clima (...) ganen adeptos (...)(no) ayudarán a abordar este complejo problema medioambiental mundial[27]". Como se ha visto con el desarrollo de la ciencia en relación con la atribución y el aumento de litigios sobre el cambio climático, los gobiernos se enfrentan de forma creciente al escrutinio. La creciente demanda ciudadana de objetivos climáticos más ambiciosos y la necesidad de freno a la pérdida de biodiversidad se encuentran entre las reivindicaciones de justicia ambiental que presionan por un mayor esfuerzo y cooperación internacional[28]. La deuda ecológica existente entre los países

---

25 Limon, M., "Human Rights and Climate Change", cit., p. 458.

26 Bratspies, R., "Do We Need a Human Right to a Healthy Environment?", *Santa Clara Journal of international Law*, vol. 31 (2015), p. 44.

27 *Submission of the U.S. to OHCHR Report, "Observations by the United States of America on the Relationship Between Climate Change and Human Rights (*2008)", UN doc. A/HRC/10/61, pár. 26.

28 Kaminski, I., Legal eagles: how climate litigation is shaping ambitious cases for nature, The Guardian, https://www.theguardian.

del norte y del sur también obliga a reconfigurar las relaciones internacionales[29]. Pensar más allá del marco actual, con el apoyo de la ciencia de la atribución y el desarrollo jurídico de obligaciones ambientales transfronterizas que acaben con la contaminación gratuita, será el gran pulso que jugar frente a los Estados en las próximas décadas.

4. LA EJECUCIÓN

Ya, por último, es necesaria la referencia a la ejecución o justiciabilidad del derecho humano al medio ambiente. Como señala McClymonds, la falta de exigibilidad y de normas de compensación son una característica común de un gran número de declaraciones de Derecho ambiental[30], como la de Estocolmo, que impone a los Estados la obligación de "cooperar para continuar desarrollando el Derecho internacional en lo que se refiere a la responsabilidad y a la indemnización a las víctimas de la contaminación y otros daños ambientales[31]". Dada la falta de precisión en lo relativo a la responsabilidad en la normativa internacional, el rango de soluciones permanece abierto, desde la creación de tribunales internacionales ambientales al fortalecimiento de medios alternativos de resolución de conflictos.

---

com/environment/2022/mar/16/climate-litigation-lisbon-wetlands-aoc, [13/07/2024].

29 Ballesteros, J., *Domeñar las finanzas, cuidar la naturaleza*, Tirant Humanidades, 2021, pp. 358- 361.

30 McClymonds, J., "Human Right to a Healthy Environment: An International Legal Perspective", *New York law school review*, vol.37 (1992), p. 631.

31 Declaración de Estocolmo sobre el Medio Humano, 1972, principio 22, https://documents-dds- ny.un.org/doc/UNDOC/GEN/N73/039/07/PDF/N7303907.pdf?OpenElement,

Postiglione sugirió en la última década del siglo pasado que el derecho a un medio ambiente sano necesitaba un tribunal específico que sirviera como garantía estructural y permanente[32] para asegurar la protección efectiva del "derecho de acceso a la información medioambiental, el derecho a participar en procedimientos administrativos y el derecho a obtener la tutela de los tribunales[33]". En su opinión, este nuevo tribunal podría ayudar a establecer normas de responsabilidad estatal y procedimientos obligatorios de regulación de conflictos[34]. Los intentos del Derecho internacional de seguir esta idea impulsaron la creación de la Sala de Medio Ambiente de la Corte Internacional de Justicia (CIJ) en 1993[35]. Sin embargo, la Sala se cerró en 2007 sin que se hubiera llegado a presentarse ningún caso ante ella[36]. Como parte de la CIJ, la sala de asuntos medioambientales no otorgaba legitimación activa a particulares para presentar demandas, algo que se ha sugerido como una de las posibles causas de su fracaso[37].

Existen enfoques menos radicales sobre la creación de un tribunal medioambiental. Schuppert ha sugerido que dicho tribunal no debiera aspirar a ser un "supertribunal" diseñado

---

32 Postiglione, A., "An International Court for the Environment?", *Environmental Policy and Law*, vol. 23, n. 2 (1993), pp. 73-78.

33 Ibid.

34 Postiglione, A. "A More Efficient International Law on the Environment and Setting up an International Court for the Environment within the United Nations", *Environmental Law*, vol. 20, n.2 (1990), p. 323.

35 ICJ, Chambers and Committees, https://www.icj-cij.org/en/chambers-and-committees, [13/07/2024].

36 Ibid.

37 Downes, J., "A Healthy and Ecologically Balanced Environment: An Argument for a Third Generation Right", *Duke Journal of Comparative and International Law*, vol. 3 (1993), p. 382.

para perseguir a los contaminadores de todo el mundo[38]. En su lugar, sus principales características serían un compromiso de beneficios para todos los Estados y el establecimiento de una jurisdicción que no amenazase la autodeterminación y soberanía estatal[39]. Adicionalmente, parte de la doctrina ha rechazado la creación de un tribunal específico y ha sugerido que el esfuerzo internacional debería centrarse en la prevención, más que en la resolución de conflictos. Voces como la de Bilder han abogado por la implementación de procedimientos de prevención de diferencias, como técnicas de evaluación de la tecnología, la detección anticipada de problemas y la notificación internacional oportuna de las actividades propuestas[40].

Recapitulando, la justicia ambiental internacional aún se enfrenta a numerosos retos en lo relativo a la ejecución. De nuevo, casar un fenómeno con dimensiones temporales y transfronterizas particulares con el mantenimiento de la soberanía estatal hacen que la idea de una corte ambiental internacional permanezca alejada en el horizonte. Los tribunales regionales sí que pueden arrojar cierta esperanza, como la Corte Interamericana de Derechos Humanos, que resolvió recientemente el caso La Oroya v Perú, declarando expresamente violado el derecho humano al medio ambiente sano por parte de dicho estado[41].

---

38 Schuppert, F. "Beyond the National Resource Privilege: Towards an International Court of the Environment", *International Theory*, vol. 6, n. 1 (2014), p. 89.

39 Ibid.

40 Bilder, R., "The Settlement of Disputes in the Field of the International Law of the Environment Natural Resource Policies", *Legal Studies Research Paper Series Archival Collection*, vol. 1 (1975), p. 223.

41 Habitantes de la Oroya vs. Perú (2023), Corte Interamericana de Derechos Humanos, Sentencia n. 511.

5. CONCLUSIÓN

Una vez expuestos los principales desafíos que afronta la articulación jurídica del derecho humano al medio ambiente sano, podemos concluir afirmando que el cambio climático debe superar aún barreras procedimentales para poder alcanzar en el marco jurídico internacional actual la consideración de violación de los derechos humanos. En síntesis:

a) El cambio climático es un fenómeno que tiene una dimensión espacial y temporal compleja, que dificulta la determinación de la relación causal entre efecto y daño. No obstante, los estudios de atribución climática están brindando un apoyo fuerte a los litigios climáticos nacionales y su desarrollo puede ayudar a vincular el desastre climático y la vulneración del derecho humano al medio ambiente sano, arrojando oportunidades de futuro.

b) el aspecto transfronterizo depende de la articulación de compromisos entre estados y del diálogo internacional, ciertamente difícil de lograr. Un aumento del escrutinio ciudadano, especialmente en lo relativo a la pérdida del patrimonio compartido de fauna y flora global o las reivindicaciones que buscan atajar la deuda ecológica pueden contribuir a reforzar la importancia de esta cuestión.

c) en lo referente a la ejecución, el compromiso estatal de asunción de responsabilidades más estrictas a nivel internacional es clave. Sin embargo, es importante recordar de nuevo que estamos ante un fenómeno particular. Como señala Downes, el cambio climático afecta a prácticamente todos los estados, estados que difícilmente iniciarán un escrutinio recíproco si ninguno de ellos tiene un medio ambiente limpio[42].

---

42 Downes, J., "A healthy and ecologically balanced environment", cit., pp. 381- 382.

Estos tres aspectos se encuentran en todo caso profundamente ligados: en la medida en que aumente la evidencia en lo relativo a la atribución de responsabilidades por el cambio climático, el aspecto transfronterizo se verá reforzado y las posibilidades de ejecución del derecho también lo harán. Es por ello por lo que resolución de la Asamblea General de la Organización de las Naciones Unidas de julio de 2022 es un punto de inflexión que marca el guion a partir del cual continuar trabajando.

6. REFERENCIAS BIBLIOGRÁFICAS

Atapattu, S., "The Right to a Healthy Life or the Right to Die Polluted? The Emergence of a Human Right to a Healthy Environment Under International Law", *Tulane environmental law journal*, vol. 16 (2022).

Ballesteros, J., *Domeñar las finanzas, cuidar la naturaleza*, Tirant Humanidades, 2021.

Bilder, R., "The Settlement of Disputes in the Field of the International Law of the Environment Natural Resource Policies", *Legal Studies Research Paper Series Archival Collection*, vol.1 (1975).

Boyle, A., "Human Rights and the Environment: Where Next?", *The European Journal of International Law*, vol. 23. (2012).

Bratspies, R., "Do We Need a Human Right to a Healthy Environment?", *Santa Clara Journal of international Law*, vol.31 (2015).

Burger, M., Horton, R., Wentz, J., "The Law and Science of Climate Change Attribution", *Columbia Journal of Environmental Law*, vol. 45, n.1 (2020).

Cima, E., "The right to a healthy environment: Reconceptualizing human rights in the face of climate", *Review of European, Comparative and International Environmental Law*, vol. 31(2022).

Declaración de Estocolmo sobre el Medio Humano, 1972, https://documents-dds- ny.un.org/doc/UNDOC/GEN/N73/039/07/PDF/N7303907.pdf?OpenElement [13/07/2024].

Declaración de Río sobre el Medio Ambiente y el Desarrollo, 1992, https://www.un.org/en/development/desa/population/migration/generalassembly/docs/ globalcompact/A_CONF.151_26_Vol.I_Declaration.pdf [13/07/2024].

Downes, J., "A healthy and ecologically balanced environment: an argument for a third generation right", *Duke journal of comparative and international law*, vol. 3 (1993).

Habitantes de la Oroya vs. Perú (2023), Corte Interamericana de Derechos Humanos, Sentencia n. 511.

Hegerl GC., "Good Practice Guidance Paper on Detection and Attribution Related to Anthropogenic Climate Change", *Meeting Report of the Intergovernmental Panel on Climate Change Expert Meeting on Detection and Attribution of Anthropogenic Climate Change* (IPCC Working Group I Technical Support Unit), T Stocker et al. (eds.), 2010.

ICJ, *Chambers and Committees*, https://www.icj-cij.org/en/chambers-and-committees, [13/07/2024].

International Council on Human Rights Policy, ICHRP, *Climate Change and Human Rights: A Rough Guide*, Ginebra, Suíza, 2008, https://www.ohchr.org/sites/default/files/Documents/Issues/ClimateChange/Submissions/136_report.pdf [13/07/2024].

Juliana v United States (2020) 947 F.3d 1159 9th Cir, Expert report of Susan E. Pacheco, MD, and Jerome A. Paulson, MD, FAAP, Expert report of Mark Jacobson, Ph.D., Expert report of Eric Rignot, Ph.D., Expert report of Steven W. Running, Ph.D., Expert report of Kevin E. Trenberth, Sc.D., Expert report of James H. Williams, Ph.D., Expert report of James E. Hansen, Ph.D., Expert report of Dr. Harold R. Wanless, https://climatecasechart.com/case/juliana-v-united-states/, [13/07/2024].

Kaminski, I., Legal eagles: how climate litigation is shaping ambitious cases for nature, The Guardian, https://www.theguardian.com/environment/2022/mar/16/climate-litigation-lisbon-wetlands-aoe, [13/07/2024].

Knox, J., "Linking Human Rights and Climate Change at the United Nations", *Harvard Environmental Law*, vol. 33 (2009).

Lee, J. "The Underlying Legal Theory to Support a Well-Defined Human Right to a Healthy Environment as a Principle of Customary International Law", *Journal for Environmental Law*, vol. 25 (2000).

Limon, M., "Human Rights and Climate Change: Constructing A Case for Political Action", *Harvard Environmental Law Review*, vol. 33, (2009).

McClymonds, J., "Human Right to a Healthy Environment: An International Legal Perspective", *New York Law School Review,* vol. 37 (1992).

OHCHR, "Report on the Relationship between Climate Change and Human Rights" (2009), UN Doc A/HRC/10/61.

Pedersen, O., "Climate Change and Human Rights: Amicable or Arrested Development?" (2010) 1(2), *Journal of Human Rights and the Environment,* vol.1, n. 2 (2010).

Postiglione, A., "An International Court for the Environment?", *Environmental Policy and Law,* vol. 23, n. 2 (1993).

Postiglione, A. "A More Efficient International Law on the Environment and Setting up an International Court for the Environment within the United Nations", *Environmental Law,* vol. 20, n.2 (1990).

Schuppert, F. "Beyond the National Resource Privilege: Towards an International Court of the Environment ", *International Theory,* vol. 6, n. 1 (2014).

State of the Netherlands vs. Urgenda Foundation (2018) The Hague Court of Appeal (ECLI:NL:GHDHA:2018:2591).

"Submission of the U.S. to OHCHR Report, Observations by the United States of America on the Relationship Between Climate Change and Human Rights", 2008, UN doc. A/HRC/10/61.

UNHRC, "*Report of the Independent Expert on the Issue of Human Rights Obligations Relating to the Enjoyment of a Safe, Clean, Healthy and Sustainable Environment",* John H. Knox, 2013, UN DocA/HRC/25/53.

Urgenda Foundation v. State of the Netherlands (2015) The Hague Court of Appeal (ECLI:NL: RBDHA: 2015:7145).

Derecho y ¿finanzas sostenibles? Algunas consideraciones a propósito del pensamiento de Jesús Ballesteros

JULIO LLOP TORDERA[8]

Técnico Medio de Investigación. Departamento de Derecho Civil. Universitat de València

Resumen

Tras la desconexión del dólar del patrón oro en 1971 y la decisión de dotar de libertad absoluta de circulación al capital, se produjo una expansión sin precedentes del sistema financiero, impulsada por la reducción del coeficiente de caja y la cesión a los bancos comerciales y de inversión de la posibilidad de crear dinero. Los efectos de este fenómeno se han multiplicado como consecuencia de la creación de los derivados, que se negocian en los mercados regulados y también en los OTC (*Over the Counter*). El profesor Jesús Ballesteros ha realizado un minucioso estudio sobre la compatibilidad de esta expansión sin precedentes de las finanzas con los derechos humanos y con el cuidado de la naturaleza.

Palabras Clave

Financiarización, Derechos Humanos, finanzas sostenibles, capitalismo, Economía de Mercado.

Abstract

8 Técnico Medio de Investigación. Departamento de Derecho Civil. Universitat de València. Julio.llop@uv.es

After the disconnection of the dollar from the gold standard in 1971 and the decision to provide absolute freedom of movement of capital, there was an unprecedented expansion of the financial system, driven by the reduction of the cash ratio and the transfer to commercial and investment banks of the possibility of creating money. The effects of this phenomenon have multiplied as a consequence of the creation of derivatives, which are traded in regulated markets and also in OTC (Over the Counter) markets. Professor Jesús Ballesteros has carried out a detailed study on the compatibility of this unprecedented expansion of finance with human rights and the care of nature.

Key Words

Financialization, Human Rights, sustainable finance, capitalism, Market Economy.

1. INTRODUCCIÓN Y ANTECEDENTES HISTÓRICOS.

El 28 de julio de 2022, la Asamblea General de las Naciones Unidas declaró (Resolución A/76/L.75) la existencia del derecho humano a un medio ambiente limpio, saludable y sostenido. El principal objetivo de este trabajo consiste en analizar la compatibilidad de los valores de la escuela económica neoclásica, cuyos postulados dominan la reflexión económica actual, con el respeto de los derechos humanos y, en particular, con el referido nuevo derecho humano a un medio ambiente saludable. Todo ello, a la luz del pensamiento de uno de los autores que ha logrado plantear una de las propuestas filosófico-jurídicas contemporáneas más relevantes y sólidas: el profesor Jesús Ballesteros. En particular, centraré mi exposición en sus consideraciones acerca del sistema financiero, tratando de responder a la cuestión de si son posibles o no en la actualidad unas finanzas sostenibles.

Para lograr este propósito resulta pertinente realizar, a modo de preámbulo, un brevísimo y más que sintético recorrido por la historia económica, a fin de situar el problema estudiado en su contexto.

Hasta el s. XVII la aproximación a los problemas económicos fue sustancialmente distinta a la práctica actual y ello fundamentalmente por dos motivos: de una parte, como consecuencia de las diferencias existentes en los mecanismos que regulaban la producción y distribución de los bienes y, de otra, por el bajo nivel de tecnología, que daba lugar al dominio de los fenómenos naturales sobre la producción. A todo ello se unían los efectos de las guerras y la actuación del Estado absolutista como agente distribuidor[9].

Por ello, comenzaremos nuestro análisis con las propuestas de William Petty. Con el pensamiento de este autor -unido al de Hobbes y Bacon- se produce la incorporación del elemento empírico a la reflexión económica, si bien lo que se pretenderá es realizar razonamientos morales fundados en estos resultados empíricos y no una matematización absoluta de la economía, como la que se producirá cuando se apliquen los postulados de la escuela neoclásica *(vid. Infra).* Con la introducción del procedimiento propio de las ciencias naturales en la reflexión económica, se pretende llegar a conclusiones más rigurosas; el método deductivo deja paso al método inductivo, que realiza un razonamiento a partir de los datos obtenidos. La propuesta de Petty no propugna dejar de lado el razonamiento moral, sino efectuarlo a partir de estos resultados empíricos con la intención de que las conclusiones alcanzadas sean más consis-

---

9 RONCAGLIA A. *Breve historia del pensamiento económico, Prensas* de la Universidad de Zaragoza, Zaragoza, 2016, p. 24. Seguimos el esquema trazado por este autor para realizar nuestro recorrido por la historia del pensamiento económico.

tentes y estén fundadas en elementos objetivos, por lo que ni la ética ni el derecho son despreciados.

Posteriormente, en el tiempo que transcurre desde las propuestas de Petty hasta Adam Smith (aproximadamente un siglo), el pensamiento económico, lejos de estancarse, avanzó en muy diversas direcciones[10]. Merece en este punto una mención especial el pensamiento fisiocrático, que tuvo como abanderado principal a Quesany[11]. Para los fisiócratas, la única actividad capaz de generar un excedente es la agricultura y ello sería consecuencia de la existencia de un orden natural, de ahí el nombre de esta corriente, que proviene de los nombres griegos '*fisis*' y '*cratéin*': dominio de la tierra. En este sentido y como ha señalado Jesús Ballesteros, los fisiócratas mantuvieron la distinción entre valor y precio[12], dando prioridad al valor de la tierra como principal factor productivo, en lo que podría verse como un precedente de la economía ecológica[13]. De acuerdo con esta escuela, el precio de mercado dependerá de las condiciones de oferta y demanda, y así "*al termino de los intercambios la clase productiva ha cedido su excedente a cambio de dinero, con lo que puede pagar rentas, así puede tener lugar un nuevo ciclo productivo*" y "*el excedente corresponde al consumo de los nobles que no producen nada y cada año pueden adquirir productos agrícolas y manufacturados porque obtienen rentas de los agricultores*"[14]. Por tanto, la venta de los excedentes en los mercados exteriores constitui-

---

10 Son reseñables en este periodo las propuestas de Locke, Mandeville, Turgot y Cantillon, entre otras.

11 Turgot fue también un singular representante de esta escuela de pensamiento económico. Podría considerarse de hecho, que estuvo a caballo entre la fisiocracia y el liberalismo smithiano.

12 Distinción que no mantuvo Locke, pues en su pensamiento se aprecia una devaluación de los bienes comunes y naturales frente al valor-trabajo, por considerar que los primeros son ilimitados.

13 BALLESTEROS, J., "*Escuela neoclásica, valores y derechos*", *Cuadernos Electrónicos de Filosofía del Derecho (CEFD)*, 26, 2012, p. 251.

14 RONCAGLIA A. *Breve historia del pensamiento económico, op. cit. p. 71.*

rá un factor esencial para lograr el *bon prix* (buen precio), que es el que permitirá, no solo recuperar la inversión, sino financiar los nuevos procesos de producción. En consonancia con todo lo anterior, los impuestos los soportarán las rentas, pues el excedente ha de ir destinado a los propietarios, que con él podrán financiar los nuevos procesos de producción.

Por su parte, el principal abanderado de la *escuela clásica15* es Adam Smith, cuya teoría económica se encuentra fuertemente determinada por su concepción antropológica. Sostiene Smith que el hombre es el que mejor conoce sus propias necesidades y que la *sympathy* (deseo de afecto por parte de los otros) le lleva a establecer límites a su propio obrar. Así, nadie mejor, a juicio del autor, que el propio hombre para imponerse límites a sí mismo en la consecución de sus intereses. El elemento esencial del crecimiento económico para Smith es la división del trabajo, principal elemento de fundamentación de sus tesis liberales. Así, el tamaño del mercado constituiría una restricción a la división del trabajo, pues en un determinado punto el mercado sería incapaz de absorber el volumen de producción; cualquier límite al libre mercado lo será también a la división del trabajo y, por tanto, al crecimiento económico.

Si la única forma de crecimiento para este autor se basa en el factor trabajo, el crecimiento se logrará mediante la acumulación de beneficios por parte de los capitalistas que se reinvertirán en el ciclo de producción. Consagra así la lógica de la acumulación como elemento necesario para el crecimiento. Smith se referirá también a la mano invisible ordenadora de las preferencias individuales, pues "*no es la benevolencia del carnice-*

---

15 Relevantes son también las propuestas de R. Cantillon y su distinción entre valor intrínseco de las cosas y precio de mercado (aquel que vendría determinado por la demanda). Distinción que, como señalaremos más adelante, se quiebra por completo con los postulados de la escuela neoclásica.

ro, del cervecero o del panadero lo que nos procura el alimento, sino la consideración de su interés personal."[16] Esta mano invisible, que, en esencia, sería la competencia, actuaría como elemento estabilizador del mercado.

Sentado lo anterior, el verdadero cambio de paradigma en la reflexión económica se producirá con la escuela neoclásica, pues el elemento esencial del crecimiento económico pasa a ser el capital, que es percibido como escaso, lo que conduce a su creación artificial[17]. Con esta escuela se culminará la identificación entre valor y precio, que ya se inició con Locke. Así, *la teoría del valor desaparece, dando origen a la teoría de la elección y de la preferencia*[18]. En este sentido, la perspectiva del productor deja de ubicarse en el centro, dejando paso a la del consumidor, esto es, con Jevons, *a la mecánica de la utilidad y el interés egoísta*[19]. Podría decirse, por tanto, que los postulados de esta escuela se basan en la creencia de que *el hombre es un ser dominado exclusivamente por el deseo de calcular sus placeres y sus dolores20.*

En este nuevo contexto económico, las finanzas se han convertido en un elemento de especulación que permite la creación del dinero de la nada (dinero *fiat).* Se ha desdibujado el fin inicial para el que se creó el sistema financiero (financiar a las empresas y familias) mediante la creación de un monstruo de desmesuradas dimensiones, que, a pesar de su denuedo en ser transparente -canalizado mediante el suministro de

---

16 SMITH, A., *La riqueza de las naciones, Alianza Editorial, Madrid, 2011 [*1773], p. 73.

17 *Vid.* sobre el particular: VON MISES, L., *La mentalidad anticapitalista,* Fundación Ignacio Villalonga, Valencia, 1957.

18 BALLESTEROS, J., "*Escuela neoclásica, valores y derechos*", *op.cit.* p. 251.

19 *Vid.* en este sentido: JEVONS, W.S., *La teoría de la economía política,* Ediciones Pirámide, S.A., Madrid, 1998.

20 POUCH, T., "*La science économique sous le regard de Husserl*", *L'homme et la societé,* 175, 2010, p. 193.

ingentes pero ininteligibles cantidades de información-, se ha sustraído del control de los usuarios, estando en la actualidad dominado por los fondos de inversión, las nuevas y subrepticias formas de monopolio.

En este trabajo me propongo analizar la crítica a la financiarización realizada por el profesor Ballesteros en sus escritos, así como estudiar la relación de este fenómeno económico con los derechos humanos y, en particular, con el nuevo Derecho Humano al Medio Ambiente saludable.

2. LA FINANCIARIZACIÓN COMO GLOBALIZACIÓN REALMENTE EXISTENTE

Como se ha señalado, el pensamiento económico actual se encuentra dominado por la escuela neoclásica. El profesor Ballesteros ha señalado los siguientes como sus principales postulados teóricos[21]:

1) El paso de una economía de la producción (oferta) a una economía del consumo (demanda).

2) La sustitución del valor por el precio y el sometimiento a este último de toda la realidad económica.

3) El paso de una economía de la empresa a una economía de las finanzas. La pérdida del valor objetivo del dinero y su reducción a dinero *fiat*.

4) La matematización absoluta de la economía.

---

21 Un análisis minucioso sobre la cuestión puede leerse en BALLESTEROS, J., "Escuela neoclásica, valores y derechos", *op. cit.*, pp. 250-267.

Me centraré especialmente en el tercero de los puntos y advirtiendo con carácter previo que la palabra financiarización no se recoge en el Diccionario de la Real Academia Española a pesar de ser usada de modo constante por muchos de los estudiosos contemporáneos, entre ellos, por aquel en cuyas aportaciones se centra esta comunicación. "*Podría definirse, no obstante, por oposición a la palabra financiación. En esta última las finanzas están al servicio de la economía, mientras que en la primera es la realidad en su totalidad la que es sometida por las finanzas*"22. Esta financiarización es la expresión extrema de un capitalismo que se ocupa en crear dinero del dinero, esto es, en especular.

Como señala Ballesteros, el surgimiento del fenómeno de la financiarización se produce en los años 70 del siglo XX como consecuencia de dos factores: de una parte, por la desconexión del dólar del patrón oro por parte de la Administración Nixon y, de otra, por la primacía que ostenta el capital sobre el resto de factores económicos desde 1975 debido a su libre circulación (Giscard, Ford y Schmidt), lo que originará la globalización económica. Podría decirse además que conceptualmente el fenómeno parte de la premisa de Walras de que *las tierras, las personas y los bienes de capital constituyen el capital.*

Se produce así una separación entre la realidad y las finanzas que unida a la reducción del coeficiente de caja y la cesión a los bancos comerciales y de inversión de la posibilidad de crear dinero mediante la concesión de préstamos[23] (ahora transformado en anotaciones en cuenta) conduce a la sustracción a los Estados de una parte de su soberanía, la soberanía monetaria,

---

22 BALLESTEROS, J. "*Financiarización, crisis europea y tragedia de los refugiados", en BELLVER, V. y SOLANES, A., (Dirs.), Libro de actas del I Congreso de Derechos Humanos*, Fundación Mainel, Valencia, 2017, p. 8.

23 Como antecedente histórico se puede señalar la cesión de soberanía que ya en 1694 realizó con la creación del Banco de Inglaterra Guillermo de Orange.

a la pérdida total del concepto de valor y el sometimiento de toda la realidad económica al dinero. En este sentido, resulta paradójico observar cómo a pesar del exponencial incremento del dinero en circulación y ficticio (*dinero fiat*), con el consiguiente aumento de las facilidades de crédito, se ha producido un aumento de la desigualdad. Se crea, por tanto, dinero sin ahorro, la deuda se financia con más deuda, quedando las tesis monetaristas de Friedaman superadas por el creditismo.

Tiene que ver, por tanto, este fenómeno con el tamaño de la economía, así como con su influencia en la sociedad. En efecto, las dimensiones del sistema financiero han superado con creces al tamaño de la economía real (sirva como ejemplo que el tamaño de los derivados es 10 veces mayor al del PIB mundial). Sin embargo, el porcentaje de cuentas corrientes se ha reducido en proporción al tamaño del sistema como consecuencia de la desregulación, que trajo consigo el desarrollo de la negociación de los derivados, tanto en los mercados OTC (*over the counter*) como en los (des)regulados; el intercambio de mercancías ha dejado de ser el elemento central de una economía absorbida y dominada por unas finanzas altamente lucrativas.

El panorama que hemos presentado tiene, como ha señalado el profesor Ballesteros, nefastas consecuencias en todos los planos, pues el capitalismo no es un fenómeno exclusivamente económico y tiene implicaciones sociales, políticas y jurídicas. Entre ellas destacamos:

a) La primacía de la libertad de circulación del capital sobre la libertad de circulación de las personas, estableciéndose *una jerarquía de derechos entre tres grupos sociales: los inversores o accionistas (shareholders) de las entidades financieras cuya defensa constituye la prioridad del sistema; los ciudadanos, que deben asumir la responsabilidad del rescate de las entidades financieras causantes de la crisis; y en último lugar, los migrantes o refugiados*[24].

b) La subordinación de toda la realidad a los mercados, incluso de la persona y su propia dignidad con la absolutización del dinero. Toda relación se concibe como una transacción y se destruye el fundamento del Estado social con la adopción del principio *too big to fail*.

c) Este utilitarismo lleva al desprecio de lo dado (*es gibt*), la naturaleza y los bienes de carácter relacional, considerando que solo el miedo a la miseria y el afán de emular a los que poseen riqueza mueven al hombre al trabajo[25]. Se desconoce la particular vulnerabilidad de determinados colectivos para sufrir la crisis climática.

3. LA FINANCIARIZACIÓN DE LA UNIÓN EUROPEA Y EL ABANDONO DEL PROYECTO FUNDACIONAL. LA MÁXIMA *TOO BIG TO FAIL*.

Aunque, como hemos señalado, el fenómeno de la financiarización es de origen anglosajón, pronto se extendió a la Comunidad Económica Europea en su proceso de transformación en la Unión Europea. Así, señala nuestro autor que con el Tratado de Maastricht se abandonó el proyecto fundacional de crear unos Estados Unidos de Europa y se optó por la sumisión de los Estados a los bancos, algo que se aprecia, según Ballesteros, en tres puntos[26]:

---

24 BALLESTEROS, J. "*Financiarización, crisis europea y tragedia de los refugiados*", *op. cit., p. 9.*

25 DUMONT, L. *Homo aequalis. Génesis y apogeo de la ideología económica,* Alianza Editorial, Madrid, 1987, p. 113.

26 BALLESTEROS, J. *Domeñar las finanzas, cuidar la naturaleza, Tirant lo Blanch, Valencia,* 2021, pp. 76-82.

Primero. La reducción del coeficiente de caja (1% en el Eurosistema en la actualidad), con la consecuente creación de dinero de la nada (dinero *fiat*). Segundo. La prohibición de financiación directa de los Estados por parte del Banco Central Europeo o de los Bancos Centrales nacionales. Tercero. La ruptura de las restricciones a la entrada de capital extranjero, favoreciendo así las operaciones internacionales de especulación.

En suma, se puede afirmar que la libre circulación del capital subordina al resto de libertades consagradas en el art. 67 del Tratado de Roma, donde "la libertad de circulación del capital tenía un carácter subalterno, subordinado al funcionamiento del mercado. El comercio era la prioridad, el capital era un ciudadano de segunda clase de la nueva Europa[27]". Se pasa así de unos principios financieros prudentes a la eliminación de toda restricción a la libertad de circulación del capital, favoreciendo el desarrollo de los mercados financieros, que han crecido de un modo exponencial a la par que se ha restringido la libertad de circulación de personas, particularmente de los trabajadores desde la crisis del petróleo de 1973.

Además, se ha consagrado la máxima *too big to fail*, que "*supone de hecho la impunidad de los grandes bancos de inversión, verdaderos responsables de la crisis económica. La asunción de la deuda financiera por los Estados conduce al riesgo de quiebra para éstos y a su necesidad de rescate provocando inicialmente el daño del contribuyente y finalmente la disolución del Estado social de derecho.*"[28] En suma,

---

27 ABDELAL, R., *Capital rules. The construction of global finance*, Harvard University Press, Harvard, 2007, p. 48.

28 MOFFA, C., "Stato sociale, crisi finanziaria, sovranità nazionalis: il nodo della Banca centrale Europea", en GARGULLO, P y CICARELLI, A. (eds.) *La dimensione sociale dell´Unione Europea alla prova della crisis globale*, Franco Agnelli, Milán, 2012. Citado en Ballesteros, J., "*Financiarización, crisis europea y tragedia de los refugiados", op. cit., p. 11.*

no solo no se ha fomentado, sino que se ha eludido la exigencia de responsabilidad a las entidades financieras.

4. EL ECOLOGISMO PERSONALISTA Y LA ECONOMÍA DE MERCADO COMO ALTERNATIVAS A LA FINANCIARIZACIÓN. LA ECONOMÍA DE LA DURACIÓN.

Frente a esta situación, son diversas las propuestas realizadas por el profesor Ballesteros para devolver las finanzas al lugar que les corresponde. Entre ellas nos gustaría señalar:

La economía de la duración frente al instantaneísmo del mercado, con la recuperación de la conciencia de dependencia con respecto a la naturaleza, dado que su olvido "fomenta la negligencia con el entorno y conduce al abandono y destrucción de la naturaleza."[29]

La economía de mercado, en la que las finanzas pueden servir a los derechos sociales, pues se someten a la realidad, frente a un capitalismo en el que "*las finanzas son autorreferenciales y conducen a una sociedad eternamente endeudada.*"[30]

La vuelta a las raíces del Estado social, cuyo fin principal es el desarrollo integral del ser humano, o lo que es lo mismo, la atención a sus fines existenciales, mediante la subordinación de las finanzas a la realidad y la recuperación del espíritu fundacional de la Unión Europea. Se propone además el regreso a Bretton Woods, señalando con Rodrik la imposibilidad de

---

29 BALLESTEROS, J., *Domeñar las finanzas, cuidar la naturaleza, op. cit., p. 338.*

30 BALLESTEROS, J., *Domeñar las finanzas, cuidar la naturaleza, op. cit., p. 171.*

mantener este Estado social y la democracia en una sociedad financiarizada (trilema).

La construcción de una nueva antropología, que otorgue al dinero el valor que le corresponde y asuma su imposibilidad para remediar las deficiencias estructurales del ser humano, que son, en esencia, el sufrimiento y la muerte. Ese reconocimiento del valor instrumental del dinero permitirá la recuperación del sentido de la responsabilidad y el restablecimiento del respeto a la dignidad ontológica del ser humano.

El ecologismo personalista[31], como forma de cuidado de la naturaleza reconocedora de la dependencia del hombre y de la necesidad de recuperar el límite en la utilización de los recursos y, en consecuencia, el desarrollo de los derechos de tercera generación que conciben al hombre como interdependiente y se plantean la cuestión de las garantías ecológicas de la economía.

5. CONCLUSIONES

Una vez expuesto todo lo anterior, podemos sintetizar las consideraciones del profesor Ballesteros en torno al sistema financiero en las siguientes conclusiones:

Primera. El fenómeno de la financiarización ha conducido a la existencia de un sistema financiero desconectado de la realidad, con consecuencias en el plano económico, pero también social y político, pues toda la realidad queda subordinada a las finanzas.

Segunda. En realidad, el fenómeno de la financiarización no hace más que plantear de modo actualizado el tradicional

---

31 *Vid.* BALLESTEROS, J., *Ecologismo Personalista*, Tecnos, Madrid, 1995.

problema económico de la lucha contra los monopolios, pues cada vez son mayores las concentraciones de capital en fondos de inversión, mientras que, a pesar del incremento de la cantidad de dinero en circulación, la desigualdad económica aumenta.

Tercera. La financiarización de la economía asume como principio fundamental que los recursos son ilimitados, lo que tiene devastadoras consecuencias para la naturaleza, que no es concebida como una realidad de la que se es dependiente, sino como una fuente inagotable de recursos, con las perniciosas consecuencias que ello conlleva.

Cuarta. Con el Tratado de Maastricht la Unión Europea abandonó su proyecto inicial y se subordinó al sistema financiero, abandonando los principios de federalismo y solidaridad que abrazó en los comienzos.

Quinta. La recuperación de la conexión realidad-finanzas pasa por la vuelta a Bretton Woods y la recuperación del sentido de la duración, hoy desplazado por la cultura del instante. Se precisa también la adopción de los principios del Estado social y en particular de los derechos de tercera generación, que conciben al hombre como un ser necesariamente interdependiente y propugnan la necesidad de cuidado de la naturaleza como fuente de recursos.